本丛书得到韬奋基金会资金资助
“十一五”国家重点图书出版规划项目

书林守望丛书

编辑与装帧

邓中和 著

首都师范大学出版社

图书在版编目(CIP)数据

编辑与装帧/邓中和著．—北京：首都师范大学出版社，2010.6
(书林守望丛书/吴道弘主编)
ISBN 978-7-5656-0033-3

Ⅰ.①编…　Ⅱ.①邓…　Ⅲ.①编辑工作 ②书籍装帧—设计
Ⅳ.①G232 ②TS881

中国版本图书馆 CIP 数据核字(2010)第 112781 号

书林守望丛书
BIANJI YU ZHUANGZHEN
编辑与装帧
邓中和　著

项目统筹：张　巍
责任编辑：杨林玉　　　责任设计：张　朋
责任校对：李佳艺　　　责任印制：沈　露

首都师范大学出版社出版发行
地　址　北京西三环北路 105 号
邮　编　100048
电　话　68418523(总编室)　68982468(发行部)
网　址　www.cnupn.com.cn
北京嘉实印刷有限公司印刷
全国新华书店发行
版　次　2010 年 7 月第 1 版
印　次　2010 年 7 月第 1 次印刷
开　本　787mm×1 092mm　1/16
印　张　18
字　数　258 千
定　价　40.00 元

做文化的守望者

——《书林守望丛书》总序

文化是每一个民族赖以生存的根基和灵魂，而出版事业和出版物，是民族文化的结晶，是民族精神的物质承载者，是衡量一个国家和民族文明程度的重要标志。从事这项伟大事业的出版人，不仅是出版活动的实践者，而且是人类文化创造、积累、交流、传播的组织者和参与者，是文化产品的生产者、民族精神的护卫者和时代精神的弘扬者。任何时代，治书修史者都肩负着神圣的历史责任、文化责任、社会责任，在我国，这种传统一直延续了几千年。但是，目前受名利诱导和网络快餐文化的影响，出版界跟风炒作、追求市场效应一夜成名而不顾文化品位等现象时有耳闻。在种种浮躁的背后，反映出来的是出版从业者文化品格的缺失。唯其如此，为繁荣学术和民族文化而坚守文化天职、恪守社会责任的职业精神和文化追求，尤其值得在出版界大力弘扬。

出版人是文化薪火的传承者，具有坚守文化自信的历史责任。众所周知，出版是人类文明薪火相传的重要依托，一个国家民族科学文化的传播和传承，有赖于它的出版事业。中华文明之所以历经五千年而一脉不绝，就在于中国历代政治家、著作家、出版家、藏书家接续几千年文明发展进程中形成的尊崇历史、珍惜古籍、编修文献、善待图书、重视典藏的优良传统，他们将中华文化的精髓融入历代出版物之中，一代一代地传之后世，肩负起了将一个时代的科学文化及思想智慧真实地记录下来、传承下去的历史责任，使中华民族的文化根基与时俱丰、愈加巩固。作为新时期文化创新和文化传播的主体，当代出版工作者更加需要继承传统、关注时代，一方面自觉承担起对民族文化传统的保存、整理、批判、传承的责任，保持中华文化的统一性、延续性；另一方面推动文化创新和发展，弘扬和培育符合时代要求的民族精神，在增强民族的凝聚力、创造力以及同世界其他文明进行对话的文化自信力方面作出贡献，使中华民族独立于世界民族之林的文化根基更加坚韧。

出版人是文化创新的推动者，具有坚守文化本性的特殊责任。作为一种文化生产的基本业态，出版既有产业的属性，又有意识形态的属性，必须通过创新来保持文化的独特品质和内容的先进性。从这个意义上说，创新是出版工作者的不竭动力和显著特征，不仅是文化积累和产品制造的组织者，而且也是文化内容的选择者和把关者，当然应当是新知识领域的开拓者和新成果的发现者、催生者。一方面，知识的保存、生产和应用，文化和技术的传承、生产和原创，都是以出版活动为基础的。历史上重要的思想创新、科学发现和技术进步主要是通过出版物得以传承和发展的。另一方面，从造纸术、印刷术到当代激光照排系统、计算机王码汉字处理系统以及数字技术的应用，出版人率先将新成果引进出版业，引发出版形式和内容的不断创新。在文化传播过程中，出版人通过传承优秀民族文化、吸收外国文化精华、把握时代需要，促进着社会文化的不断进步。而现代出版史上鲁迅发现大批文学青年、叶圣陶对巴金处女作的慧眼识珠、巴金对曹禺作品的琢璞为玉的佳话，也反映了出版人所必备的发现新人新作的创新品质。在当前的创新型时代、创新型国家建设的过程中，人民群众的伟大创造，已然成为文化创新取之不尽、用之不竭的源泉，迫切需要出版工作者发现、认识、扶持、推广，进而铺垫中华民族元气深厚的文化创新的阶石，培育中华民族根深叶茂、神韵独具的文化创新的活力。

出版人是时代思潮的引领者，具有坚守文化领土与文化阵地的社会责任。出版的本质不仅在于积累文化、创造新知，不断推出更优秀的文明成果，而且还在于按照一定的价值目标对社会现实文化作出评价，通过选择、把关实现对社会风气、学术思潮、文化倾向的引导。古代中国知识分子正是借助“竹帛长存”所构成的社会认知体系和社会规范体系，才唤起了“见贤而思齐”的文化自觉和道德自律。“五四”时期以《新青年》为中心凝聚的一大批知识青年的出版传播活动，将“科学”与“民主”汇聚成了思想解放的伟大潮流。在当今政治多极化、经济全球化、文化多元化、新技术日新月异的国际背景下，在经济社会急剧转型、社会文化事业和文化产业发展不平衡的国内背景下，承担着建构社会主义和谐社会及传播先进文化的神圣使命的出版工作者，其选择、把关进而引导大众的责任更加重大，需要通过对精神生产加以规划与组织，对精神产品进行鉴别与加工，对文化遗产作出选择和整理，对社会信息予以筛选和传递，打造传承主流文化和主流价值观的精品力作，不断巩固主流文化阵地。这就要求当代出版工作者必须深深植根于中国特色社会主义伟大实践，敏锐把握时代变革的风气之先，不随波逐流，不跟风炒作，不断提高辨别真善美和引导大众文化、传播主流文化和主流价值观的能力，致力于弘扬民族精神和时代精神，为中国的改革开放和现代化建设事业提供有力的思想保证、精神动力和智力支持。

历史已经证明，出版业作为文化传承和文化创新的核心，如果没有文化理想和文化追求，便失去了发展的根基。而出版工作者的文化价值取向、人文素养、文化责任、文化运作能力和学术品评能力，又直接影响到出版物的文化含量。从这个意义上说，对于文化的坚守，不仅是一种出版理念，也是一项出版实践。在竞争日益激烈的世界文化市场中，能否坚持文化本位，能否坚守文化责任，对新时期的出版从业者来说，无疑是一种严峻的考验。《书林守望丛书》的问世，为我们提供了一部关于新中国出版人的精神文化启示录。其中反映出的经过沉淀而彰显的文化品格，尤其应该成为新时期出版工作者的精神支柱。这套丛书的作者，是一群深深地钟情于出版事业的文化守望者，他们在“书荒”时代辛勤耕耘，在“书海”时代坚持方向，恪守文化的尊严，组织、规划、策划、编辑、出版过一大批反映时代精神、民族精神及具有学术价值、文化品位的标志性工程，主持、主编过一大批科学、人文、经济、教育等方面为广大读者喜闻乐见的知识读物，为全社会提供优秀的精神食粮作出过重要贡献。在他们身上体现出来的勇于开拓、后启来者的创新精神和坚守精神家园、淡泊名利的文化风骨，堪称典范。希望通过这套丛书的出版，使新时期的出版工作者形成一种更加清醒的文化自觉，在文化与产业协调发展的道路上走得更加坚定，产生更多让世界为之惊喜的拥有自主知识产权的民族文化品牌，再现中华民族宏大的文化气魄。

当前，出版业的发展同政治、经济、社会、文化的发展一样，要在世界范围内的大对话、大交流、大竞争、大角逐中，把握机遇，迎接挑战，创造新的辉煌，需要一大批具有真才实学且能开阔视野、崇尚科学、追求真理、尊重创造、包容多样的新型复合型出版人才，来担当中国特色社会主义文化建设的推动者。《书林守望丛书》汇集的新中国成立六十年来成长起来的十几位出版家在长期为人作嫁的职业生涯中的思想火花、书坛掌故，集中反映了新时期出版工作者的精神风貌，不仅抓住了时代的新变化，也深刻把握了出版职业的新要求。这套丛书的作者，或者长于出版规划，或者长于鉴赏加工，或者长于经营管理，但都有将丰富的实践经验升华为理论的深沉思考。将这些经过实践检验的理论总结汇集起来，转化为鲜活的历史智慧和生命依托，对于未来的新型出版人才，无疑具有深远的精神哺育作用。我希望这套丛书的出版，能够吸引更多才华横溢、富有创造力的新军投身我们的出版事业，使中国出版人的文化守望薪火相传，为推动社会主义文化大发展大繁荣建功立业。

2009 年 7 月

目 录

自 序

这是一本与青年编辑交流有关书籍装帧艺术的书。

2004年，我出版了拙著《书籍装帧创意设计》，读者对象主要是美术编辑和装帧设计师，在书中我提到“编辑要做半个装帧家”。之后，有几位编辑朋友对我说：“建议你再写一本，内容是与刚到出版社工作不久的青年编辑谈装帧。”我知道社会有这种需要，但我一直没有这个勇气。

写这本书是被《书林守望丛书》编委会的专家们逼上梁山的。

怎么写呢？我想，书一定要采取与编辑交流的方式，谈经验、讲认识，并配些插图；既有一定理论深度，又具有可操作性。我估计，只要写得实在，又实用，青年编辑会有阅读兴趣。况且，似乎目前全国还没有一本面向青年文字编辑，从审美角度比较系统地介绍装帧艺术的书籍。

我1978年调入中国青年出版社做美术编辑，至今已经30多年了。刚到出版社的时候被安排协助老编辑工作，组织画家为正在编辑加工的《中国古代史常识》丛书画插图。一年后，正式承担了三编室(负责历史、地理、经济、社会科学读物的编辑任务)的美术编辑工作，直到1995年前后，根据出版社的需要组建艺术图书编辑室，转为主持中国青年出版社的艺术图书编辑室的工作。

从1978年到1995年，我从事美术编辑和装帧设计工作将近20年，从当美术编辑到当美术编辑室副主任、主任，为文字编辑服务，为出版社的书籍设计了无数的封面。长期以来，与三编辑室的编辑们合作十分默契。总结近20年的美术编辑工作，我产生的成就感，似乎不在于我设计的装帧获得了许多金奖、银奖、优秀设计奖，也不在于出版社获得的国家图书奖、中国图书奖、“五个一工程奖”有我贡献的一份力量，而是多年来，由于我的装帧设计而促进了图书的发行数量，使图书获得了超乎预期的社会效益和经济效益。

1994 年，正当我在书籍装帧设计上干得渐入佳境之时，似乎是命运安排，突然降临了一个机会，我得以开始在中国艺术研究院攻读美术史论的研究生。在研究生班读书期间，理论的深造，百卷书籍的苦读，名师的开道，每日千字的基本功训练，与在出版社多年工作的经验融合在一起，让我许多理念得到了升华。

1996 年前后，遵照出版社的安排，我转为从事艺术图书的策划与编辑工作，担任文化艺术编辑中心主编，艺术图书编辑室主任，从此我便开始了耕耘文字的生涯，处心积虑地策划选题，一丝不苟地加工书稿。其中，我策划出版的《向大师学绘画·素描基础》《向大师学绘画·艺用解剖》《向大师学绘画·人体素描》《中国美术简史》《中央美术学院附中 50 年作品经典》等美术图书，受到青年学生的欢迎，这些年来一直被全国各个美术院校的学生奉为圭臬，是每年不断地频繁再版，可见影响之大广，印数之大，效益之高。

人常道：“年轻时干事业，年老时做学问。”

今天，我这个 30 年前被前辈称为“小青年”的编辑，已经被现在的青年编辑尊为“有经验的书籍装帧家”和“善于策划艺术图书选题，能为出版社赚取丰厚利润的老编审”，退休之后也有时间做一点“学问”了。我以能有机会写一些东西与青年编辑交流，而感到十分愉快。

2009 年 11 月 15 日于北京　老君堂

添　　翼

——编辑要做“半个装帧家”

先 辈 楷 模

——以文化巨匠和出版前辈为榜样

编辑应该不应该懂装帧？似乎没有一个固定的答案。

当然，一般说来，大家都会觉得编辑有必要了解一些书籍装帧的知识。

但是，当我们提出：编辑要做半个装帧艺术家，大概就会有一些人会想这是否对编辑太过于苛求了。

2004年我在拙著《书籍装帧创意设计》中，以“策划为本——编辑要做‘半个装帧家’”为题，阐述了在图书策划时，编辑应该更多地了解装帧，编辑必须多懂一些装帧的观点。拙著出版之后“编辑做‘半个装帧家’”居然成为出版界的一个话题。当时，我听到了三种不同的议论。第一种，有的编辑说：“装帧是美术编辑和设计者的事，要求我们编辑做半个装帧家，有望尘莫及之感。”第二种，个别装帧设计者说：“编辑没有必要懂装帧，他们懂了装帧还要我们装帧家干什么？”第三种，也是我听到最多的议论还是“编辑要做‘半个装帧家’这个提法好！”

这个话题之所以能够一时成为出版界的话题，也足以证明编辑与装帧的关系是多么密切。

“编辑要做‘半个装帧家’”并不是让文字编辑们都真的改行拿出一半时间搞设计，而是，意在提倡编辑多关心装帧，鼓励编辑多了解装帧，希望编辑提高书籍装帧的艺术修养。其实“编辑要做‘半个装帧家’”意在强调编辑具有书籍装帧艺术修养的重要性。

真正的好编辑、有艺术修养的作者都是非常关心书籍装帧艺术的，也都是最懂书籍装帧艺术的，他们也都是书籍装帧设计工作者的朋友。

我曾经以鲁迅、巴金，以及几位作家、出版家为榜样，来证明“编辑做‘半个装帧家’”的必要性。

一、鲁迅是伟大的文化旗手，也是我国现代书籍装帧的奠基人

首先，鲁迅先生就是这样一个榜样。他作为一个伟大的文学家，亲自设计了《呐喊》、《毁灭》、《铁流》、《引玉集》等一大批书籍的封面。这些作品已被视为中国书籍装帧艺术史上的经典之作。鲁迅先生还亲自设计了许多杂志的封面，如 1928 年 6 月《奔流》月刊第一期，鲁迅先生不但设计了封面，而且题写了刊名。鲁迅先生还与装帧艺术家亲密合作，创作了许多优秀的书籍装帧作品，如《苦闷的象征》就是由著名装帧艺术家陶元庆作封面画，鲁迅先生设计封面。

鲁迅先生是中国 1919 年五四运动以来第一位对封面设计、内文编排、版式设计、印刷装订、纸张材料选用等书籍装帧各个环节很有研究的人，曾发表了大量关于书籍装帧的言论，为我国现代装帧艺术奠定了基础。鲁迅对于书籍、刊物的版式非常关注，他亲自为《莽原》批画版式，并提出必须改变原来版式中刊名在上部，目录在下部的做法，要求“目录既在上边，容易检查，又无隔断本文之弊。”鲁迅先生提倡书籍的页面多“留些空白”，他恳切地说：“我于书的形式上有一种偏见，就是在书的开头和每个题目前后，总喜欢留些空白……较好的中国书和西洋书，每本前后总有一张空白的副页，上、下的天地头也很宽，而近来中国的排印的新书，则大抵没有副页，天地头都很短，想要写上一点意见或别的什么，也无地可容，翻开书来，满本是密密层层的黑字。加以油臭扑鼻，使人发生一种压迫和窘促之感，不特很少‘读书之乐’，且觉得仿佛人生已没有‘余裕’，‘不留余地’了。”鲁迅对于书籍版式的严格要求，还表现在许多细微之处，如，他坚决反对在正文的每一行的顶上，出现“圈、点、虚线或括号的下半”等标点符号，从中可以感到他对于版式的要求多么严谨。鲁迅有关书籍装帧的言行，一方面体现了一位文化巨匠对书籍装帧的浓厚兴趣，一方面充分表现出了一位伟大的文化旗手对于读者阅读的关爱。

鲁迅先生与书籍装帧艺术家交往密切，是装帧设计家的好朋友。他非常重视装帧家的劳动，尊重艺术家的意见。他在这方面有几件事实在令人感动。

第一，鲁迅最善于倾听装帧家的意见。他自己虽然具有高深的装帧艺术修养，但他从不把自己的意见强加于人，而是与设计者商量，倾听装帧家的意见。1933 年他曾为编印《北平笺谱》写信虚心向专家讨教。在设计《未名丛书》的封面时，他特别叮嘱许钦文一定要与设计者商量，他曾提议“书名之字，是否宜用与画同一之颜色为宜，抑用黑字?”但又强调不要违背了设计者的原意。在《彷徨》封面的印制过程中，鲁迅先生再三嘱咐许钦文，一定要让设计者陶元庆看《彷徨》封面打样，强调封面一定要直到陶元庆认可之后才可以开印。

第二，鲁迅先生与装帧家的心相通。他是一个最理解装帧家，敢于为装帧艺术家讲话的人。当《彷徨》的封面受到一些人指责，有人嘲笑《彷徨》封面设计者陶元庆“连一个圆圆的太阳也不会画，弄得不圆不方，歪歪斜斜，如果用圆规来画，不是既圆又好吗?”鲁迅先生立即挺身而出为陶元庆辩护，说：“你看好笑不好笑，竟有这样不懂艺术的人。”鲁迅作为一位文化人，辛辣地斥责嘲弄者“不懂艺术”，实在难能可贵。

第三，鲁迅先生最善于给装帧家提建议。他多次给陶元庆写信交流对装帧的见解。20 世纪 30 年代鲁迅先生就曾建议中国的封面设计可以使用一些“中国古代青铜器和石刻上的纹样”并把自己收藏的“汉唐画像石的拓本”拿出来给陶元庆和钱君匋看，边看边讲解。后来，陶元庆为鲁迅设计《工人绥惠略夫》、《朝花夕拾》等封面都得到了青铜器纹样和石刻拓片的启示。钱君匋说：“我在设计《东方杂志》和《破垒集》书面时，也试探着从这方面发展。”正是由于鲁迅的建议，使当时的许多装帧作品“颇具民族气派”，也使设计者都感到了“这是一条道路”。

第四，鲁迅先生是最早提出在封面上为设计家署名的人。在那个时代，鲁迅先生就提议：在书中适当的地方要印上书籍装帧设计者的名字。1928 年他在给朋友的一封信中曾写道：“有一件事情不大好，记得我曾函托，于书之第一页页后面，希添上‘孙福熙作封面’，而至今没有，是对不起作者的，难以送给他。现在可否将其中一部分(四百五百部)的第一张另印，加上这一行，以图补救。”在印刷《朝花夕拾》时，又写信叮嘱：

“该书第一页上，望加‘陶元庆作书面’字样。”可见鲁迅先生对于书籍装帧艺术的尊重。正是由于鲁迅先生的提议，才改变了封面设计不准设计者署名的行规，之后的书刊封面开始陆续署上了设计者的名字。

第五，发现装帧艺术人才，培育装帧艺术人才。鲁迅先生 1927 年在开明书店看到《寂寞的国》、《尘影》、《春日》的封面设计，认为“设计的很好”，当知道设计者是 20 岁的小青年钱君匋，马上对钱君匋说：“是不是还有其他作品？给我看看。”鲁迅看过作品之后说：“不错，设计的很好，受了一些陶元庆的影响是不是？但颇有你自己的风格。”并鼓励说：“努力下去是不会错的。”鲁迅对钱君匋不仅是口头的鼓励，而且把自己准备出版的书，约请年轻的钱君匋来设计。根据钱君匋后来回忆：“鲁迅看到我的作品之后，很赞赏，要我为他的书设计装帧。例如鲁迅翻译的《艺术论》、《十月》和《死魂灵》等书，就是我设计的。”正是由于鲁迅的鼓励与栽培，致使钱君匋终生从事书籍装帧艺术，成为我国一代著名装帧艺术家。

上面讲的事例，让我们看到了一个鲁迅先生重视装帧，他具有高深的装帧艺术修养，愿意与装帧家做朋友。今天依然是文字编辑们学习的榜样。

二、文学巨匠巴金，自己亲自设计过封面

你看过文学巨匠巴金设计的封面吗？

大家都知道，巴金我国现代伟大的文学家。巴金的《家》、《春》、《秋》享誉世界，无人不知，无人不晓。但是，知道他也亲自设计过封面的人就不多了。

前些年，我在研究中国书籍装帧史料的时候，惊喜地发现了巴金设计的封面。一本是 1933 年上海文化生活出版社出版的《迟开的蔷薇》。该书是巴金翻译的德国作家的文学名著，封面设计得端庄清丽，书卷气十足。也许，今天有人会认为，这个封面只有一个边框，中间排列了几个书名铅字，太简单了，没有什么值得赞扬的。但是，我要赞扬它，为什么？因为评价一件作品，不能脱离它所处的时代。巴金设计《迟开的蔷薇》是中国书籍刚刚从线装形式转变为西式开本，封面应该是什么样子？当时是出版家、设计家，都在思考的问题。《迟开的蔷薇》封面的边框，

借鉴了欧洲书籍封面的基本格式，但是边框采用的文武线，则是具有中国古籍雕版边框的意味，与中国新引进的西式开本的封面十分贴切，注重大方，又具新意，不能不算是一种成功。

我还看到巴金设计的另一本封面，是巴金为他主编的“文学小丛书”《地上的一角》设计的封面。这本书出版于 1939 年，封面依旧采用了四边框，边框中带有曲线花点图案，巴金自己称之为“花边”的纹样，也是既具有欧洲巴洛克意味的弧线，又带有中国古典传统美感的神韵，充满文雅的书卷气，封面上的花边与中间的图案相呼应，显得精致而典雅。很难想象一位文学巨匠，居然有这样的精到的设计功底。我们不得不承认，这是由于巴金大师的高深学养，才有此佳作。在查阅资料的过程中，我读到了巴金记述设计过程的一段文字。他时说：“我就靠一本俄罗斯出版的装饰图案集。那是一本老书。我从中挑选一些花边和装饰，再搭配一点淡雅的颜色。”从巴金的这一席话中，我们可以见到巴金大师对于书籍封面的审美修养以及他对于封面设计的重视。

巴金的封面设计，是他在上海文化生活出版社当“文化生活丛刊”、“文学丛刊”主编时创作的。他既是编辑、主编，又是装帧设计者。

我一直在想，巴金为什么一定要自己设计封面？原由尽管很多，但是有一点是很清楚的，就是他认为装帧十分重要，唯有亲自动手设计，才能把自己对书籍的理解转达给读者。这是对于书籍的一种刻骨铭心的爱。

三、编辑家，也是为书籍装帧倾注心血最多的前辈

这里，我还想再举一个例子，就是范用先生。

1984 年中宣部组织中国青年出版社与人民出版社、上海人民出版社三家合作共同编辑出版一套以爱国主义为主旨的知识丛书，定名为“祖国丛书”。因这套丛书工程浩大，在上海召开了一次“祖国丛书”三家出版社领导、编辑、美术编辑参加的工作会议。出版社派我作为美术编辑，代表中国青年出版社到上海参加了这次编辑工作会议。代表人民出版社参加会议的是著名装帧艺术家郭振华先生，闲聊时他告诉我：“我们的领导范用先生很懂装帧，并且自己亲自设计封面，设计的封面很讲究文化气息。”那是我第一次听到范用先生的名字，更是第一次听说还有“出版社

领导亲自设计封面”的事情。

后来，我逐渐了解到范用先生是我国著名出版家，他是人民出版社和三联书店的领导，一些出版界的前辈都跟我说：范用先生对于书籍装帧的重视程度在出版界是有了名的。有几次，我注意到一些人民出版社的书籍封面设计，署名“叶雨”，设计的风格十分典雅。别人告诉我，“叶雨”就是范用先生。

最近，他出版了一本书叫《叶雨书衣——自选集》。我在三联书店买了一本，拿回家慢慢地阅读。书籍收录了他设计的200多幅书籍封面，并配有60多篇短而精的文字。我很吃惊，范用先生作为一位工作繁忙的出版社领导，居然还设计了那么多的精美封面。李一氓著作《存在集》是范用先生1985年设计的封面，暖灰的底色、朱红的印章、敦厚有力的书名字，在色与图的关系中，荡漾着无限的文化底蕴。“读书文丛”中的三本——《未晚斋杂览》、《十二象》、《译余废墨》的封面亦出自他的手笔，素色的封面上，铺垫着手写在稿纸上的文字，书名字庄重而清秀，最精彩处是封面上的小标记，可谓画龙点睛之笔，构成虽简约，但十分耐看。范用先生设计的1990年第一期《读书》的封底，虽然是广告，但是文雅而宁静，清秀的竖线分割，把文字内容排列得清晰易读，比喧嚣的张扬要高明了许多。仅这三个例子，就足见他的修养与功底。这修养，包涵着他对于书籍文化的理解，这功底，显现出他对书籍装帧的特殊艺术语言的独到见解。

我想，范用先生之所以设计出这么具有文化感的书籍装帧，与他既是出版家，又是装帧家的双重身份密不可分。

范用先生在书的“自序”中写道：“1951年成立人民出版社，三联书店并入人民出版社，保留店名，有一个编辑部。我提出分管三联书店编辑部。还分管人民出版社美术组，他们设计了封面，让我审批，有时不满意，反复几次，书等着印，于是我就自己动手设计。……因为是业余做的，后来我就署名‘叶雨’……我设计封面从来没有拿过稿费……”

宁成春在一篇文章中写道：“范老退休之前，我一直在他领导下工作。他很关心我，是对我影响最大的一位长者。我的书装设计的基本风格和理念都是在他的指导下形成的。”我认为，如今，三联书店的书籍装帧之所以产生很大的社会影响，与范用先生的装帧艺术观绝对分不开。

范用先生既是一位编辑家，又是一位装帧家，是出版人的典型代表。

我们提倡编辑懂装帧，不是要编辑像鲁迅、巴金一样亲自设计封面，也不是要出版社的社长、总编辑像范用先生一样“业余”搞设计，而是强调编辑加强装帧艺术的修养，提高书籍装帧理念，这样一定会把书籍做得更好。

四、编辑懂装帧，如虎添翼

我们的文字编辑如果能懂得书籍装帧艺术，那就会对装帧家设计的方案多一些理解；在与装帧家打交道时，多一些共同语言；在与设计师讨论装帧方案时，就不至于尽说些“外行”话，提许多“外行”的意见，让设计家手足无措。

如果我们的文字编辑真的成了“半个装帧家”，那么，编辑就会做到以下几点：第一，他就会具有伯乐般的眼力，能根据书籍的不同内容和不同风格，挑选最合适的设计者。第二，他能与设计者进行心灵的沟通，以自己对书籍的理解，提出对于书籍装帧的设想，点燃设计者创作热情。第三，他会给设计者一个宽松的创作空间，不会把一些违反艺术规律的“建议”强加给设计者。第四，他会对装帧设计方案有一个整体的关照，把握住装帧设计的艺术形式与书籍内容一致的原则，不会把注意力仅仅放在枝节问题上。第五，他会把握住艺术性与功能性相统一的原则，既重视装帧的艺术性，又关注装帧的功能性。第六，他不会轻易否定具有创新意识的方案，能很好地把握创意要出新、要超前的原则。第七，他能够对先进的印制工艺和装帧材料有特殊的敏感，懂得充分利用先进的印制工艺和材料来创造美，同时，了解当前印制工艺的局限，引导设计者避免应用目前印制装订还达不到的工艺。第八，他会有一个正确的装帧观，不会把装帧只理解为是一个僵死的封面，而会把装帧设计看做是一个多层次、多侧面、多因素的动态的系统工程。第九，他能与设计者密切合作，帮助设计者克服印制过程中的种种困难，为创造一本漂亮的图书而不遗余力。

一个才华横溢的编辑，如果真的成为了“半个装帧家”，将如虎添翼，事业前程无比远大。

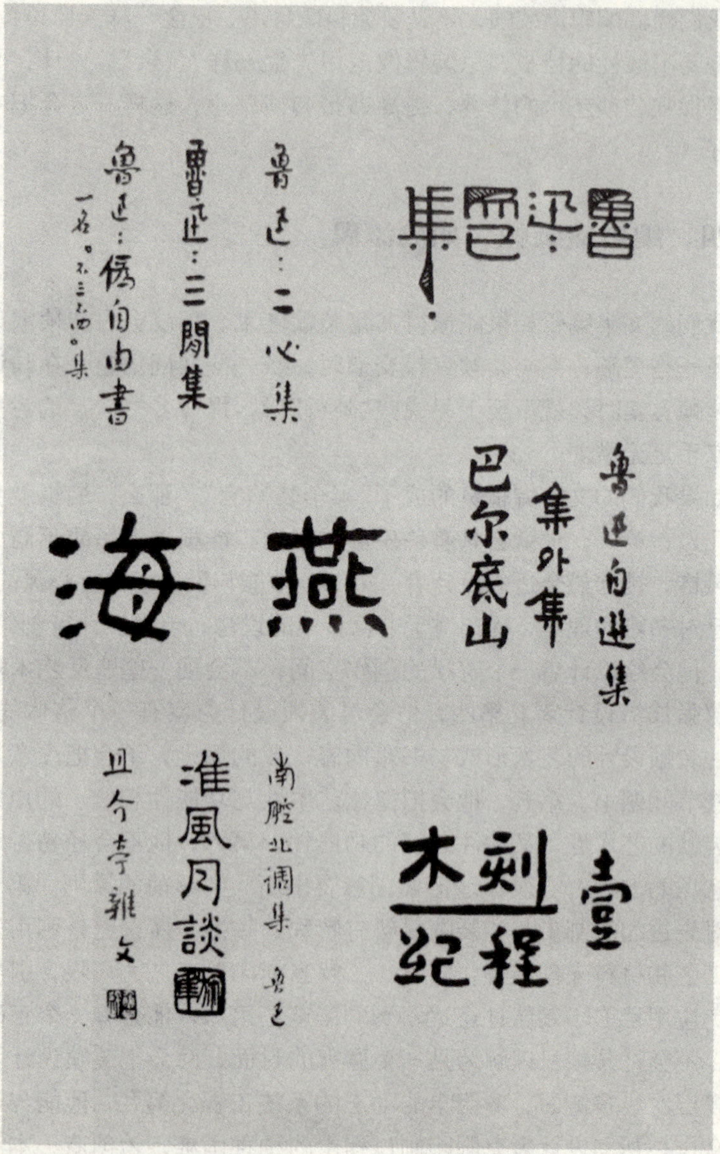
魯迅：二心集
魯迅：三閑集
魯迅：偽自由書 一名：不三不四集
魯迅自選集
集外集
巴尔底山
海燕
木刻紀程 壹
准風月談
南腔北調集 魯迅
且介亭雜文

鲁迅设计的封面书名字

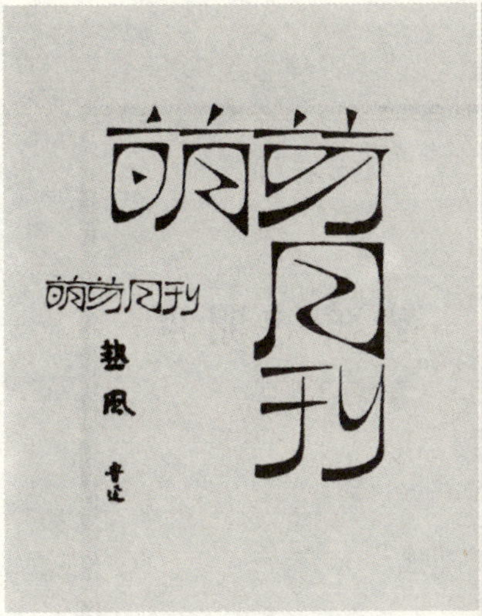

上左　鲁迅为期刊设计的刊名
下右　鲁迅设计的《呐喊》封面
下　　鲁迅和青年木刻家在一起

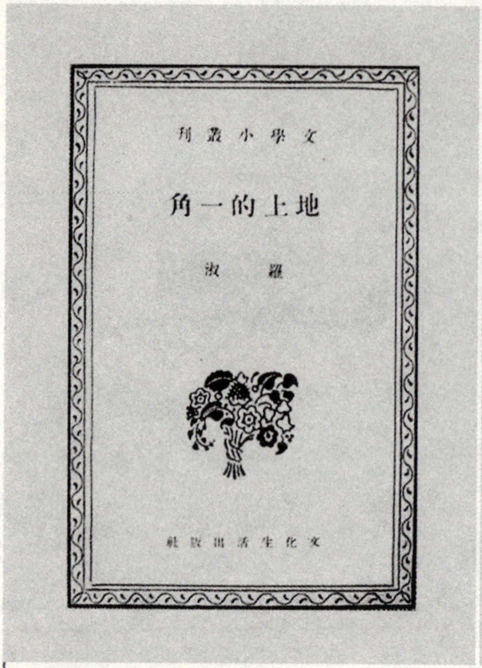

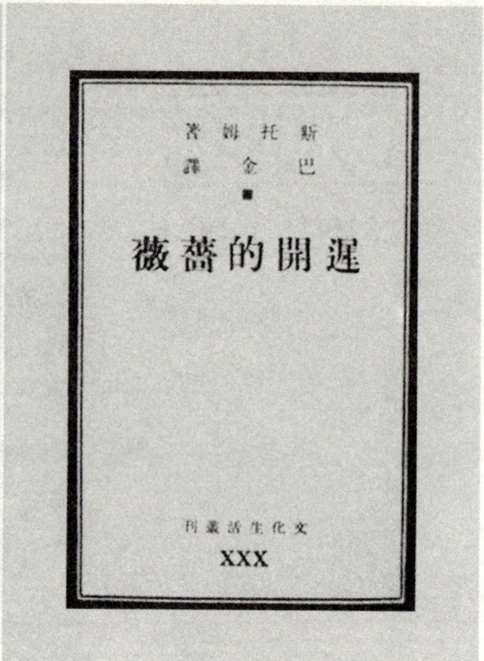

上左 《地上的一角》封面 设计：巴金
上右 《迟开的蔷薇》封面 设计：巴金
下左 《无鸟的夏天》封面 设计：范用
下右 《干校六记》封面扉页 设计：范用

顾名思义

——编辑要懂得什么是书籍装帧

1973年到1978年间，人民美术出版社连环画编辑室约我为《百色起义》、《丹心谱》、《瓦尔特保卫萨拉热窝》等连环画画了许多的封面。从此，开始了我“画封面”的生涯。1978年底，调到中国青年出版社，“画封面”成为了我正式的职业。说实话，当时对于“书籍封面”的了解是十分肤浅，更不懂得什么是真正的“书籍装帧”。

应该说，真正理解“书籍装帧”这个词，还是在30多年的书籍装帧实践中，尤其是从1991年开始，领导让我主持艺术图书的策划与编辑工作，使我开始不但从“设计家角度”思考装帧设计，而且开始从“编辑角度”思考装帧设计，对书籍装帧艺术的认识就更深入、更全面了。

了解书籍装帧艺术的特征，对于编辑来说十分重要。

编辑学一些书籍装帧的知识，不是为了亲自设计封面。但是，编辑应该通过了解书籍装帧艺术的基础知识，加深对于书籍装帧艺术的理解。随着对书籍装帧艺术理解的深入，编辑的装帧观念一定会得到升华。

一、“装帧”词汇的来源

何谓书籍装帧艺术？如果用一句话简单地概括，可以说：书籍装帧艺术是对书籍的美术设计，包括：“设计书籍的外貌——封面，设计书籍正文的版式——书芯，以及环衬、扉页等内容”。有人说：“装帧，是出版专业的术语。是指书籍的结构与形态的设计。装帧的任务是决定一本书的形式，从里到外，从内容到形态的达到完美和谐。书靠装帧成型，没有装帧，就不成其为书。”(许力以主编《中国出版百科全书》，书海出版社 357 页)也有人这样定义：“书籍装帧艺术是书籍的造型艺术，是书籍出版过程中关于书籍各部分结构、形态、材料应用、印刷工艺、装订工艺等全部设计活动的总称。”(中国出版科学研究所编《编辑实用百科全书》中国书籍出版社 1994 年版 225 页)总之，大家都认为，书籍装帧艺术不仅是为书籍设计一张封面，而是以书籍的整体形态为载体，对书籍形态进行设计的一个多侧面、多层次、多因素、立体的、动态的系统工程。

那么“装帧”这个概念的内涵是什么呢？

“装帧”一词如何界定？它的内涵是什么？我们首先来了解一下“装帧”一词的来源。从字面上解释，装帧的“装”字来源于中国卷轴书制作工艺中的“装裱”，说得更具体一些，来源于中国古代书籍装帧形态的简策装、卷轴装、旋风装、经折装、裱背装、线装书的“装”字，有书籍“装潢”之义。“帧”字原为画幅的量词。“装帧”两字联在一起，就形成了一个具有特定意义的词语。据钱君匋先生说，“装帧”一词最早出现在 1928 年丰子恺等人为上海《新女性》杂志撰写的文章中，当时引用的是日本词汇，其所指就是书籍的封面设计。“装帧”一词出现后很快被人们所接受，沿用至今。

二、“装帧”所指的内涵

前些年，艺术院校在教学工作中，提出建立“书籍艺术”专业，以示与“商业装潢”专业教学内容的不同，有的艺术院校提出把“装帧设计”专业改称为“书籍设计”专业。“书籍艺术”、“书籍设计”专业的确立，在教学中划清了与“商业装潢”专业的界限，强调了“书籍艺术”的专业特点，保持了“书籍艺术”专业的相对独立性，促进了“书籍艺术”专业教学的开展。

随后，“书籍艺术”一词与“书籍设计”一词，渐渐被应用于出版社的工作中，封面设计者署名时，有时把“装帧设计”改为“书籍设计”，并与“责任编辑”并列，引起了文字编辑的议论。一些文字编辑认为，“书籍设计”的概念太宽泛了，超出了书籍装帧的范畴。如果叫“书籍艺术”或“书籍设计”，那么，作家的写作，编辑对书籍选题的策划、对书籍内容结构的调整，也是“书籍设计”，理应纳入“书籍艺术”的范畴。换句话说，“书籍艺术”应该包含选题策划、邀人写作、编辑加工、装帧设计、印制装订等出版工作的全部内容，即全部的编辑出版工作才可称为“书籍艺术”。而装帧设计工作者，既没有策划选题，又没有从事写作，也没有对书籍的内容结构进行调整，把“装帧艺术”改称为“书籍艺术”，未免过分夸大了装帧艺术的作用，抹杀其他环节在出版工作中的贡献，因而认为在署名时还是写“书籍装帧”比较恰当。

其实，正如著名书籍装帧教育家邱陵先生所说：“书籍装帧和书籍艺术本是同义语。书籍装帧是外来语，不易被一般人所理解，但其含义中似乎设计意味和专业性较强。而书籍艺术含义较为广泛，容易被人理解，两者都是指书籍的美术设计。也就是说，装帧艺术是书籍的美学灵魂。”所以，无论称之为“装帧艺术”也好，或者称之为“书籍艺术”也好，关键是词汇在使用时要选择场合或与之相关联的参照系，这样会显得更得体一些。

“装帧”一词，像所有的词汇一样，在长达数十年的使用中为人们所承认，在中国的语言系统中有了特定的内涵。大家已经公认，“装帧”一词的所指是对书籍的美术设计。世界著名语言学家索绪尔认为，一切符号代码都是任意约定的，因此，根本不存在什么思想和情感的“自然的”表达。他指出：语言是由差异组成的符号系统，语言的意义依赖于一个符号与其他符号之间的关系，而不依赖于符号与外界事物间的关系。因此，语言具有任意性和武断性的特征。如英语将印有文字供阅读的东西叫“book”，法语叫“livre”，德语叫“Buch”，日语叫“本”，中文叫“书”。各国语言中的“书”的符号不同，但指示的都是同一个概念。所以，索绪尔告诉我们：“能指(语言符号)与所指(概念意义)的连接方式是任意的，即非必然的联系，亦非自然的联系。”英语叫“book”，法语叫“livre”，中文叫“书”均是武断的规定，它的意义只有在本国语言符号系统的整体结构的关系中才能显现。(索绪尔：《普通语言学教程》)如果认为语言符号代码与“所指”之间存在什么“自然的”“神秘的”联系，那就大错特错了，这是一种人为的约定，实在没有什么道理可讲。因此，尽管“装”字在字典里有“装订”或“装裱”的意思，“帧”在字典里是量词，是用于字画的单位，但是“装帧”两个字一旦组合在一起，就成了一个具有独立意义的符号。“装帧”一词在中国语言系统中一旦被人们长期使用，这个符号(能指)就已经被确认了特定的概念意义(所指)，于是一说到“装帧”，人们就知道是指什么。

其实，“装帧”作为一个词汇的整体，本身就是一个艺术门类的命名，既有“艺术性”的含义，也有“功能性”的含义；既包含了印制、装订、材料的内容，更是一个把“艺术”作为核心的词汇。所以，我认为没有必要在“装”字上大做文章，非要说“装帧”更多的是指“装订”，非要说“装帧”有太多的“技术”成分，而缺乏“艺术”含义，更没有必要刻意贬低“装帧”一词的意义。如果我们具备一定的语言学的知识，了解语言和词汇诞生与演化的一些基本知识，我们对“装帧”一词的认定也就不会有太多的疑义了。我举“美术”一词为例，它当初也是被当做“技术”词汇引进的。大家知道，中国古代汉语中没有现代意义的“美术”一词，美术是英语的 art 一词的汉字意译形式，而且最初是由日本人首先译成汉字的。因为 art 一词在文艺复兴时期所指包括建筑、雕塑、绘画、工艺等门类，所以东方引入“美术”一词时是指西方的“技术”。1873 年日本参加维也纳万国博览会代表团在给政府的报告中，第一次将英语的 art 译成汉字的“美术”，并被用来指西方技术，还呼吁政府发展这种技术。1876 年，日本创办“工部美术学校”，第一次将“美术”一词推向社会。“工部美术学校”的宗旨这样写着：“以欧洲近世之技术，移我日本旧来之风，为百工之补助”，目的是“殖产兴业”、“富国强兵”，课程也只设有油画、雕塑，学生要承担制图、勘测、建筑、装饰等工作。后来，由于日本把本土的绘画、雕刻、工艺等传统艺术纳入美术范畴，日本的“美术”一词才逐步演化为更为宽泛的一种艺术概念。20 世纪初，“美术”作为日语汉字译名被引入中国后，曾与“艺术”一词发生冲突，也曾经引发过美术学校是叫“美术专科学校”还是叫“艺术专科学校”的争论。但是后来由于“美术”一词适应了中国“语言链”中的需要，而得到了人们约定俗成的承认。“装帧”一词与“美术”一样，同是外来语，中国之所以把它们引入汉语，就是因为它们弥补了汉语的空缺。“装帧”一词一经引入，中国书籍的美术工作的“实”从此就有了“名”，实至名归。

三、"装帧"的内涵不断扩展与丰富

现代语言学还告诉我们，任何一个词汇的内涵和意义，都不是固定不变的。词汇的内涵都会随着时代的发展而发生微妙的变化，"装帧"一词也是如此。

我们不妨从中国近代书籍装帧史看一下我国"装帧"一词内涵的演化过程。自清朝末年西方近代印刷技术传入后，我国的书籍开始了从线装书籍向近现代书籍形态的过渡，书籍的封面也开始从线装古籍题签形式的封面向近现代书籍封面形式演变。当时出现了《孽海花》(1909 年)等一些与线装书籍不同的封面样式，人们把这种封面叫"美术封面"或"美的封面"。但人们一时还没有给予这种新的"美术封面"及设计工作一个称谓，还没有"装帧"一词。任何事物总是实至而名归，所以，当 1928 年丰子恺引进"装帧"一词时，自然而然地被人们接受了。那时人们对"装帧"的理解，主要是指书籍的封面设计。随着时代的前进，线装书籍在人们生活中渐渐被近现代书籍所替代，书籍的美术设计越来越成为出版工作中不可缺少的一个重要环节，"装帧"一词也成了社会和出版界专指书籍美术设计的学术名词，被大家广泛使用。20 世纪 60 年代初，邱陵先生撰写的《书籍装帧艺术简史》问世，标志着"装帧"作为一个学术名词运用到了书籍的美术设计史的研究中。但是，直到 20 世纪 60 年代初，我国出版的众多平装书籍都只有封面设计，封底多是空白，或仅仅在靠书脊处有一条颜色。这时，人们对"装帧"的理解依然局限于封面设计。随着我国装帧艺术的发展，20 世纪 70 年代初，我国的装帧家们开始明确地提出书籍装帧的整体设计概念，这时"装帧"一词就不仅指封面设计了，它逐渐包括了书脊、封底、勒口、环衬等设计的内容，"装帧"一词的内涵在不知不觉中发生了很大的变化。中国装帧艺术发展到了 20 世纪 90 年代，"装帧"一词的内涵再次被极大地丰富了。所谓装帧艺术，不仅指包括封面、书脊、封底、勒口、环衬等各部分设计的总和，而且包含了对内文的版式设计、书籍材料设计和印制装订工艺设计。随着时代的进步和书籍装帧艺术的发展，"装帧"一词的意义在不断地扩延，内涵在不断地丰富，它已经被升华为塑造书籍从内到外、从形式到内容、从物质(书籍形态)到精神(文化内涵)的一系列的艺术创造。

“装帧”一词自从在中国诞生，我国的出版人经过近百年的使用，已经在中国语言链条中占据了十分恰当的位置，并在中国出版实践中不断丰富内涵，在中国文化的语言中深深扎根。如今，每一个出版人都知道“装帧”一词的“所指”是什么。每一个使用“装帧”一词的人也都知道它“能指”的内容是什么。“装帧”一词得到出版界的广泛的认可，至今依然被广泛地使用。尽管有人对“装帧”一词有不同意见，但是，“装帧”一词已经在中国文化的语言词汇里扎根，“装帧”一词在中国出版文化的词汇中依然具有生命力。

四、装帧学与装帧学研究

1999 年第四届全国书籍装帧理论评奖活动中，原中宣部出版局局长、时任中国出版工作者协会副主席的伍杰同志提出：“应该建立中国的装帧学。”引起与会者共鸣，反应十分强烈。从此，“装帧学”成为一个明确的学术目标，为出版界和装帧艺术工作者重视。

建立装帧学的愿望具有深厚的学术基础。我在伍杰同志讲话后，带着“装帧学”的议题拜访张守义、王卓倩、邱陵等几位德高望重的老装帧艺术家，他们说：早在改革开放不久，他们就分别提出了“我们应该建立中国的装帧学”，只不过那时的条件没有今天成熟。

任何一个艺术门类都有相应的艺术学科。书籍装帧艺术作为一个独立的艺术门类，也应该有自己相应的艺术学科——装帧学。近年来，随着出版事业的繁荣，我国装帧艺术的发展，书籍装帧的理论研究也越来越活跃，研究成果愈来愈丰富，中国的装帧学的建立已经成为了众多装帧家和学者研究的重要课题。

大家都认识到：书籍装帧设计的创意需要理论的支持，书籍装帧艺术需要有自己相应的艺术学科——装帧学。

大家都知道，目前中国出版界有各种版本的编辑学。前几年，在中国出版工作者协会的组织下，又成功地编辑出版了一本《校对学》。于是人们很自然地想到了书籍装帧，中国至今为什么还没有一本《装帧学》呢？

建立装帧学是中国现代装帧艺术发展的需要，是极有意义的。我认为装帧学与编辑学、校对学有许多性质上的不同。装帧学不是仅对出版过程中某个环节的某种技术性的研究与规范，它涉及的是对一门艺术学科理论进行总结和研究。

从事艺术研究的专家都知道，艺术学科的研究明显地不同于自然科学与技术理论的研究——自然科学与技术理论的研究一般是不受人文因素制约的，它可以排除人文因素的干扰，获得某种普遍真理和客观规律，而任何一种艺术门类的理论研究是以人类文化价值为基础的。书籍装帧艺术和其他艺术一样，也明显地受到社会的、政治的、经济的、文化的影响，因此，中国装帧学的任务同样必须从社会文化背景出发，对装帧艺术的各种现象、风格、流派予以把握。它不仅研究怎样给封面、扉页、版式等下定义，不仅研究书籍装帧创作的一般规律，更重要的是要研究时代为书籍装帧艺术所带来的审美方式以及社会、政治、经济、文化的发展对装帧艺术的影响。

装帧学既是指导装帧创作的理论武器，又是解读各个时期装帧作品和纷繁复杂的装帧现象的钥匙。

我想，对装帧艺术学的研究要涉及以下课题。

第一个课题：创立中国的装帧学，首先必须确认书籍装帧是一个艺术门类。装帧学的研究，虽然要涉及印制、装订等技术问题，涉及装帧构成的一些基本知识问题，但书籍装帧绝不仅仅是一个单纯的技术性门类，也绝不仅仅是简单地为书籍包一个封皮，装帧学是对一门以书籍整体形态为载体的艺术设计的研究。因此，确认书籍装帧是以书籍为媒质的一门艺术，这是建立装帧学的必须确立的理论基础。

书籍装帧之所以成为一个独立的艺术门类，是因为它具有与任何其他艺术门类不同的特征。这种特征表现在：一、艺术媒质与其他艺术不同。它不同于音乐、绘画、雕塑等艺术门类。书籍装帧艺术，是以特殊的艺术媒质——供人们阅读的书籍为载体的艺术。二、书籍为独特的媒质，呈现出一种不同于任何其他艺术门类的审美方式。审美方式的独特性，是书籍装帧艺术的一个重要特征。三、装帧艺术既是艺术，又不是纯艺术，它服务于书籍，没有书籍就没有书籍装帧艺术，它的艺术性必须从属于书籍的功能性。因此，装帧学要研究书籍装帧的特殊艺术特征，给装帧艺术这个概念及其内涵一个科学的界定。

第二个课题：装帧学研究的重点应该是书籍装帧设计的形态特征及

其艺术创作规律。装帧学是一门研究书籍装帧艺术创意的学问，包括设计形式如何更好地体现书籍的内容，艺术语言如何为读者烘托出书籍内容所需要的阅读氛围；研究装帧设计的各种创意和形式设计会产生怎样的视觉效果，形式与创意所塑造的书籍整体形象，会产生什么样的艺术效果；研究装帧材料及印制工艺对书籍装帧的美感所产生的影响，印制与装订工艺、与艺术设计的关系；研究装帧设计的整体美，把书籍装帧艺术作为一个包括封底、书脊、环衬、扉页、版式设计的多侧面、多层次、多因素、立体而又动态的系统工程来研究。

第三个课题：装帧学的研究，既要研究书籍形态的基本结构，如什么是开本，什么是封面、环衬、扉页、版式，研究书籍各个部分的功能、作用，但又不能仅仅停留在简单地规定什么是封面、开本、扉页、环衬、版式以及装帧的基本结构上。装帧学研究的重点，应该放在不同的开本设计、不同的封面创意、不同的扉页、不同的环衬、不同的版式的艺术性，考虑书籍装帧形态的艺术性会对读者产生怎样的审美心理反应。如，读者很喜欢钱君匋先生设计的《曲艺论集》，因为该书的封面设计具有一种独有的味道，让人赏心悦目。但是，该书的设计为什么能产生这种效果？这就是我们要研究的课题。我们不仅要研究该书形态的基本结构、封面的形式构成、封面的创意内容，更要研究该书封面的形式构成、视觉内容对读者产生了怎样的审美心理反应。

从某种角度讲，装帧学既是一门研究书籍形态、功能的学问，又是一门研究书籍装帧审美的学问。

第四个课题：书籍装帧从策划、设计、印制、装订到完成是一个完整的过程。这是一个塑造书籍形态、体现书籍内容的过程，也是一个把装帧的全部环节连成链条、塑造装帧美感的过程。因此，从策划到实施的整个过程，都应该是装帧学的任务。

应该考察和研究编辑与装帧的关系，尤其是随着图书市场的形成，编辑从原来的“编书”逐渐转变为“做书”，编辑对于书籍装帧越来越重视。因此，装帧学应该研究，装帧设计如何更好地体现编辑的意图，编辑怎样配合设计师共同完成印制一本精美的图书。

第五个课题：装帧学是一门研究装帧艺术的文化内涵的学问。一本书的装帧设计，不仅仅是为书籍包个封皮，装帧本身同时具有相对独立的文化内涵。因此，研究各种流派的设计风格的文化内涵，研究不同的形式意味在设计上所反映的社会文化背景，研究中西文化精神的差异在装帧艺术上的表现，研究当代书籍装帧如何继承民族传统文化以及如何吸收优秀的外来文化，研究当代中国装帧艺术的形式美感与时代精神问题，研究书籍装帧的历史和发展趋势，无疑是装帧学的重要课题。

第六个课题：应该把装帧的艺术性与功能性统一的问题，作为装帧学研究的重点之一。装帧艺术是为书籍服务的，是为出版社的社会效益和经济效益服务的，所以，我们不能因为强调装帧艺术性，而忘记装帧的功能性对装帧艺术的制约，更不能无限夸大装帧艺术性的作用，把艺术性凌驾于功能性之上。

装帧艺术应该是艺术性与功能性的完美结合，装帧学研究的重要任务之一，就是如何达到这种“完美结合”。

第七个课题：装帧学要研究装帧艺术的社会功能。书籍装帧与其他艺术一样，具有传播美育、教育、娱乐等社会功能。我们在研究装帧艺术美的规律的同时，还应该关注书籍装帧艺术的社会功能，关注书籍装帧设计与意识形态的关系，要研究装帧艺术所酿造的美感是如何起到陶冶人们的情操，净化人们灵魂的作用；装帧艺术评论要赞扬装帧设计作品中的真善美，批评装帧设计作品中的假恶丑；装帧艺术同样要歌颂进步，抨击落后与反动，推崇高尚，贬低庸俗。装帧艺术所表达的形式和内容，归根到底是一种文化现象，属于意识形态的范畴。因此，装帧学不应该只关注对装帧形式美的研究，而且要关注装帧艺术“成教化，助人伦”作用的研究。如，新中国成立不久出版的《毛泽东选集》，装帧设计庄重大方，内文的版式设计肃正而清秀，文字排列严谨疏朗，在形式和内容的结合上极为讲究，完美地体现了人民对领袖著作的敬仰。因此，认为书籍装帧艺术与意识形态毫无关系，把装帧艺术彻底排除在意识形态之外的观点是不现实的；应该把装帧学的研究和经济基础与上层建筑的关系研究联系起来，这是装帧学研究的重要方法之一。

第八个课题：书籍装帧的艺术性与商业性的关系，是装帧学研究的又一个方面。书籍是一种特殊的文化商品，所以，一些装帧家常常强调装帧的艺术性，反对装帧艺术的商业化倾向；又有一些出版家认为书籍是商品，强调装帧设计在激烈的图书市场竞争中的促销作用。装帧学的任务之一，就是要阐释书籍装帧的艺术性与商业性的对立统一关系。装帧的艺术性，无疑是为书籍这个特殊商品增添了宝贵的附加值。

第九个课题：材料设计、工艺设计是装帧学研究的不可或缺的重要内容。任何的设计思想和创意，都要通过纸张材料、印制工艺而物化成为具有物质形态的书。如，装帧艺术家任意先生设计的《中国历代服饰》，封面的字使用了烫金工艺，使整个封面显得格外精致，这是因为设计家成功地调动了材料与工艺的魅力。因此，凡是杰出的装帧家和出版家，都把材料设计看作装帧创意的一个重要部分，把利用印制新工艺看作追求书籍形态美感的重要手段。

第十个课题：通过对中外书籍装帧艺术发展历史的研究，在历史的宝库中寻求对当今书籍装帧艺术实践的指导。装帧学可以通过研究丰富的中外书籍装帧艺术史的材料，使大家了解书籍装帧艺术不断发展的过程，认识书籍装帧艺术与经济、政治、文化的关系，并从中吸取丰富的营养，创造出新时代的优秀书籍装帧艺术作品。如，通过对我国 20 世纪 30 年代优秀作品《故乡》的研究，可以了解设计家陶元庆的设计风格，从而解析我国清末民初书籍从线装演变为现代开本的书籍装帧的艺术状态。陶元庆作为我国现代书籍装帧艺术的拓荒者，他的贡献在于：探索出了一种中国现代书籍封面设计的独特的艺术语言，探索出了一种附着在现代开本上的符合中国人审美习惯的封面设计样式。他的探索是成功的，如今，这个深受鲁迅先生喜爱、称之为“大红袍”的《故乡》的封面设计，已经成为中国书籍装帧史上的经典，我们可以从中得到许多启示。

以上十个研究课题，基本概括了装帧学研究的主要内容。

装帧学虽然属于艺术学科，但基于装帧艺术与音乐、美术、舞蹈等纯艺术有所不同，装帧艺术不是纯艺术，装帧学也不是纯艺术学，而是一门以文化商品为媒质、以书籍形态为载体的独具特征的艺术学科。

装帧学既存在着对装帧艺术基本规律的确认，又与其他艺术学一样，它所探讨的许多问题，不以追求终极的唯一的确定性答案为目的。所以，在理论研究方法上必然是多样性的，它十分强调在装帧艺术实践中的个人体验的归纳，强调学术研究中的个人审美体验的升华。因此，装帧学必然呈现理论的多元化和多样性特征，在百家争鸣中得到发展。

装帧学的使命，不应该仅仅是讲一些书籍装帧的艺术语言问题和技术性问题，更大的责任应该是提升大家的装帧理念，进行艺术理论的探讨。庄子写的“庖丁解牛”中，庖丁与文惠君有一段精彩的对话。“文惠君曰：‘善哉！技盖至此乎？’庖丁释刀对曰：‘臣之所好者道也，进乎技矣。’”庖丁的意思是：我解牛所以解得好，是因为我所爱好的是“道”，已经远远超过“技术”的层面了。装帧艺术本身不仅仅是技术问题，而是艺术问题，因此，装帧学的重点应该讲的是装帧艺术的“道”，而不是“技”。如果把装帧学的重点放在“技”的问题上，就把装帧学简单化了。装帧学的使命是使人们的装帧观念得到升华。那么，一些技术问题也就迎刃而解了。

记得有一位哲人曾说过：“理论是灰色的，而生命之树长绿。”中国的装帧学的根基在于充满活力的装帧实践，这种实践不仅是装帧家的艺术实践过程，而且包括出版社社长、总编辑、责任编辑们对装帧的策划、对设计家的选择、对设计方案的认定以及对装帧方案的实施与落实等方面的实践。

《世说新语·排调》云：桓南郡与道曜讲老子，王侍中为主簿，在坐。桓曰：“王主簿可顾名思义。”这是“顾名思义”这个成语的出处之一。顾名思义作为成语，意思是看到名称就联想到它的意义。今天每当我们听到“装帧”这个词语，也会联想到它具有的丰富内涵，进而引发对装帧艺术的热情。

因此，装帧学的创建不仅是装帧家和理论家的事情，它应该是所有出版工作者的共同责任。装帧学的研究一定会对我国出版事业的发展起到积极的促进作用。

得遇良师

——良师雨露培育人

在我们人生的道路上，影响你发展道路的人，往往并不一定是你的父母，往往是人生路中不期而遇的老师。

我从事装帧艺术专业的第一个老师，是当时在人民邮电出版社工作的著名书籍装帧家王卓倩。那时我27岁，在他们出版社“打工”，领导为了培养我，让我多向王卓倩老师请教。那时，她总叫我“小孩”，透着亲切与关爱。王卓倩是我书籍装帧艺术最早的启蒙人。记得她告诉我：“你原来学的是绘画，设计与绘画不同，要学会装饰，学会概括和变形。”语重心长，对我后来设计入门起到很大的作用。我也是从她那里第一次听到“整体设计”这个词，当时我国的装帧设计还停留在大多“只有封面，没有封底设计”的阶段。她的设计观念，让我明白了装帧艺术还要不断向前发展。

我从事美术编辑的第一位老师，是中国青年出版社的美术编辑室主任秦耘生先生。那时我已经33岁了，对于美术编辑是什么一窍不通。他告诉我美术编辑的基本职责，教导我：“中青社的图书，不同于人民出版社的书，主要是给青年看的，可以多放些插图。”在他的指导下，我为《中国古代史常识》、《春秋史话》、《战国史话》等青年通俗读物组织了大量插图。那时由于书籍还是铅印，网点密度不够，图片显得模糊不清。于是，秦耘生主任让我找中国历史博物馆美术组的专家把历史文物改画成为白描的插图。他说：“这样青年读者就可以看清楚了，我们这样做是为了提高读者阅读的兴趣。”我从他的话中感受到，老一辈编辑对于读者是多么关爱。这种“关爱读者”的思想，当时深深打动了我，以至于在后来的工作中，我一直以“关爱读者”的思想，指导我的装帧设计实践，以“关爱读者”的态度，策划编辑我负责的艺术类图书。他淡泊名利，设计的封面从来不愿署名，有时仅署名“平原”。他的人品，至今我引以为榜样。

另外，中国青年出版社美术编辑室的前辈沈云瑞先生，在业务上对我的帮助也很大，他熟悉美术编辑业务，凡遇到问题向他求教，他总不厌其烦，把多年的经验传授给我，至今记得他手把手地交我写美术字的情景，因为，当时没有照相排字，更没有电脑，封面的“书名字”都要手写，沈云瑞先生写“书名字”的功夫是开明书店工作时练出来的，非常规范、漂亮。如果没有秦耘生、沈云瑞、佟三等前辈的传、帮、带，我不会在出版工作中做出今天这样的成绩。

这里，我还要特别记述社会上的三位老师对我的影响和他们对我业务上的帮助。

一、慈心育人的装帧教育家邱陵先生

我虽没有在中央工艺美院邱陵先生的装帧专业课程上听过课，但一直认为邱陵先生就是我的老师。

为什么我如此尊敬邱陵先生？因为，邱陵先生的丰厚学养滋养了我的学识，邱陵先生的慈祥关怀伴随着我事业的进步。中国的佛教有大乘与小乘之分，据说，小乘佛教强调修自身，以证得阿罗汉为最终目的；而大乘佛教则致力于一切众生的解放，强调以教化来普度众生。大乘佛教把这种从事拯救大众的比丘叫做“菩萨”。在我的心中，邱陵先生辛劳教育，充满仁爱，做了一辈子“普度众生”的善事。都说，邱陵先生“桃李满天下”，当今活跃在出版界的著名装帧家，如张守义、宁成春、李吉庆都从师于邱陵先生，他们的硕果累累，都离不了先生的无私的“甘霖”，他把呕心沥血的慈爱化作最美的雨露，滋润了我们这些如饥似渴的“门内”与“门外”的学生们。

我是1978年调到中国青年出版社之后，在一次工艺美院学生来出版社实习时，有幸聆听邱陵先生的教诲的。当时我还是个刚刚步入出版工作的青年，邱陵先生与出版社美编室主任秦耘生是好朋友，因此与我们的来往是比较频繁的。邱陵先生给我最初的印象就是亲切和平易近人，他丝毫没有因为我不是工艺美术学院系统的学生而冷淡我，每次接触总像一位饱学长者询问我的情况，于是，我开始对这位十分尊重，但同时也有些敬畏、只能仰望的教授，就越来越亲近了。

(一)诲人不倦的长者

在我的心中，邱陵先生是一位诲人不倦的长者。

20世纪80年代，中国美术家协会在空军招待所举办过一次书籍装帧艺术理论研讨会。那次会议，美协吸收了我们一批年轻的同志参加讨论。在讨论的过程中，关于如何吸收外来文化和如何对待民族传统的问题，成了会议发言争论的焦点。当时，我们这些年轻人从业时间不长，由于对装帧的认识还较肤浅，凭借对新鲜事物比较敏感，个别同志发言比较偏激，过于崇拜西方设计，对我国传统的书籍装帧艺术采取了过分否定的态度。比如，提出中国装帧提倡的“书卷气”是阻碍装帧发展的绊脚石，不“打倒书卷气”中国装帧就不能发展；甚至说，中国的汉字在封面上不如西方的字母好看。我观察邱陵先生默默在后排的椅子上，耐心倾听，没有直接参加激烈的争论。直到会议快结束的时候，他才说了一段话令我至今难忘的话。邱陵先生发言的大意是：我年岁大了，可能比较保守。但是，我们这些上了年纪的人，看到年轻人在河水中游泳，我们站在岸边，总希望你们不要游得离我们太远，我们担心离我们太远了会有危险；另外，我们看到孩子吃东西，总是担心吃的东西要消化才好，不要不消化闹肚子，对国外的艺术形式的学习也是如此，不仅要吃，而且要消化。

邱陵先生的发言，当时使我很感动，尽管那时并不一定完全明白他话的含义，但已经深深体会到了一位长者对我们晚辈的爱护。因为，作为一位饱学的长者，邱陵先生深知入世不深的青年，只有经过“读万卷书，行万里路”的长期艺术实践，才会明白装帧艺术并不像年轻人想象的那样，简单地抄袭一下国外形式就可以成功，装帧艺术所包含的文化内涵与深邃哲理，需要长期的修养。所以，他没有与年轻人的片面见解直接争论，而是用慈祥的、充满期待的良言规劝。

如今，二十年多过去了，我们这一代装帧工作者早已经五六十岁了，早已经摆脱了“生搬硬套西方设计”的幼稚，在书设计实践磨练中，越来越认识到中华民族传统文化的价值，多年的实践尝试了把国外优秀设计形式与我国精深的民族传统完美地结合在一起并取得成功。今天，回想当年的争论景象早已模糊，往事已如烟散去，但邱陵先生的那慈祥的话语，依然回响在我们的耳边。他那循循善诱的开导青年的教育方式，我一直以为榜样。

《论语·子罕》记载了颜渊赞颂孔子的教育方式。颜渊说："仰之弥高，钻之弥坚。瞻之在前，忽焉在后。夫子循循然善诱人，博我以文，约我以礼，欲罢不能。"邱陵先生就是我国装帧界"仰之弥高"的长者，他也是向伟大教育家孔子一样"循循然善诱人"的老师。

（二）严谨治学的教授

1994 年我在中国艺术研究院研究生部读在职研究生，在学习美术学的过程中，我也准备把邱陵先生的著作《中国书籍装帧简史》再次认真地学习一遍，当然更想就一些学术问题向邱陵先生当面请教。说来也巧，很快在一次偶然的机会我就见到了邱陵先生，我告诉他："我把您的《中国书籍装帧简史》列为我研究生课必须阅读的学术著作。"他非常高兴，同时对我说："其实，那本书是中央工艺美术学院开设装帧课之后，为了教学做的一本教材，你既然有兴趣，我将来给你一个勘误表，那本书中有一些错字，你在阅读时可以对照。"

我没有想到，仅仅过了几天我就收到了邱陵先生寄来的一封信，信中是一张手写的《中国书籍装帧简史》的勘误表。表是他亲手画的，为了方便查阅，专门打了格子，分为 P(页)、行、错、正 4 栏，比如：18 页，倒数第 3 行，错是"都是用于"应正为"都是用手"；又如：32 页，第 17 行，错是"合起七者"应正为"合此七者"等共 18 处。拿着这张详实的勘误表，我对邱陵先生更增添了尊敬，他严谨的治学态度，值得我一生学习；我也感到很幸运，邱陵先生的来信，无疑是表示了，对于我这个"他门外的学生"的承认。

更使我难忘的是，1999 年 10 月中国美术家协会在颐和园举办"北京老装帧艺术家九九重阳联谊会"的活动，邱陵先生把我叫到一边，从口袋里拿出一本油印的《中国书籍装帧简史》，是一本《中国书籍装帧简史》正式出版之前，教学用的 16 开手刻油印的教材。他亲切地说："送给你留做纪念，我是从家里专门给你带来的。我只有两本了，给你一本，我自己留一本。”我太高兴了，再没有什么比这礼物珍贵了。

这本《中国书籍装帧简史》我一直珍藏着。我从他送给我的这本早年油印教材中，感到了邱陵先生对我的关爱，也许还有他对我的期望。

(三)栽培晚辈的导师

有次我和邱陵先生同坐一列火车出差，鉴于对邱陵先生的仰慕，我说：“我如果不是远远超过了报考中央工艺美术学院的年龄，我真想报考您的研究生，没有机会就做您的业余研究生吧。”1995 年我报考了中国艺术研究院美术学研究生部的美术学专业在职研究生之后，我经常就装帧专业的问题向邱陵先生请教。有一次我打电话问他：“中国装帧史上，简册装之前，安阳殷墟考古发现，我们的祖先把甲骨串联起来，算不算也是一种装帧形式?”我听到他在那边的电话笑，和蔼地说：“研究得那么细啊！也可以算吧。中国古代装帧形式还是后来的那些。”他叮嘱我珍惜在职读书的机会。在读研结束写论文时，我又找到了邱陵先生，在他的关心下完成了命名为《动态的书——书籍装帧的整体设计与视知觉》的论文，把学习中国传统美学和西方美学的体会，与书籍装帧的实践结合在一起，阐释了书籍封面在整体美中不是一贴僵死的膏药，书籍装帧的整体美，是一个立体的、多侧面的、多层次的、动态系统，书籍装帧是一个立体的、多侧面的、多层次的、多因素的、动态的系统工程的观点。我将论文邮寄给他，一方面是想求得他的指教，一方面是向他汇报。邱陵先生专门写了一封信，给予肯定。甚至在信中建议把它发表出来，“让出版社的领导、编辑都读一读这种文章”。

邱陵先生信中对我的论文的肯定，首先是对我的鼓励，使我对书籍装帧理论的研究建立了更坚定的信心；第二，邱陵先生给我的信，进一步使我明确了理论研究的态度、方法、方向。所谓态度，就是实事求是，理论研究要依据出版实践，理论研究为出版工作服务；所谓方法，就是尊重书籍装帧艺术的特殊性，理论联系实际，用理论阐释并解决书籍装帧实践中的问题；所谓方向，就是理论研究一定要明白是为了什么？理论不是玩弄深奥辞藻的游戏，而是通过与书籍装帧工作者和编辑的交流，提高我国书籍装帧的水平。

邱陵先生的信，使我明白了一个道理：要完成一本书的装帧设计，与编辑沟通十分重要。因此，我便依照邱陵先生这封信的精神，为了完成与编辑沟通，与设计者沟通的使命，开始了《书籍装帧创意设计》的写作。可以说，如果没有邱陵先生的鼓励与指引，我不可能有这样明确的写作方向。

二、张守义教我“快乐做装帧”与“装帧家必须懂编辑”

张守义先生是全国最有影响的、德高望重的书籍装帧艺术家。因我是一个埋头在自己出版社工作的人，疏于社会活动，所以长期以来与张先生并无太多来往，仅是仰慕而已。1999 年中国美术家协会插图装帧艺术委员会换届，在第二届插图装帧艺术委员会成立时，张先生是艺术委员会主任，我在毫无思想准备的情况下被任命为秘书长。从此，我与张守义先生的接触就多了起来。他为社会公益事业勇于奉献的精神，善于团结大多数、掌控大局的超人能力，不惧困难的、面对疑难问题从容不迫的乐观态度，敢于承担责任、任劳任怨的容忍误解的宽阔胸怀，尤其是对于青年书籍装帧艺术工作者处处表现出的关心，都给我留下深刻印象。

他最好的朋友卫水山先生说：“最佩服张守义的是他的乐观。其实守义各个方面都挺不容易的，但是，他总是那么高兴！实在佩服。”

张守义先生曾经对我说：“我自己的趣事与笑话特别多，将来可以写本《守义趣事集》。”

于是我特地记述了几件事情。

(一)装帧家张守义和他的 500 盏灯

一个人竟然收藏这么多的灯，真让我吃惊！陶制的灯、瓷器的灯、青铜灯、小铁灯、煤油灯、小碗灯、吊灯、炕灯、汽灯、手指灯……各式各样的灯应有尽有；早至春秋战国时期的灯，中有宋元明清的灯，晚至近代民国的灯，真是琳琅满目；不仅收藏有中国的灯，而且有许多外国的灯；不仅有汉族的灯，还收藏了许多少数民族的灯。他的家和工作室，简直就是一个收藏丰富的灯具博物馆。这个收藏灯的人，是著名的书籍装帧艺术家张守义。

张守义先生是搞装帧艺术的，说白了，是一位为文学书籍设计封面的艺术家。不知情的人，都不理解一位装帧家为什么与灯结下了不解之缘，竟“发烧”到如此程度，甚至有人送他一个雅号“灯痴”。

我问张守义先生：“为什么收藏这么多灯？”他说，他对灯有极为特殊的感情，灯是我们人类照明的工具，是人类的朋友。但是，他收藏灯的目的，一不是想当灯的收藏家，不是为了收藏以后增值；二不是为了搞“灯的研究”，或者作“灯的学问”。我非常认真地问：“那你为什么呢？”张先生说：“根本目的还是为了装帧艺术，灯是我的‘模特’，为了在装帧设计时‘在纸上演戏’。”

(二)“藏灯”是装帧设计，设计师应该是半个编辑

张守义先生拿出他设计的《巴尔扎克全集》给我看，书的封面设计显现出一种无限的温馨与柔美，一盏西洋油灯在朦胧中占据着构图的主要位置，背景是淡化的手稿，书名字《巴尔扎克全集》端庄地印在封面右端，一枝用于写作的羽笔点缀在封底的左上角。张守义先生告诉我：“封面的灯，就是巴尔扎克写作时用的灯；封底的羽笔，就是巴尔扎克写作用的笔；封面背景文字，是巴尔扎克的手稿。”他接着向我介绍说：“巴尔扎克是个‘夜猫子’，喜欢在夜间写作，而且写哪篇小说用了多少油都要在日记中记载，不知你注意了没有？罗丹雕塑的巴尔扎克穿的是睡衣，为什么呢？因为巴尔扎克是在夜间写作的。所以，我在设计《巴尔扎克全集》封面上选用了他的灯。”听了张先生的介绍，顿时，在我眼前立即浮现出了文学巨匠巴尔扎克深夜在燃灯写作，似乎看到这位文学巨匠正在柔和的灯光下，执笔书写，向我们诉说着一个个悲凉感人的故事，表达着他对人生与社会的思考。

张守义先生对我说：“我同意你说的编辑应该做半个装帧家，但是，‘编辑做半个装帧家’不全面，还应该有另外半个，就是‘装帧家应该也是半个编辑’。”他告诉我，他在 20 世纪 80 年代曾设计过一套《巴尔扎克全集》，30 卷本，封面用的是巴尔扎克肖像和法国图案，这次重新再版，他决心不能再重复自己，因此，在封面设计时他选择了巴尔扎克的灯。张先生为了设计《巴尔扎克全集》的封面，他到图书馆查找了大量的有关巴尔扎克的资料，巴尔扎克的灯、笔、手稿的照片都是他从画报上收集来的。文字编辑看了他查找到了这么丰富的材料，非常惊喜地说：“你替我们编辑做了工作，我们都可以用。”张守义先生说，在查找材料的过程中他发现，这位文学巨匠有夜间写作的习惯，是个“夜猫子”。这个发现启迪了他的设计思想，于是“灯”成为了封面创意的主题，获得人们的好评。无疑，这是张先生“装帧家应该也是半个编辑”主张的自我实践。

张先生封面的“一盏巴尔扎克用过的灯”成为了以物咏情、点化装帧主题的高妙之笔，也以成功的艺术实践，告诉大家“装帧家应该也是半个编辑”。

张先生还曾在《雨果戏剧选》、《希腊的神话与传说》、《德语作家中短篇小说选》、美国作家爱伦·坡的小说《黑猫》、德国作家冯·德·格林的小说《鬼火与烈焰》等多部外国文学书籍封面中，以灯为道具在“纸上演戏”。灯的形象在温文尔雅的书籍封面之上，为读者酿造了温馨而浪漫的阅读氛围。

张先生用“灯”为素材设计的另一套书是《中国思想家评传》。书的内容是介绍从孔夫子到孙中山的 200 位思想家。全套丛书 200 册，每册写一个传主。200 本书籍的封面，张先生选用了 200 盏我国古代不同时期的灯，每盏灯的时代与思想家的时代相对应，使整套装帧显得格外文雅别致。

问张先生为什么爱在装帧设计中用灯，他用自己作的一首《咏灯》回答了我的问话：

灯与劳动者为伴，
灯与求知者结友；
灯与助人者同行，
灯与度节者共乐。

确实，灯包含了太丰富的暗喻与内涵。

(三)装帧家痴迷藏灯，趣事多多

其实，张守义先生 50 年前开始从事装帧设计时，并不收藏灯，只是为了封面设计而画灯，画灯时需要找实物写生，后来便逐渐开始收藏起灯来了，由此一发而不可收。在出版界的同行中，流传着许多张先生与灯的趣闻轶事。

1999 年 6 月我同张先生去广西一起出席一个学术研讨会，会议的大轿车路过侗寨的集市，听说集市上有卖灯的，张先生下车后居然不归，全车几十人干等了近半小时，只好派人去找他，结果派去找他的人也不见了踪影。正当大家正在着急、埋怨他耽误了时间的时候，不想这时张先生托着两盏侗族土油灯兴冲冲地回来，口中念念有词"太好！太好！谁还去买!"如同孩子般天真。去找他的人居然在他的感染下也买了两盏回来，搞得大家哭笑不得。

张先生每次去外地开会都要四处买灯，他说这叫"淘灯"去。在"淘灯"的过程中，也有别人主动送给他的时候，他总是要"以文会友"把自己的字画送给人家作为回赠。他告诉我，有一次去农村采风，在一个养猪专业户家中，他看到灶台上放着一盏灯，竟然看出了神，左看右看目不转睛，赞不绝口，情不自禁地向人家打听："灯从哪里买的?"这时，他看到老乡突然把灯拿到里屋去，张先生心想，老乡可能怕我把灯搞坏了，收起来了。不想这时老乡从里屋出来，已经把灯擦干净，执意要送给张先生。张先生如获至宝，他特地写了一张"六畜兴旺"的条幅，并画了这盏灯回赠给老乡以表谢意。

张先生买灯还有一大"怪事"，就是伪造的假的古灯他也照买不误。逛北京城东南的潘家园旧货市场，是他的一大嗜好。我曾在那里遇到过张先生，他告诉说："摊贩看我买仿造的假灯，还以为我看不出来，其实，我买的是外形，摊贩哪里知道咱们是为了装帧设计。否则，战国时期的灯哪里去买？卖灯的可不知道。以为我上当了。"有时，张先生在潘家园不买灯，而是拿相机拍灯，拍灯也给钱，搞得摊贩们莫名其妙，以为自己的灯真是什么值钱的文物，灯价立即上涨，原来 100 元的灯 300 元都不卖了。

2000 年春节，北京的炎黄艺术馆特约张先生举办了《张守义藏灯、画灯展》。他从 500 件藏品中挑出 100 件有特色的灯与用灯作设计的书籍封面同时展出，除了有汉代铜灯、汉代鸟形陶灯、清代景泰蓝灯、民国时期的煤油灯、非洲的人形木灯等收藏珍品之外，还有张先生以冰心老人文学作品《小橘灯》为题，自己用橘皮制作的小橘灯以及被张先生称之为"毒灯"、"鬼子灯"、"吸人血的灯"的旧社会吸鸦片的烟灯，张先生设计的上百本封面同时展出，展览极具个性。展览引起了观众极大兴趣，尤其是正月十五那天参观灯展的人更是络绎不绝，在展览的签到簿上，许多人留言赞美这次别开生面的灯展，其中有人写道："书中有灯，灯中有情，情感万人心!""心中有盏永不熄灭的灯，人生的大书便会页页光明!"。徐悲鸿先生的夫人廖静文女士看了展览后激动地在签到簿上写道：

“盏盏老油灯将我带到遥远的已消失的岁月里。感谢这个展览启开我尘封的久远的记忆……”

（四）把藏灯的快乐传递给读者

凡与张守义先生接触过的人都知道，只要与张先生谈起灯，他总是显得那么愉快，那么兴致勃勃，看上去根本不像年近70岁的人，使你在他那兴致勃勃的神态中，感到他内心的快乐。我至今记得，去年同他一同去广西，他在苗寨买到一盏灯之后，高兴得手提苗族油灯边歌边舞的情景。

他爱灯，藏灯，画灯，对灯一往情深。无论是藏灯也好，或是画灯也好，还是在装帧中让灯在“纸上演戏”也好，无不凝聚着他对灯深情厚意。

书籍装帧是设计家抒发情感的载体，张先生正是在装帧设计中以灯为“象”抒发自己的情感，表达超越物象的无限意韵。他通过朦胧之中的灯，以微妙的象征让读者体会着那种彷徨迷离的心绪，从而获得一种如水中望月般的审美感受，并与读者的心境达到一种自然的交流。

张守义先生不只收藏灯，他还收藏了大量的酒壶、印刷的木版等物品。他说：“凡是我画的，我都收藏。我不只收藏灯，我的酒壶也很多，同样也可以办个展览。”看得出，张先生从收藏与装帧中得到了极大的乐趣。

装帧家张守义先生是一位快乐的藏灯人。中国的传统思想历来主张“乐以道志”“乐至而无怨”和“乐以忘忧”，从“乐”中“养吾浩然之气”，不像西方的“罪感文化”，快乐必须通过世间的个体身心的折磨和痛苦来获得。张先生的收藏真的达到了“乐而忘忧”的境界，张先生的装帧也表达了“乐以道志”的意蕴，这使我从张先生身上看到了中国“乐感文化”的影子。张先生不仅自己欢乐，而且通过他设计的精美的装帧作品，把这种“乐”传递给了广大读者。

三、鼓励我著书做学问的好老师邢煦寰

1994年，我在中国艺术研究院研究生部读美术学专业的硕士课程，邢煦寰先生是研究生部的副主任。邢先生是著名美学家，中国艺术研究

院研究员，为我们硕士课程讲学的“美学”教授。我非常喜欢听他的课，生动，有理论深度。邢老师的课总是能给我许多的启发。后来他谈起此事的时候说：“在‘美学’课堂上，在几十位青春焕发的学子中，有一位虽然略显年长、却神情最为专著的学员引起了我的注意。这个学员不仅听课最认真，笔记最勤快，而且课后多问深思、钻研不止，许多老师和同学都交口称他是‘学习模范’。后来时间长了，知道这个学生的名字叫邓中和。”正是由于他对我注意和我对他的学识的仰慕以及对“美学”的兴趣，我们之间的交谈逐渐多了起来，师生关系日益深厚。

1999 年我开始写拙著《书籍装帧创意设计》，我把要写的书籍，定位为“装帧美学”的著作，在写作过程中，经常因为需要引经据典向邢煦寰老师请教。一个时期，我曾因写作遇到一些困难有了心灰意懒之意，他鼓励我一定不能放弃，劝导我说：“你有写作的优势，努力写吧，朱光潜老先生说：‘不通一艺，莫谈艺’，指的是你不精通一门艺术，你不要谈艺术，你有书籍装帧的艺术实践经验，这是别人不具备的优势。相信你的大作一定可以写好。”2000 年，由于出版社工作压力大，我的身体不太好。邢煦寰老师听说后，路过出版社特别找到我，送来一本怎样与疾病作斗争的书籍，让我安心调养精神，待身体恢复后继续把书写好。

2003 年我的《书籍装帧创意设计》书稿写完，第一件事情就是送给邢煦寰老师看，请他给我把握，并请他给我写序。我说：“邢煦寰老师工作忙，研究课题多，自己的写作任务很重，在百忙之中，如果给我写一千字的序，我就太高兴了。”我没有想到，他以《实践的美学，美学的实践》为题的“序”写了五千五百多字，对我书籍内容进行精辟的分析，使我感动不已。

2004 年中国出版工作者协会学术委员会、中国出版工作者协会装帧艺术委员会、中国青年出版社共同为《书籍装帧创意设计》举办研讨会。邢老师出席并作了精彩发言：

非常高兴参加中和同志新著的研讨会。我是从事美学教学和研究的，装帧学对我来说是个外行。我为中和这本书写了序，序的名字是“实践的美学和美学的实践”，在序中已经概括了我的观点。今天讲一点序言之外的话。

我觉得中和的书，有一个天然的优势。这个天然的优势，就是对于我们理论界、特别是对美学界有非常重要的启示意义，或者说有针砭意义。为什么呢？我记得朱光潜老先生说过这样一句话："不通一艺，莫谈艺"，指的是你不精通一门艺术，你不要谈艺术，因为"不通艺"就容易说外行话。朱光潜老先生又说："实践，实感是真凭"，强调实践、实感才是真正的理论基础。我觉得中和同志的这本书，就具体的体现了他立足于实践，立足于实感，又在实践的基础上升华为理论，又在艺术实践的基础上来谈艺术，所以谈得很到位，很本色。

今天，于友先先生(中国出版工作者协会主席)来出席会议了。于友先先生是美学家，久仰，久仰！所以，我还说一点装帧行外的话，谈谈我们美学问题。

现在，美学界存在一个很重要的问题，没有解决。美学研究虽然它有它的长处，比如，有一段时间各种政治对学术研究影响很大的情况下，美学的讨论似乎可以远离政治运动的干扰，来研究一些问题；但是，新时期到来之后，美学界却一度出现了徘徊不前的情况，为什么徘徊不前？最重要的问题是从概念到概念，从理论到理论，很少联系实际，所以使我们的美学学科几乎处于了所谓"尴尬"的境地。从前人们总是说，从全世界来讲我们是"美学大国"，那么多人关心美学，学习美学。但是，现在为什么美学却处于这种状态呢？我的许多美学同行朋友，大家有一个共同的感觉，就是我们的美学工作者，大多数在机关或在高等院校任教，很少进行艺术实践，或者很少与审美实践相结合，所以写出的东西有些脱离实际，缺少新的东西。所以，我们说大家在"开药方"怎么"开药方"，如何改变现状，提出各种各样的主张，一些人主张引进西方美学，多引进西方美学的一些理念，当然，这是很重要的。另外，有一些人认为要改变现状，应多从中国传统文化中去挖掘，这也是很重要的；还有人认为应该从文化角度去研究美学，都很有启发，而且对美学建设也很有价值。但是，我认为美学改变现状，最重要的一点应该是：美学应该面对时代，再在审美艺术实践进行概括的基础上来发展。否则，如果躲开了这个基本的实践问题，仅仅是引进外国的，或者只是去挖掘传统的，或仅从某个文化角度去研究，都不能从根本上解决美学发展的问题。

在这种情况下，所以，对在实践基础上升华出来的理论，我觉得特别可贵。而中和这本书就恰恰非常鲜明地体现了这一特点。他是装帧家，有多年实际创作经验，他又非常重视理论学习，他对美学很感兴趣，有相当深厚的理论积累的功底。所以，他把理论与实践这两方面结合起来，创作了这本书。因此，我认为这本书对出版界、理论界、美学界都具有启示意义。

这种从实践中产生的理论，是深有体会的理论。这不是老生常谈，它的确是真正从实践中来，然后上升为理论，然后再把这种理论拿到实践中去，这种理论在学术界是非常可贵的。我们谈到“建立装帧学”，如果是具有非常丰富实践经验的人，提出这个口号，提出这个呼声，是非常有意义的。如果不是这样，而是从“概念到概念”来建立“装帧学”，就很可能把我们充满活生生的、具有生命力的思考，引入到脱离实践的所谓“理论概念”的“学术硬壳”中去。

因为实践需要“装帧学”，不是从理论到理论的“装帧学”，也不是从概念到概念的“装帧学”。

我知道，邢煦寰老师的发言是对我的鼓励，鞭策我继续努力。正如他在《书籍装帧创意设计》的《序》中指出的：“虽然我认为这是一部理论自觉强、创新程度高、表述方式新……的好书，但也并不认为此书已完美无缺、无可斟酌了。其实，我国的当代书籍装帧学理论尚处在初创阶段，许多有关问题尚在探讨和研索之中。中和的这部书虽然是这方面的一个可喜成果，然而书中对有的概念、范畴的阐释和界定，对有的论点、命题的论证和诠解，甚至有的提法、用语等等，都还存在着尚须进一步斟酌、修正、研讨、索解和规范的余地，也许还会引起一些讨论、商榷甚至于争论。这是初创中的理论建设不可避免的，应该说这是好事，也不会因此而影响此书作为一部好书的价值。”我一直铭记邢煦寰老师的这些话，把他为我指出的不足之处，作为今后努力研究的课题，继续有所提高。

从1973年刚到人民邮电出版社被王卓倩老师称为“小孩”，到1978年中国青年出版社的“年轻有为的生力军”；从一个美术编辑的门外汉，成长为一个被青年编辑叫“老师”或“邓老”的资深编审；从一个对于学术一无所知的盲目实践者，到一个能对出版与装帧理论进行思考，并在理论与实践的结合中，取得一些成绩的所谓“专家”。成长和成功都是快乐的，但是，每一步的成长，每一个成功，都离不开老师的指引，缺不了前辈的培养，一个人在生活道路上能与良师不期而遇，真是人生一大幸事。

展　　翅

——编辑懂装帧是时代与市场的要求

心美如斯

——从编书到做书

现在许多编辑都说："编辑过去是编书，而现在是做书"。这是什么意思呢？是指现在的编辑不能像过去，只管文字的加工，而是要面对市场，把他所编辑的书稿，做成一本读者喜爱的书。现在的编辑不仅要具备选题策划能力和书稿加工能力，而且应该具备书籍装帧策划能力。当今，我看到一些优秀的编辑，对书稿未来的装帧策划，抱着前所未有的极大热情。

确实，在过去的计划经济时代，编辑只需"编书"，至于书籍装帧，往往完全交给美术编辑去考虑。现在的情况发生了很大变化。

一、从"编书"到"做书"

1978年我刚到出版社的时候，编辑处理书稿时：第一，把握书稿是否有政治问题；第二，看书稿的学术上是否有错误；第三，书稿的体例是否适当，做一些体例上的修改建议；第四，文字的加工。总之，编辑主要是对书稿的文字内容负责，至于装帧设计，编辑们大都认为是美术编辑负责的事情，填写一份"封面设计通知单"由总编室转给美术编辑，或由美术编辑自己设计，或由美术编辑聘请社会上知名的装帧艺术家设计封面。当时的文字编辑不像现在这样为装帧操心。记得，当时全国只有70多家出版社，中国青年出版社那时新出版的图书，往往第一版多则印几十万册，少也要印十几万册。据出版社发行老前辈王久安回忆："1978年间，中国青年出版社图书平均印数为26万。"(王久安《中青出版通讯》2008 年第 14 期)就是说，当年出版的每一个图书品种的印数，平均是 26 万。所以，当时我的感觉是，编辑们几乎不用为新出版图书的销售发愁。但是，随着改革开放图书市场的发展，图书出版业仅仅由几个大出版社垄断的局面，开始逐步发生了变化。新的出版社不断成立，全国的出版社由 1978 年的 70 多家到 1998 年发展到 530 家。由于图书市场的竞争日益激烈。据统计：1981 年，中国青年出版社图书的年平均印数，就降到了 13 万册，到了 1985 年，又降到 9 万册，随后，每年逐步下降。我看到编辑们开始为书籍的发行数量而“焦虑”。

为什么“焦虑”？因为现在全国有影响的大出版社就有几百家，图书市场竞争的激烈程度几乎呈现白热化的程度。图书出版的竞争已经不仅仅是选题内容的竞争，也包括了书籍装帧的竞争。我把这种竞争概括为，从选题内容、文字加工、装帧美感等诸方面的、综合的整体素质的竞争。因此，图书市场激烈的竞争，要求编辑再也不仅是“编书”了，而要学会“做书”。所谓“做书”，就是编辑不但要策划选题，而且要学会策划书籍的形态，把书籍内容的美与书籍形式的美，融合在书的形态之中，把最美的书奉献给广大读者，让阅读成为享受。这样的书籍一定会获得社会效益与经济效益的双丰收。

(一)如今，编辑已经处在图书市场竞争的浪尖上

近些年的出版实践已经充分证明：文字编辑只对书籍内容负责，而不过问装帧设计的时代已经过去。请看今天越来越激烈的图书市场竞争，已经改变或正在改变编辑只管文稿这种在计划经济体制下形成的习惯。市场经济的大潮，已经把编辑推到了竞争的风口浪尖上；在出版社，编辑已经处在了整个编辑、出版、发行过程的中心地位。书籍装帧的好坏，直接关系到书籍的效益，编辑不关心行吗？

因此，当前的图书市场，对编辑们提出了新的要求。在竞争中充满忧患意识的编辑们，除了要具备选题策划能力和文字加工能力之外，还要对选题的市场前景进行预测。在选题策划和市场预测的过程中，一个好编辑还要能够对选题未来的装帧形态提出设想。

(二)书籍装帧设计工作的社会化趋势，要求编辑具备装帧策划能力

近几年，一些出版社的美术编辑纷纷离开出版社，在社会上办起了设计工作室。文字编辑们长期依赖的美术编辑走了，这是不少出版社编辑们面临的现实。

由于过去文字编辑长期依赖与社内的装帧设计室，他们还不习惯于身边没有美术编辑的情况，于是，显得无所适从，饥不择食，就到社会上找一些刚刚从业的、价格低廉的、低水平的工作室设计，致使一些出版社的部分书籍装帧的水平有所下降。

还有一些出版社，虽然还保留了装帧设计室的建制，但是也在对原有的体制进行了改革。一种是，在出版社原体制内，把装帧设计工作实行社内的市场化管理，编辑与美术编辑实行双向选择，不再是过去的分工负责制，编辑可以自由的挑选原来美编室中意的人设计自己的书，美编也可以主动与编辑联系，挑选自己喜欢的选题做设计；另一种是，在出版社建制内，实行了公司化的管理方法，独立核算，也可以对外经营。

在这种形势下，已经迫使文字编辑，不得不对于自己负责的书稿的装帧形式进行更多的思考。

(三)广大读者对书籍装帧日益增长的审美需求，要求编辑关注装帧

随着我国经济的高速发展和社会的进步，人民生活水平的快速提升和大众文化需求的增长，广大读者对于书籍装帧的审美需求也越来越高。

我们知道，书籍装帧的美感，从某种角度讲，最能体现一个国家的经济发展程度、工业发展的工艺水平以及文化发展的程度。图书作为一种特殊的文化产品，编辑的责任，就是让读者在自己编的书的装帧美感中，获得一种精神的感动。这种精神的感动，是读者面对书籍装帧所展示的空前魅力为社会进步与经济发展而产生的喜悦。

因此，责任编辑为读者提供一本精美的书，是为了满足人民大众的精神生活需要。编辑也正是因为满足了读者文化生活的需要，从而也获得社会与经济的效益。

编辑从“编书”到“做书”，当今，已经成为了出版工作的一种新趋势。

二、“美如斯”的装帧，期待懂得“美如斯”的编辑

《世界美如斯》是中国青年出版社出版的一部外国文学著作。当我第一次见到样书时，就觉得它的装帧设计与众不同，独具魅力，非常喜欢。《世界美如斯》封面的最大魅力，首先，应该说是那浓浓红色的不可抗拒

编辑能够为书籍装帧的设计方案出点子。

责任编辑龙冬根据书稿内容，建议设计师将封面的灰色，改为现在的红色。龙冬说：“红色象征光明、温暖，这才像这位作家的书。”

的诱惑，红彤彤如火的底色下，外国作家的肖像隐约显现，透过朦胧的红色空间，作家的那双清澈的眼睛，似乎正在向读者诉说着人世间的一切。封面实在漂亮！它的魅力还在于“世界美如斯”几个书名字，排列得格外新颖，烫银的宋体字庄重而大方，字体超出切口的处理，格外大胆，为创意增添了一些后现代的意识。我尤其欣赏的是，从封面右下方倾斜拉上的那条银线，突破了平庸的俗套，使这个封面显得无比精神。

我判定，如此优秀的封面，设计者一定是位好设计师，而更重要的是，它的责任编辑必定是一位懂得装帧的好伯乐。

《世界美如斯》封面如此“美如斯”，责任编辑也一定有一颗“美如斯”的心灵？心美如斯，才能书美如斯啊！

为此，我专门拜访了《世界美如斯》的责任编辑、文学编辑室主任龙冬先生，向他询问这本书籍封面的组稿与审定过程。龙冬先生关于约稿过程的讲述，令我感想颇多。

我感触最强烈的有三点：

（一）编辑要会挑选书籍装帧的设计者

龙冬先生告诉我，装帧设计者是逛书店发现的。当然，不是在书店“结识”设计者本人，而是在书店书的封面上，发现了一个署名“康健”的设计师的名字。然后，打听出了设计师的通讯方法，找到了这位设计师。

一个好编辑，随时留意当前社会上的优秀设计师，注意哪些设计师的风格比较适合自己的书，应该是编辑的一个重要任务。其实，这种物色设计师的方式，比随便找一点都不了解的设计公司，或者仅听别人介绍，就匆匆忙忙找人设计，要准确得多，可靠得多。

龙冬先生这种选择装帧设计师的方式、方法，反映了龙冬先生对装帧艺术的理解，也体现了他对出版事业的执著。做一本好书，不但要内容好，而且装帧也要好；编辑的责任不仅是文字加工，而且是要为读者做一本好书。

一本好书，必定包含着编辑辛勤的劳动与心血，龙冬先生为了物色设计师，不辞辛苦经常去图书市场调查研究，在书籍之美中，也包含着一个优秀编辑的责任心；龙冬先生懂得装帧的重要，因此时刻关注书籍装帧的动态。这些都反映出一个优秀编辑的执著，为读者做出一本好书，克服种种困难的意志。

(二)编辑能够为装帧方案提建议、出点子

龙冬告诉我，封面设计的第一个方案是灰色的，不是现在的红色，红色是龙冬自己建议的。他向我介绍了为什么改为红色的理由，说：“该书的作者一生坎坷，但生活态度非常乐观，从书中的文字里可以感觉到一种十分温暖的情绪，丝毫没有阴暗的心绪，灰色肯定不能反映作家的积极的人生态度。因此，封面不应该是灰色，而应该是象征光明的、温暖的红色，这才像这位作家的书。”

编辑能够为书籍装帧的设计方案出点子，显然十分重要。

我们知道，编辑肯定比设计师了解书籍的内容，因此，提出的建议往往是中肯的、符合表现书籍内容需要的。编辑对于著作者的了解，肯定也比设计师深入得多。

正是龙冬的建议，使这个封面设计的创意，产生了一个质的飞跃。

(三)凸显编辑的美学修养的重要

在龙冬的建议下，设计师对原方案做了修改，灰色被红色替代，出现了如今我们看到的温暖而热烈的效果。这种改变不仅是色彩的简单变化，而且反映了两个不同的设计方案对书籍内容的不同理解。我们知道，红色是一种能够引起人们欢快的、悦目的、温暖的，令人兴奋的、积极情绪的颜色，灰色往往是一种引导人们的情绪趋向理性的、冷静的、比较消极的、冷漠的颜色。龙冬之所以能够提出这样的建议，在于他的美学修养以及他对于书籍装帧艺术语言特征的了解。不可小看这一色彩的改变，虽在一念之间，意义却非一般，它赋予了书籍封面以新的生命，它点燃了书中文字所阐述的思想火焰，它为读者做了一本让人爱不释手的书。

三、装帧策划的步骤与方法

从某种角度讲，我是一个“编辑中心论者”。何谓“编辑中心论”？就是一本图书选题的责任编辑，在图书的策划、编辑、装帧、出版过程中，负有全部责任。也就是说，有关图书在出版过程中一切问题的抉择，应该体现编辑的意志。当然，“编辑中心论”不仅是编辑的个人决断，也包括编辑部门集体的智慧以及书稿“三审”过程中体现出的修改意见。但最终为图书出版各个环节负责的，依然是责任编辑。

因此，责任编辑是图书的装帧设计的“总策划”，类似一部电影或电视剧的“制片人”或“总导演”。

可不是吗？当下，编辑面对一个选题，必须首先要考虑：将来以什么样的装帧形态将这本书呈现在读者面前？什么样的封面最能征服读者的心？什么样的装帧形式才能为书稿本身的价值再锦上添花？什么样的装帧在市场中更有竞争力？选择哪一位设计者为书籍搞装帧设计？这些都是编辑在市场经济条件下必须思考的问题。

思考这些问题并找出“答案”，这就是编辑的装帧策划。

说得细致一点，所有的编辑当书稿确定出版之后，装帧策划往往都要经过这样一个过程，编辑都要思考如下课题：

(一)选择决定开本

根据书稿的内容，思考开本往往是装帧策划的第一步。目前，最一般的开本是大 32 开或小 32 开，这是最大众化的开本。普通 32 开的开本，比较适应普通的大众读物，如文学小说，社科读物、科普读物、课本教材等都可以选择普通 32 开。但是，艺术读物、美术画册就要选择 8 开、甚至 4 开的大型开本了。艺术读物由于以图片为主，因此 20 开等方形的开本，也常常成为编辑的首选。

由于图文书的出版成为时尚，出现了一些新的开本。这些新开本有利于图文混排。编辑对于这些新开本的选择，往往也需要反复斟酌，根据不同的情况来确定。

那么，选择开本的原则是什么？我认为，首先要根据书籍的内容性质来选择。判断是使用普通开本还是特殊开本，大开本还是小开本？长开本还是方开本？然后，还要根据书稿内容的多少，未来书籍的厚度，来权衡决定开本的大小与宽窄，如果文字比较多，开本不应该太小；如果图片比较多，开本不宜太窄。

但是还必须指出：开本的选择，并不完全依靠对文字数量或图片数量的简单计算，开本的选择往往还体现着编辑对书籍装帧艺术的理解。我认为，开本的选择往往体现了编辑对书稿内容和书籍文化的一种艺术感觉。这种感觉，包含着编辑对开本与内容的理解，包含了编辑对书籍装帧的审美修养，也包含着编辑对图书市场的判断。

（二）决定装帧的规格与档次

根据书稿的情况决定书籍是平装还是精装？是普通简朴的装帧、是体面大方的中档次装帧，还是豪华的高档次装帧？这也是编辑必须首先要考虑的重要问题。

因为，只有书籍装帧的规格与档次决定了，才能进一步策划装帧的风格，进一步考虑装帧的材料与工艺。

装帧的规格与档次确定的原则，一般既取决于书籍的内容性质，也取决于书籍的读者对象，还取决于书籍的市场定位。比如，大型艺术画册一般要考虑高规格、高档次的装帧设计；印数比较大的通俗读物，就要考虑既实用又美观的中档次的装帧规格；课本教材、教辅读物一般会采用简朴的装帧，以降低学生购买的经济负担。

总之，装帧的规格与档次的策划，取决于出版社对该书制定的经营策略。

（三）斟酌内文的版式

装帧的策划，绝不仅仅是对于书籍外包装的策划。对于书籍内文版式的策划十分重要。过去，我们常常仅重视书籍的封面设计，而忽略了正文的版式。其实，从“为了阅读”的意义上讲，内文的版式设计，比封面设计还重要。因为内文才是书籍内容的主要载体。

内文版式的设计，主要的任务是：1. 确定版心。版心设计不是没有学问，而是很有学问的。2. 选择正文的字体、字号。各种不同的字体具有不同的特点，就是正文最常用的宋体，不同的字库也有不同的风格与不同的味道，根据书稿的不同内容，选择字体，是要用一番心思的。3. 斟酌行距。行距的宽窄，在排版时是大有文章可做的。不同的行距，适应不同文稿的排版需要；不同的行距，会为视线造成不同的阅读效果；不同的行距，也会产生不同的艺术效果。4. 对篇、章、节的设计。根据书稿的体例，规划对篇、章、节的设计，是内文版式设计的重要任务。有些书稿，还需要考虑是否要有单独的编章页。5. 图文关系的设计。图文混排的书籍，图文关系的设计是策划的重要内容，编辑不能完全不管。

（四）为装帧的风格定位

根据书稿的内容，来决定装帧的风格。首先要看书稿是小说类、散文随笔类、社科类、生活类还是少儿读物。不同的选题种类，应该具有不同的风格，否则就不像这类书籍。同时，在延续这类选题风格的同时，还应该考虑如何出新。因为推陈出新是一切艺术创作必须遵循的规律。

编辑必须具备一定的美术修养，具有较高的审美能力。这种审美判断能力不是天生具有的，需要不断培养对于装帧艺术的鉴赏力。休谟说：审美能力“虽然人与人之间敏感的程度可以差异很大，要想提高或改善这方面的能力的最好办法，无过于在一门特定的艺术领域里不断训练、不断观察和鉴赏一种特定类型的美”。

因此，编辑要在出版实践中，不断提高自己的艺术修养。只有具备一定的书籍装帧艺术的鉴赏能力，才能对选题未来的装帧形态提出自己的设想，才能对不同书稿的装帧风格提出自己的设想。

(五)选择书籍的装帧设计者

是在出版社内找美术编辑设计，还是找社会上的著名书籍装帧设计师？你如果要约稿，就必须了解哪一位书籍装帧设计师的设计风格更适合设计这本书？

解决这个问题，平时就需要在以下方面多关注：第一，编辑要了解当下中国装帧艺术的潮流和风格流派。编辑要多逛书店，了解图书市场上流行哪些设计风格，并了解这些装帧是由哪些装帧设计师做的。如果不了解，就无法根据不同的书籍内容选择风格不同的设计者。第二，编辑要注意图书市场装帧设计的新时尚。书籍装帧艺术的发展历史告诉我们：古今中外书籍装帧形态与风格的变化，都是社会不断发展和进步的反映。学者们都认为，“美”不是固定不变的，是动态的、发展的、变化的，要不断地出新。编辑要对书籍装帧的新时尚具有特别的敏感。第三，与装帧设计师交朋友，多与他们沟通和交流，增加相互的了解。

做到以上三点，书籍装帧的约稿问题也就迎刃而解了。

(六)与装帧设计者的沟通与互动

编辑选择了设计师之后，最重要的是要很好地与设计师沟通。详细地向设计师介绍自己对于未来书籍装帧的设想，介绍包括以下方面：1. 书稿的主要内容与写作风格，编辑对于设计风格的设想；2. 著作者的身份是学者还是文学家，是年轻有为的青年人还是德高望重的专家，他们对书籍装帧的一些要求；3. 出版这本书的读者对象是哪个群体，是专业人员还是非专业人员，是中等文化的普通读者还是大学生？4. 出版社对于本书装帧档次与规格的定位，是高档书还是普通书籍，纸张材料与印刷工艺的初步设想；5. 根据书稿的情况，与设计者交流对于开本的设想；6. 根据书稿的字数和图片情况，估计未来书脊的薄厚，与设计者交流未来装帧的形式。

编辑在向设计者介绍书稿情况时，也要听取设计者的意见，通过交流达成共识。

(七)装帧策划的落实与监制

一本书的装帧设计的最后成功，是要经过一个出版的过程，绝不能仅仅停留在把设想交代给设计师的阶段，只等着拿设计方案。一个不操心的编辑，肯定是不能做出好书的。其实，编辑是整个出版过程的责任人，不但要审定装帧方案，而且要帮助设计师落实他们的设计方案，帮助解决印制过程中出现的种种问题。书籍装帧方案的落实与监制工作，是编辑的一项重要的工作。

但是，现在有些编辑往往认为这些事情与自己无关，缺乏对书籍装帧方案落实与监制的责任感，这是有些书籍装帧不能提高一个层次的重要原因之一。

如今，图书市场空前繁荣，竞争也越来越激烈。编辑都普遍意识到，图书的竞争已经不仅表现在选题上，而且也表现在图书装帧及印装的质量上。当下，出版业的竞争是一种出版综合素质的、全面的竞争。所谓“出版综合素质”的竞争，不但要求编辑要具有开发选题的能力，对图书选题有“特别的敏感”；同时，具有很好的文字功底，能够“编”好书；而且，要求编辑具有书籍装帧的艺术修养，能够“做”好书。这种“出版综合素质”对于编辑来说，显得越来越重要了。

编辑要能做出“美如斯”的书，就要有一颗“美如斯”的心，具备“美如斯”的修养。

判断把握

——封面的审定与沟通

我做了 20 多年的设计，又当了近 10 多年的编辑。做设计时，编辑请我设计封面，常常因为编辑不理解我苦心设计的方案而苦恼，以至于抱怨编辑不懂艺术。后来，我当了编辑，也开始约请别人设计封面，又常常为设计师不理解图书的内容和营销定位而焦急，又劝说设计者不要只注重“热闹的艺术形式”而忽略了书籍内容的要求。

作为一个既做过设计，又做过编辑的人。双重的身份，重叠的经历，让我对书籍装帧的理解更加全面了。因此，由我来谈谈编辑如何审定装帧设计方案，一方面，可以能替设计师说一说他们的想法；另一方面，由于我做过编辑，也会站在文字编辑的立场，向编辑介绍，我是怎样与设计师沟通的。

所有的编辑都要面对设计师送来的装帧设计方案。审定装帧方案，是书籍出版过程的一个重要环节。也是关系到未来书籍出版之后，是否可以获得社会、经济双效益的大事。

如果设计的方案满意，当然好。但是，我们常常遇到这种情况：拿到的设计方案十之八九是不满意的，甚至认为设计的方案，与自己的预期相差甚远。

那么，用？还是不用？如果不满意，如何给设计方案提意见？这是一件很有学问的事情。

据我了解，编辑在审定方案时常发生这样几种情况：虽然不满意，但不知道如何表达，只能说“不行，再设计一个吧”，没有具体意见，设计师也无所适从，再设计依然不符合编辑的要求。一些编辑在无奈情况下，勉强充当“内行”对设计方案的色彩、构成等问题指手画脚：“这块颜色是否太鲜了？那块颜色是否去掉？”“这个图案是否换个位置？”使设计师非常为难，因为许多的设计方案，“虽然看来只是改动了一点点，但破坏了整个的设计方案。”执意不改，结果，编辑与设计者双方都很尴尬。

记得，曾经有一位文字编辑室的主任向我抱怨：“为什么你设计的封面一条线都不能改!”我也常听到搞设计的同行们诉苦：“为了便于编辑部多一种选择，我们为封面设计了两个方案，但造成的结果却是命令我‘把两个方案结合一下，各取一半’，使人哭笑不得”。我也有这样的经历：在改革开放之初的年代，我为一本“哲学”的通俗读物设计封面，一位编辑看了我的一个方案之后，表示不满意，说：“你的设计思想可以解放一点，为什么不可以在封面上画一个美女。”我听后愕然良久。从事设计专业的人都知道，文字编辑的这些意见，是由于他们不懂书籍装帧设计的规律。

那么，编辑应该如何把握设计方案呢？如何给设计师提意见呢？

我认为，编辑审定封面，不要提出违背装帧设计规律的要求，不要在一些枝节的问题上说那些让人笑话的“外行话”。编辑审定封面，首先应该是对装帧整体的艺术气质的把握，要尊重书籍装帧艺术的自身规律，提出一个责任编辑应该把握的“大问题”。这样，设计师就会比较容易接受编辑的意见。

什么是编辑应该把握的“大问题”呢？我认为包括以下方面：

一、注意把握装帧设计的形式与书籍内容相一致的原则

审看封面，首先“要看设计得像不像这本书”，也就是设计的方案与书籍内容的艺术感觉是否一致。

我们常说“书籍装帧艺术有它自身的艺术规律”，书籍装帧艺术“有自身独特的艺术语言”。这种“规律”与“语言”集中的表现，就是它的形式创意是为书籍的内容服务的，而绝对不能脱离书籍内容而盲目发挥。因此，审定封面设计方案最根本的一条，就是：一，像不像书？二，像不像这类书？三，像不像这本书？

我们知道，书籍作为文化与知识的载体，它的封面绝对不同于一般的商品包装，也不同于街头广告，它的文化性特征使它具有浓郁的书卷气质。

由于书籍常常按内容分为不同的种类，比如，政治读物、现代小说、古典小说、散文诗歌、传记文学、社会科学读物、自然科学读物等若干大类。各类书籍要根据不同的个性设计不同的封面，如同个性不同的人穿不同的衣服。一般说来，政治读物的装帧设计要庄重、严肃、大方；现代小说的装帧设计要色彩强烈，具有视觉冲击力，体现出现代意识；古典小说的装帧设计要典雅和谐，温文尔雅；散文、诗歌的装帧设计要浪漫、抒情；传记文学的装帧设计要沉稳厚重，充满历史感；文史类图书的装帧设计要内涵深邃，能体现历史文化的博大精深；现代科技图书的装帧设计要新颖，具有科技感和超前意识。

在某类的图书中，具体到我们要设计的封面，也会有自己的个性。对于个性的把握是一个设计师能力与才华的体现，但是，封面的个性必须容纳于这类图书的整体风格之中。我们也经常看到，突如其来的标新立异，往往不会被读者所认同。如工具书的设计，既具共性特征，又具创新风格的作品就有不少。如，范一辛先生设计的《辞海》，商务印书馆新版的《新华字典》设计都很有特点，既庄重、大方，成功地把握住了工具书的特征，又具有创新意识，因此它的封面给了读者深刻的印象。

二、设计方案是否符合出版社对图书的读者定位

所有图书的出版，都有一定的目标市场，也就是说，不同的图书有不同的读者群体。我们的书籍装帧设计，要适应特定读者群体的审美需要。如，学术专著的读者群是学者，学术专著的装帧风格，要符合他们对这类书籍的审美理想；散文、随笔的读者往往是文人、文学青年和大学生，封面设计要适应他们的审美趣味；当前流行的《品三国》《于丹〈论语〉心得》等大众读物，设计的封面就要考虑既具有文史类图书特点，又要相对活泼，适应大众休闲的阅读氛围；教辅读物的目标市场是学生，封面设计的风格一定要符合广大学生家长的购买心理。

因此，编辑在审定封面时，最重要的是看看设计方案是否符合特定

读者群的需要。因为设计师们，考虑最多的是设计形式的艺术性，往往忽略出版社图书的目标市场的特定审美需要。我这样说，是因为有一些切身体会。

我主持中青社艺术图书编辑工作之后，也经常请一些装帧界的朋友，给我负责的图书设计装帧。后来我发现他们交出的有些方案，在一些时候与我的想法“距离”比较远。这个“距离”，不是形式设计得好与设计得不好的“距离”，而是他们的有些设计与出版社为图书的定位具有比较大的“距离”。也就是说，他们的方案不符合我们的图书市场定位。比如，他们往往就把“普及的艺术读物”设计成为“供收藏的豪华图书”，效果灿烂耀眼，参赛“获奖绰绰有余”，进入市场却缺乏对于读者的亲切感；或者，他们一些设计形式确有得意的神来之笔，却不是书籍销售所需要强调的艺术符号；应该强调的重点，反而在他们的设计中被淹没得几乎没了踪影。后来，我思考为什么出现这种现象？我终于得出了一个结论：这种“距离”产生于：我这个责任编辑的思维与设计师的思维，二者对于装帧的思考的立场、角度不同。设计师的构思，更多关注的是自己艺术的个性与风采，而我这个责任编辑关心的则是“设计一定要符合图书特定的读者群体的需要”。我的一切艺术构思的出发点，都应该围绕“为特定读者群体服务”展开，而设计师在许多时候，对于编辑的这种心情往往不能体会。后来，我在约稿之前，一定要反复向他们强调图书的读者群体、图书的目标市场。希望他们以此建构设计思维的基础。我请他们修改方案时，也总是以此为理由请他们斟酌。

三、把握住艺术性与功能性相统一的原则

艺术性是书籍装帧的灵魂，缺了它就会显得十分乏味。编辑必须关注设计方案的艺术性，没有艺术感染力的设计、平庸的设计、乏味的设计一定要否定它。要知道，艺术性强的设计方案，对读者具有难以估量的感染力，会增添书籍本身的价值。

同时，编辑在审看设计方案时，一定要把握另外一个原则：设计方案的功能性，是否存在问题。因为，书籍装帧设计的“艺术性”无论多么强，装帧的功能性永远是第一位的。因为书籍装帧艺术，是从属于书籍

功能的艺术，不能独立于书籍的功能之外而单独存在。脱离书籍的实用功能而进行的设计，就不是书籍装帧艺术，而是“装置艺术”、“概念艺术”或者叫什么别的艺术了。

我们一些设计师，由于对书籍装帧的思考角度与编辑有所不同，因此对于一本书的装帧思路，往往与编辑存在差异。在工作中也常遇到这种情况，有的设计师常常把自己所理解的“艺术性”放在“功能性”之上，或者他们的“艺术性”与“功能性”常常脱节，甚至为了“艺术”破坏“功能性”。在约稿送审的封面里，这种所谓“艺术”颠覆“功能”的现象并不少见，如：有的封面设计方案的图形张扬而跳跃，以至于颠覆了书名文字；有的封面设计方案，在书名字的设计上或颠三倒四，或怪异不堪，惟恐读者看得清，读得懂，以至于读者买书时找不到书名；有的封面设计方案忽略封面对于书芯的保护作用，把封面“玩”得出了圈，造成了阅读时的极大不方便。如果，编辑在审定封面设计方案时，遇到类似这些情况，就应当与设计师进一步交流，请他们设身处地多为读者想一想，在肯定“艺术性”的同时，建议他们多动动脑子，把装帧设计的“艺术性”与“功能性”结合在一起。告诉他们，只有“美”与“实用”恰当地结合在一起，这才是真正的“美”。

四、把握住设计创意推陈出新的原则

编辑在向设计者提要求时，往往总是说“像某某书的封面就可以了”，殊不知，重复并不是好事。因为，在审美活动中求新求异是一个普遍存在的客观规律。

我们知道，美是发展的。美的形态不会永远停滞，美不是一种固定的、僵死的模式。美，随着人类社会发展，会呈现出一种动态的、不断变化、不断出新的过程。当一种形式成为“美的典范”之后，它的不断出现也就开始了人们对它的审美疲劳，并且对创新形成了一种保守的精神束缚。因此，追求创新，不断突破传统固有模式，是所有优秀设计师的创作方向。因为设计者知道，只有出新，才能赋予艺术品以鲜活的生命力。

所有的设计师的苦思冥想，为的就是不重复人家过去的方案。

但是，我们在实际工作中，却常常遇到这种情况。当有些编辑看到了“创新的、超前的”设计方案时，常常表情显得十分“吃惊”，认为这种创新“过去没见过”，接受不了。这是因为，一些封面的“固有模式”在他们的思想中太根深蒂固。

其实，我认为：领导和编辑在审看设计方案时，应该把握一种审美的“延续性”与“创新性”的对立统一关系。每一类书籍肯定有它自身的传统形式风格，如，文史类图书、散文随笔类等图书，在长期的出版实践中，都形成了各自的风格。新出版的这类图书应该继承这种风格，才会显得比较得体。但是，固守这种传统风格而停滞不前，就会显得老气横秋，毫无生命力。因此，做到一本书籍装帧风格的“延续性”与“创新性”的统一，是十分重要的。编辑审定封面的方案，要求保持审美的“延续性”固然重要，但是，要有“创新性”的审美意识。我觉得编辑一定要具有一点“超前意识”和“创新眼光”，因为只有具有创新意识的装帧作品，才能征服读者和赢得市场的青睐。

五、把握装帧方案的印制与装订工艺

我们说，不仅设计师要了解我国当前的印制与装订工艺，而且，编辑也要尽量了解我国当前的印制工艺的发展状况。因为，利用先进的印制与装订工艺，可以帮助设计师创造书籍装帧的美。比如，UV、闷切、烫金等工艺，在书籍装帧设计中运用得已经非常普遍。先进的印制与装订工艺，已经成为装帧设计师进行艺术创作的重要手段。编辑如果对于这些流行的新工艺不了解，就不能配合设计师利用新工艺为书籍装帧增添魅力。

编辑应该了解我国出版印刷与装订的传统工艺与新工艺。在工作中争取能够做到：自已熟悉工艺，能够选择工艺，帮助设计师落实工艺。所谓自已了解工艺，就是要了解我国传统的印制装订工艺与新出现的印制装订工艺各自的特点，在不同工艺下可具有什么特色，各种工艺的使用可以达到什么样的不同效果；所谓能够选择新工艺，就是编辑在审定装帧方案时，要理解设计师的意图，知道这些工艺的选择会为书籍装帧增添风采，敢于肯定设计师对于工艺的选择，同时，还能够发现设计师对于工艺选择的一些不适当的地方，果断地给予纠正；所谓帮助设计师落实新工艺，就是编辑要帮助设计师与出版部门打交道，使这些工艺得到主管部门批准，并在印制的过程中给予监制。

编辑要了解我国目前的印制与装订工艺的状况，做到心中有数。一方面，要充分利用先进的印制工艺来创造书籍装帧的美；另一方面，也要根据图书不同的档次，决定工艺资金的投入，如，一些普及读物设计，就不必过于豪华，烫金、烫银、闷切、起凸，既浪费社会资源，也与图书的身份不符。

六、把握装帧材料的使用

编辑应该懂得材料在书籍装帧设计中是具有很大的魅力的，同时也应该学会在书籍装帧中把握使用材料的度。

编辑应当要了解书籍装帧的纸张与材料。编辑应该了解的装帧材料包括：1. 熟悉正文的纸张材料。如，胶版纸、轻型胶版、铜版纸(有光铜版纸、无光铜版纸)等各种各样纸张的特点，并知道这些纸张的不同质感。要了解纸张的不同克数，做成书籍之后薄厚不同，感觉也会有所不同。要知道各种不同的纸张，适应做什么性质的书籍，如，60 克、70 克胶版纸一般用于以文字为主的图书的印刷；无光铜版纸，也称之为亚粉纸，常常用于艺术画册的印刷；而近些年产生的轻型胶版纸，常常用于通俗的图文书、流行的大众读物的印刷。除此之外，还应该了解目前经常使用的各种纸张的规格尺寸，各种规格的纸张所开出的 16 开、32 开等开本的尺寸是多少。也就是说，应该知道目前流行的各种图书开本，它们是用什么规格的纸张开出来的。2. 了解封面的各种纸张材料。书籍装帧的纸张材料包括：精装材料和平装材料。这些材料的品种要比正文的纸张丰富了许多。编辑要关注图书市场所流行的各种书籍装帧作品，观察它们使用的装帧材料，以便在自己编辑的图书中应用。3. 了解在印刷、制订中经常使用的纸张以外的材料。在出版工作中，除了纸张材料之外，还有一些材料也会经常使用，如，金箔、电化铝等，也属于装帧材料的范畴。编辑对于这些材料也应该大致有所了解。4. 了解经常使用的各种装帧材料的价格。如今的出版工作，对于成本投入的计算越来越重视。如何以恰当的成本投入，达到预想的书籍装帧效果，是编辑关心的大事。因此，对于各种装帧的挑选，不仅体现在品种上，还体现在价格上，了解各种材料及它们的性价比，是每一位有责任心的编辑的基本功之一。

七、把握艺术风格多样化、审美心理时尚化、促销意识市场化

编辑审定书籍装帧设计方案，还需要关注以下三个方面：1. 读者的审美需求的多样化，决定了图书的装帧设计风格的多样化。因此，每一类书籍的装帧风格，不可能固定为一种模式。编辑要承认，装帧风格的多样化，是人民大众文化生活不断丰富的客观需要，也是书籍装帧艺术发展的客观规律。因为，书籍的装帧艺术风格的多样化，可以使人民大众的精神生活更加丰富多彩。2. 编辑对于书籍装帧的审美时尚应该具有职业的敏感。书籍装帧艺术风格的发展，不是固定不变的，不会停留在一个地方。由于社会的不断进步，经济的高速发展，人们对于文化生活的精神需求日益提升；我国与世界各国的文化交流的频繁，使人民大众的眼界不断开阔，丰富了人们的审美情趣；经济发展促进了印刷水平的提高，高科技在图书出版上的应用，使人们对于书籍装帧美感的领悟，也越来越带有现代化的审美意识。以上所有的这些变化，都促成了我国读者的审美情趣呈现出一种动态的发展趋势。因此，我们可以断言，任何优秀的装帧作品，必然是“现代”的，也必然是“时尚”的，也应该是领导装帧潮流的。3. 编辑在审定装帧方案时，要把握设计方案是否符合读者的购买心理。书籍是一种特殊的文化商品，书籍装帧要具备诱导读者购买的功能。成功的设计，应该能够唤起读者对于书籍的美好想象。

以上是编辑审定设计方案时，应该特别注意把握的几个方面。

从我的切身体会感到：文字编辑和社长、总编辑们掌握着书籍装帧设计方案的生杀大权。审订书籍装帧方案时对方案的把握，决定着一本书籍的装帧命运。编辑对装帧不但应该有一个好的策划，而且应该有“好眼力”。优秀的设计方案期待着编辑的肯定和支持，设计中存在着的不足，需要编辑提修改意见进行调整。

我认为：一本书的装帧设计的成功，不仅要依赖一个有才华的设计者，还要依赖有眼力的好编辑和懂装帧的社长、总编。如今看来是符合实际的。

八、编辑与设计师的沟通与磨合

一本书的装帧如果要取得成功，常常要经过编辑与设计师的磨合。这个磨合过程是不断沟通的过程，是不断相互理解的过程，是将编辑的意图交代给设计师的过程，也是设计师以自己的艺术创意打动编辑的过程。下面举《中央美术学院藏石膏素描作品经典》的封面设计为例。

举例：

2008 年初中央美术学院举办"中央美术学院藏石膏像作品展"，中央美术学院基础部主任高天雄教授给我打电话，他说，请一定抽时间来看看，顺便还可参观一下丹麦皇家美术学院最近捐赠给中央美术学院的一批欧洲古代艺术经典石膏像，并告诉我，他们还准备举办"欧洲古典石膏雕塑与中国美术教育"学术研讨会，希望我们出版社编辑也能到会，听听大家关于石膏素描教学的学术研讨，并为他们编辑出版一本《中央美术学院藏石膏素描作品经典》的画册。

他告诉我出版《中央美术学院藏石膏素描作品经典》是为了汇集建院 60 年的石膏素描作品的精粹，该画册的编辑出版也是为向学院建院 60 年献礼。

我深知，欧洲古典石膏雕塑素描课程，在中国美术院校的基础教学中占有十分重要的地位，也知道举办这个展览包含的意义。我在展览大厅看到近百幅自新中国成立以来历届学生画的《大卫头像》、《摩西像》、《奴隶》、《胜利女神》等素描作品时，我真的感到了一种巨大的心灵震撼。

欧洲古典石膏雕塑素描课程在中国的出现，是近代中国美术教育为了学习与中国传统绘画不同的西方造型艺术的方法和观念而积极引入的教学方式。这个"它山之石"的引入，其目的绝不仅是为了单纯地拿来充当素描的"教具"，也绝不仅是作为"真人模特"的替代，而是在以"欧洲古典石膏像"为教具学习素描的同时，吸纳掌握西方关于形体、解剖、透视、比例、空间等一系列的造型理念和文化精神。

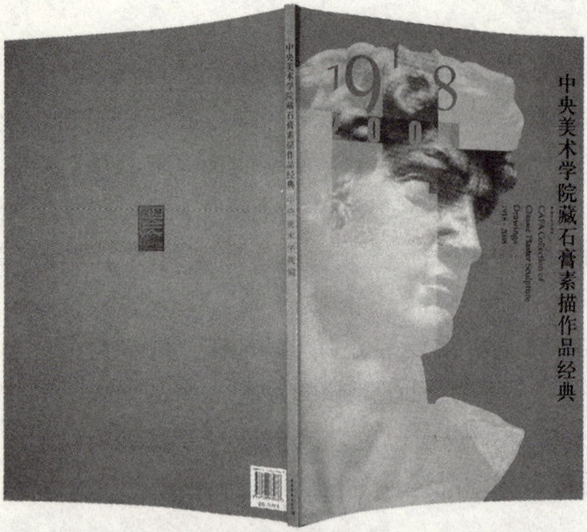

愉快的沟通与反复的磨合，是装帧设计成功的必由之路。设计师张朋面对编辑的一次次的修改意见，做了一个又一个的方案，终于获得出版社、中央美术学院和读者三方的好评。

可以得出这样的结论：中央美术学院的欧洲古典石膏素描教学，促进了中国美术事业的发展；长期坚持的欧洲古典石膏素描教学，也并没有让学生失去我们民族自己的艺术语言，相反，中央美术学院成功的欧洲石膏素描教学，为我国的美术教育和美术创作注入了新的生命力。在这方面，中央美术学院可以称之为全国美术院校的楷模。

这次展览的作品，是中央美术学院石膏素描教学成果的展示和历史回顾。在展出的近百幅历届学生的素描中，我们看到了中央美术学院几代著名教授的名字，他们为美术教育付出了太多的心血；在展出的作品中，可以发现当今活跃在画坛的许多著名画家的名字，欣赏这些著名画家当年在学校学习时的素描作业的风采。这也从基础教育的角度印证了中央美术学院在美术教育事业中，对中国美术事业做出的杰出贡献。

我们为能够编辑出版《中央美术学院藏石膏素描作品经典》而感到荣幸。因此，中国青年出版社必须把画册做得精彩。

为此，中央美术学院副院长谭平教授特别邀请我们见面，表示了对画册出版极大的关注。虽然谭平说："交给中国青年出版社出版，我们放心；交给邓老师我们放心。"但是他越这样表态，越说明他们对这本画册寄予的希望很大，有很高的要求。

中央美术学院把画册的反转片交给我们的时候，离要求出书的时间只有 3 个月。在 3 个月时间内，编辑出版一本精美画册，时间非常紧迫。我们在编排图片的同时，必须尽早物色封面的设计师。

经过斟酌，我们选择了一位优秀设计师张朋。原因是张朋原来在我们出版社美术编辑室工作过几年，我们对他的才华和能力充满信心；另外，他虽然离开了出版社到艺术院校教书，但是依然对中国青年出版社图书封面的风格比较熟悉，沟通起来比较容易。

从约稿到完成封面设计，用了两个半月时间，反复设计了五六个方案，最终圆满完成了任务。

我们的沟通与磨合主要体现以下几方面：

1. 我们向设计师介绍这本画册的内容。介绍《中央美术学院藏石膏素描作品经典》与其他同类型《素描作品》画册的不同之处。希望封面绝对不能与同类画册雷同。这方面，我们一拍即合，取得了完全一致。

我们鼓励设计师大胆尝试一些比较"前卫"的要素。希望他在庄重大方的基础上，甚至可以探索一些“后现代”的手法。使封面突破“传统模式”的禁锢，有比较高的格调，这样的封面才符合中央美术学院——中国最高美术学府的身份。

2. 这是一本为纪念中央美术学院成立60周年的画册，是为校庆60周年庆祝活动编辑出版的。因此，封面设计一定要体现这个内容。

3. 中国青年出版社编辑出版这本画册，虽然一方面是为了支持中央美术学院60年校庆活动，但是，也是看中了这本画册的学术价值和销售之后的经济效益。

4. 封面既要显得比较豪华，又要符合出版社的成本要求。因为，出版社希望这本画册成为畅销书，因此封面材料要求比较普通，再版起来比较容易。

这些意见是通过几次沟通，设计师才逐步理解的。随着相互的理解的深入，设计师的方案也就越来越接近出版社的要求了。

我们非常庆幸我们物色了一位有才华的设计师，他能把我们的希望转化为美妙的艺术形式；我们非常感谢设计师张朋的耐心与勤奋，面对我们一次次的修改要求，不厌其烦，一个又一个的方案，一次又一次的尝试，终成正果。

我也在这次合作中体会到了编辑与设计师沟通的必要性；尝到了编辑与设计师密切合作的鲜甜果实。

策划在先

——被动书稿加工与主动全面策划

这是一个把“赔钱书”做成“赚钱书”的具体事例。通过这次成功的实践，我尝到了策划的甜头，此后，我对于接手书稿，总免不了对它的书稿结构、编排方式、装帧设计进行比较周密的策划。

1994年我读中国艺术研究院的研究生班时，结识了著名美学家邢煦寰先生。他那时是研究生部的副主任。结业后的一天，邢老师拿着一部稿子来找我，问是否可以在中国青年出版社出版。他说：“《艺术掌握论》是他几年的研究成果，艺术研究院的研究课题，院领导很重视，希望尽快出版。鉴于属于学术研究成果，不是为图书市场写作的书稿，出版社出这种书肯定没有经济效益，因此，中国艺术研究院可以为该书的出版，提供一些出版经费，以弥补出版社的亏损。当然，也不要稿费。”

因为是老师的嘱托，所以我不敢怠慢。我找了当时分管社会科学读物的副总编辑郑一奇以及社会科学编辑室的主任张国风。由于我在长期的工作中与他们两位建立有亲密的关系，因此，他们答应在原规划之外，增加了这本书的出版计划。

邢煦寰先生很快交来了中国艺术研究院给我们出版社的出版经费经济补贴，并签了放弃稿酬的出版合同。

我知道，编辑室同意出版邢老师的书稿，完全是为了给我面子。于是，我也暗下决心，不能让这本书的出版，给社会科学编辑室带来经济损失。说得实际一点，我知道如果这本书赔钱，会影响他们的奖金。

我想，我有能力把这本书做好，一定要尽量减少编辑部的损失。于是我要主动参与到这部书的编辑与设计中去，把这本书做出特色，争取不让这本书赔钱。

我对这本书稿的编辑与设计，进行了几方面的策划。

一、审读书稿，规划形式

我首先仔细分析了书稿。《艺术掌握论》是美学家邢煦寰先生的一部具有特色的美学专著。这部学术著作从马克思关于人对世界的“掌握方式”的理论出发，深入地阐述了艺术和审美的许多重要命题，对于我国的广大文学艺术工作者很有启迪的价值。但是，全书虽然是以一种深入浅出的方式进行论述的，可是它毕竟是一本具有相当深度的学术著作，一般人读起来会感到比较吃力。这是造成这部学术著作出版后可能没有太多的读者的主要原因。

那么，如何解决这个问题，使更多的读者对这本书产生兴趣，成为我思考的重点。

我知道，我们作为编辑，尤其我是他的学生，不可以说“老师，您的论述太深，需要重新修改得通俗点，才有更多读者”。另外，人家出版的是给了科研补贴的研究成果，我们必须尊重学者的学术论述方式。于是，我开始思考从编辑体例与版面形式上，策划出新的创意，使这部书稿适应更广大的读者群。

当时我想出了一个改变这本学术著作形式的新创意。今天看来当时的这个创意，基于两个背景：第一，自从我到中国青年出版社工作，老前辈们就告诉我，“我们青年出版社的书中要多放插图，因为青年出版社图书的读者对象是年轻人，读者对象不同于人民出版社，插图可以引起青年人读者的阅读兴趣。”第二，我国改革开放之后，我们看到国外的一些图书在编排方式上，采用的图文混排的方式，充满了“以人为本”的精神。于是我想，在我们出版的学术读物中，为什么一定要固守过去“板起面孔”的老模式，为什么不可以在编排方式上有所突破呢？

由于我本人是作者的学生，在读硕士课程时对邢煦寰先生的美学课就非常感兴趣，因此，对书稿的论述的理解也就比较明晰。这一点为我对书稿创造一个通俗化的书籍形式创造了有利条件。所以，拿到书稿之后，我很自然地就把我对书稿论述的理解，转化为新的编排方式，使书籍的阅读方式更加贴近读者。

于是，我对作者提出了两个建议。

二、我为学术理论书籍配插图

第一个建议，我考虑到学术著作本身决定了它与一般读者的知识结构存在着距离，所以，要想使这本著作深入更广泛的读者群中去，就要在编辑思想上下工夫，把它编得更贴近读者。于是，我与文字编辑共同商量，认为在学术著作中结合内容安排插图是个好形式。

全书要跟随文字的论述配一些插图，以直观可感的形式帮助读者理解抽象的美学理论。如，书的第一章讲："艺术的掌握方式，是马克思在《〈政治经济学批判〉导言》中提出来的关于艺术本质特征的宏观命题。"文中进一步阐释了"艺术不过是生产的特殊形态，并且受生产的普遍规律的支配"，艺术生产与物质生产的一致性。我建议在这段论述文字旁边放上我国青海出土的原始社会时期"舞蹈纹陶盆"帮助读者理解"艺术不过是生产的特殊形态"的观点；我建议在论述马克思提出的"理论的、艺术的、宗教的、实践—精神的掌握世界方式"的段落中，配上"公元前 5 世纪古希腊帕特农神庙"的图片，使广大非专业的读者更容易的理解"马克思所说的'掌握世界的方式'是有多层含义的"解释；又如，第四章在论述"艺术审美表现(传达)作为艺术掌握方式主体的一种主体实践能力"的段落中，我建议配上荷兰画家凡·高的名画《狄·拉·塞伦酒馆》，为读者理解书中引用黑格尔"艺术的内容就是理念，艺术的形式就是诉诸感官的形象。艺术要把这两方面调和成为一种自由的统一整体"的话，提供生动而形象的例证。

邢煦寰先生听了我的建议非常高兴，说："你的建议很好。中和，我们共同来找吧。"

三、插图的图注，阐释观点与图互补

我向作者提出的第二个建议是：每幅插图的图注不能只是简单标明

画的名称及作者，而是要配一段简洁的富有诗意的阐释美学观点的文字，让读者便于通过生动的视觉形象来理解理论观点。我举例，比如第四章中讲到“艺术掌握方式主体的心理功能”时，选了毕加索的绘画《亚威农少女》作为插图，以图例来说明人类艺术实践中具有“所具有的一种独特的、创造性的心理能力”。

我至今感谢邢煦寰先生对我的这个建议的理解和支持。他为了写好这种“阐释论述观点的图注”，又付出了好几个月的心血。

记得三个月后，邢煦寰先生把他选的百余幅插图和数千字的插图注解交到了出版社。邢煦寰先生写得非常精彩。如，在论述“艺术掌握方式主体与艺术掌握方式客体的独特精神关系”时，选用了一幅《人们在卢浮宫中参观米开朗基罗的雕塑大卫》的摄影图片，他在图注中写道：“人们蜂拥而至，围观着这尊雕像；实际上是在自我欣赏，在自我肯定着自身的美和力量!”精辟地把“美是人类对人类自己的本质力量的自我肯定的一种情感形式”的道理点拨得十分贴切。在另一幅插图马蒂斯的《舞蹈》旁，他写道：“在蓝天和绿地的前景上，五个土红色的携手狂舞的人体，强烈、动荡、突兀！极富深度地表现了他的舞蹈观：‘舞蹈是一种惊人的事物：生命与节奏’。”

我读着这些诗句般的文字，体会着文字中展现出的“抽象的理论思维与具象的情感表达”相结合的阅读感受，深信未来的这种编排，一定能为读者提供一个崭新的“情理结合”的阅读空间。同时，这些充满哲理而富于激情的优美文字，也激励着我一定要设计一个“图文相融”的版式，为读者创造一个“新的阅读”版面。

四、为图文混排，精心布置版面

当时，我国“图文书”的出版还没成为一种时尚，“读图时代”的到来是几年之后的事。因此，如何为图文混排的图书设计版式，是我遇到的一个新课题。

在正文的版式设计中，我根据自己的经验，确立了这样一些设计思路：1. 首先确立了插图与文字内容相配合的原则，把选好的插图尽量编排在相关文字内容的同一页面；2. 凡有插图的版面，在图的左右或通栏图的下方，留出排列注解文字的充裕的空白空间；3. 图注文字的字号，要小于正文的字号，这样可以不干扰正文的阅读，又为注解文字的阅读营造一个安静的视觉环境。4. 注解文字的标题文字，与注解的论述文字，采用不同的字体，以造就阅读视觉的节奏美感。

版式中图文关系的这种设计，为读者的“图文互补”的阅读效果，提供了一个艺术性与功能性相结合的版面空间。

我为正文设计了“篇章页”，作为每一章的开始。不但使读者的阅读更加方便，而且也增添了阅读时的节奏美感。在每一“篇章页”版面的左上端，我精选了一些具有浓郁的世界各国文化风格的图案，作为这一章的装饰。这些图案以形象的意味，给予读者微妙的情感暗示，为这部美学专著增添了更多阅读兴趣。

在正文版式的书口处，设计了“边眉”。在单码页标明“章、节”的题目，便于读者阅读时按照需要，查找想寻找的内容。我认为，这种细节的处理，既体现对读者的关心，也在细节的“精微之处”闪现出设计的魅力。

当然《艺术掌握论》的封面设计也很得体。

《艺术掌握论》出版后，受到学界的好评和读者的欢迎，初版 3000 册在图书订货会上被订购一空，三个月后再印 8000 册。原来出版社仅仅打算印 500 本，最多印 1000 册的书，变成了当年有影响的畅销书。作者邢煦寰满意地说：“我深知这是责任编辑、美术编辑、作者共同创造的结果，单凭我原来的书稿，是不可能收到这样好的社会效果的。还是中国青年出版社的编辑会做书啊!”他还深有感触地说：“我出版过多本美学著作，但是从来没有遇到过这样与众不同的编辑方式。”

因为这本书籍为出版社有了赢利，所以，我主动找出版社领导说：“既然赢利了，是否应该给邢煦寰先生开些稿费。”领导答应了我的请求。邢煦寰先生当然很高兴，他请出版社的编辑们一起聚餐，开玩笑说：“以后办硕士研究生班，一定要多收中和这样的学生!”

《艺术掌握论》的成功，是图书市场和读者对我的策划思路的肯定。今天再分析一下，当时策划的思路主要体现在以下几点：1. 出于对于书稿价值的敏感，产生了完善它，进一步把它做成一本受读者欢迎的书籍的决心。这个决心，源于对书稿价值的判断，源于对图书市场的分析，源于自己编辑图书的经验，源于自己决心编辑出版一本好书的意志。2. 从选题确定之始就介入到书籍的策划中去，编辑不能仅是被动地加工书稿，要学会对作者的写作提出修改的建议。这种建议，不仅停留在只言片语的修改，而是把自己对书籍整体策划的思路告诉作者，甚至向作者提出比较大的改写要求。3. 明确图书的目的。书稿的出版不仅仅是为了展示著作人的成果，而是要为读者提供服务。4. 策划在“一切为了读者”的理念指导下对书籍的全面设计。一方面，是对于原书稿体例结构、写作方式、图文关系的设计；另一方面，是对于装帧的规划，不仅包括开本、封面的策划，还应该包括对书籍编排方式以及整体形态的设计；设计内容不仅包括对开本、插图、版式、材料等诸环节给予全面规划，而这一切的策划，都是为了实现“为了读者”的理念。

也许是由于这次成功的策划经验，后来我在主持艺术读物编辑中心的工作中，特别注重对于书稿的修改与完善。可以这样说，从不被动加工书稿，几乎对于所有决定采用的书稿，都会主动地给予策划。如：《向大师学绘画 · 素描基础》、《向大师学绘画 · 艺用解剖》、《向大师学绘画 · 人体素描》、《中国美术简史》、《中央美术学院附中 50 年作品经典》、《美术名师教学笔记 · 木刻教程新编》、《美术名师教学笔记 · 美术高考速写辅导》、《中国美术史百题》等，是我主持策划的畅销书、长销书，多年反复再版，受到读者的喜爱和社会的好评，也为出版社赢得了丰厚的利润。但是，这些书籍的原书稿，大多不是今天大家看到的这样，都是在我们对原书稿整体修改后，对书籍形式费尽心血地进行了规划之后成功的。我总强调这样一句话：“在利润的背后，渗透着我们的编辑含量，别人看到了我们的利润，但看不到我们无形的劳动。”

这种“无形的劳动”是什么？从某种意义上讲，是编辑以原书稿为基础，从“更好地为读者阅读”的高度，对原书稿进行的再创造。这个再创造的目的，是把原书稿的价值，以最完善的形式，奉献给读者和社会。

酿　美

——升华装帧之美的理念

美感构成

——什么样的书籍装帧最美

我曾经对一位青年编辑说："青年编辑希望学点装帧，不是真的设计几本书，重要的是提高艺术修养，学会审美。"

编辑要会审美，这十分重要。编辑的职责不仅是策划选题、文字加工，而且需要具备对书籍装帧的规划、组稿、审定的能力。这就需要编辑具有较强的审美能力。

美的书籍，不仅能够陶冶读者情操，而且能促进书籍的销售。

美，对于书籍十分重要。因为，读者买的绝不仅是文稿，而是一本漂亮的书籍，那么，这本书籍就需要"美"。

选题确定之后，编辑就要策划书籍装帧方案；编辑加工书稿的同时，也要开始琢磨将来的书籍封面是个什么样子；设计师送来了装帧设计方案，请编辑部审定。在这个过程中，编辑总要考虑一个重要的问题——集中在一个"美"字上。

怎样对于书籍装帧的美感进行把握呢？

编辑既要从整体上把握装帧之美，也可以从形式美、内容美、意蕴美三个层次上对书籍装帧的美感进行把握。

编辑对书籍装帧的把握，不仅是对装帧设计是否与书稿内容一致的把握，而且，也是对于书籍装帧的审美把握。

什么是美？西方主观唯心主义哲学家休谟说："美不是事物本身的属性，它只存在于观赏者的心里，每个人心见出一种不同的美。"认为"美"是纯粹主观的。那么，美真的是主观的吗？如果听从了这位哲学大师休谟的话，那么，我们还怎么能对书籍装帧的美感进行判断呢？岂不是没有标准了吗？

后来的学者们认为，休谟的话只说对了一半，“美”既是主观的，“美”也是客观的，美是一种“人的对象化的感情显现形式”，“美感的根源于人类的社会实践；它的本质是人在对象世界中直观自身所产生的精神愉悦；美感的特征是直觉与理性的统一，生理快感与心理愉悦的统一，非功利性与功利性的统一”。(杨辛、甘霖、刘荣凯等著《美学原理纲要》，258 页)这些论述说得深刻。我们的编辑不是专门研究艺术美学的人，对于深奥的理论大多没有太多的时间专门研究。但是，我们依然有可能对书籍装帧方案，从一个编辑的角度对书籍装帧的“美”进行把握。

编辑究竟怎样对书籍装帧的“美”进行把握呢？

歌德曾经说：“艺术要通过一个完整体向世界说话。”我们欣赏任何一件艺术品，如，一幅油画、一件雕塑、一首歌曲、一部电影，都是在感受它们的整体魅力时欣赏到了它们的美。同样，一本书的装帧，也要通过书籍形态的“一个完整体向世界说话”展现丰采，通过它的整体美，征服欣赏者的心。因此，编辑对于书籍装帧美感的把握，首先是对书籍装帧整体美感的把握。

许多学者认为：艺术品的整体美，往往可以被看作是由三个层次组合而成的。那么，在一般艺术作品的美感构成中，分为哪三个层次呢？专家认为：第一个层次，是艺术语言构成的艺术形式美，它是最直观的美感形式。第二个层次，是艺术形象构成的内容美，它也是直观的，但除此之外还需要认知和思考。第三个层次，是艺术作品中显现的意蕴美，这是一种高层次的审美。因此，书籍装帧艺术的美，同样也分为这样三个层次：形式意味的美、形象内容的美、装帧意蕴的美。编辑可以从这三个层次的审美中，对装帧方案做出自己的审美判断。

当然，装帧作品中美的三个层次，并不是机械分开的，而是你中有我，我中有你，彼此融为一体。在我们对书籍装帧的美感进行把握时，三者也是不分先后的。有时首先感受到的是内容美，有时首先感受到的是形式美，有时首先感受到是意蕴美，有时这三种美同时出现在装帧创意的构思之中。

从理性角度把握上述三个层次，在书籍装帧的审美把握中，具有十分重要现实的意义。为什么这样讲？我认为，如果把书籍装帧的整体美感，从理性角度分为三个层次，那么，编辑可以依据这三个层次，将装帧设计的审美激情转化为冷静的分析，把理性思考与感性领悟结合在一起，以便对书籍装帧方案提出我们的意见与要求。

下面，我们从这三个方面分析装帧的美感把握。

一、装帧必须具有形式美

形式美，是书籍装帧美感的重要组成部分。

任何艺术作品都离不开内容，也离不开形式。艺术作品的美，必然是内容与形式二者的有机统一。在艺术审美活动中，首先直接作用于欣赏者感官的是艺术形式。因此，任何一本书籍装帧的美，虽离不开视觉内容，但更离不开形式，也必须是内容与形式二者的有机统一。书籍装帧的形式与内容的统一，体现在两方面：一方面，必须是设计形式与书籍内容的统一，另一方面，必须是设计形式与封面的艺术内容创意的统一。

总之，书籍装帧的形式之美，必须体现在与书籍的内容相统一。

形式虽然必须为内容服务，但是，形式在书籍装帧的审美活动中，却具有独立的意义。

西方美学家克莱夫·贝尔在他著的《艺术》中指出："一种艺术品的根本性质是有意味的形式。"他认为："有意味的形式，就是一切视觉艺术的共同性质"。他提出，一件作品"是否具有'有意味的形式'"是"艺术与非艺术的根本区别"。看来，形式的美感对于艺术创作简直太重要了。

那么，什么是"有意味的形式"呢？

克莱夫·贝尔说得非常具体，他指出：所谓"有意味的形式"是"线条、色彩以及某种特殊方式组合成某种形式或形式间的关系，激起我们的审美感情。这种线、色的关系和组合，这些审美感情的形式，我们称之为有意味的形式。"他认为这种"有意味的形式"带有十分神秘的性质。他说："按照某种不为人知的神秘理解排列和组合的形式，会以某种特殊的方式感动我们，而艺术家的工作就是按照这种理解去排列、组合出能够感动我们的形式。"

克莱夫·贝尔还说：他所指的“有意味的形式”不是“再现现象的实在”，“而是通过纯形式表现艺术家的审美情感”(贝尔：《艺术》，中国文联出版公司 1984 年版)。这句话是什么意思呢？是在强调“有意味的形式”是“纯形式”！所谓“纯形式”不是摹仿具象世界的表象，也不是再现具象世界的实在，而是从现实的具象世界中抽象出来的“纯形式”。这个“纯形式”也就是“线条、色彩与形与形的关系”，也就是我们常常说的形式设计的基本要素“点、线、面”和“圆形、方形、三角形”和这些基本要素演化出来的“椭圆形、长方形、菱形、多边形”和“直线、曲线、折线”，以及由这些丰富多彩的形式要素与形式要素之间形成的关系。他说：这才是“纯形式”。

例如：在看到冯骥才主编的《中国节丛书》的封面时，首先感动我们的是封面的韵味。不禁感叹，这套丛书的封面真有味道啊！那么，味道出自封面的什么地方呢？我认为：一方面，韵味是出自封面上的民间年画、民间剪纸、民间皮影、民间泥塑的图案中浓烈的乡土之美；但封面的韵味仅仅靠这些素材是不够的，我认为，这浓郁的韵味，更体现在设计师为追逐韵味，一心一意营造的别具匠心的形式上。你看，在封面的中间偏右的位置，一条贯通封面天头与地脚的深蓝色块，竖立在书名字体与图案之间，深蓝色块内竖排的文字，以一种中国传统特有的形式，暗示出一种强烈的民族性格。这不就是“有意味的形式”吗？所以，我们说《中国节丛书》的封面的韵味，来自封面独特的设计形式。换句话说，就是“形式”为这套书封面设计注入了韵味之神。

再看另一本书《批评家的自白》的封面。这是一本作者为艺术评论家的论文集。长期从事编辑工作的人都知道，论文集的装帧设计往往有一个简单的固定模式，似乎这种书籍也不需要什么太多的设计，很容易设计得一般化。但是，《批评家的自白》的封面设计却搞得有声有色，给人留下深刻的印象。它的魅力在哪里？我的回答非常明确，是封面上的“有意味的形式”！设计者将数十位艺术评论家的肖像以图案的形式，用不规则的方形均衡排列在封面上，造就出了令人愉悦的节奏和韵律。它的魅力，还来自设计师将具象的数十位艺术评论家的肖像，抽象成为了若干方形的有规律的分布。这就是“有意味的形式”。封面上的这种形式美，是欣赏者对于节奏感和韵律感的领悟，是对于图形要素的认知能力的自信，是人类对于图形要素的重复造成的视觉快感的喜悦。封面上的这种形式的美，远远比在封面上仅仅清清楚楚地印上十几个艺术评论家的肖像要“有意味”得多了。

上面两个例子，就足以证明“形式设计”的重要意义。

我们可以肯定地说：他指的“纯形式”是针对“形象”而言的，他认为“有意味的形式”绝对不是一般人所说的“形象”的美，而是“纯形式”的美。他说，这种“纯形式”的美，是区别于世俗的、功利的、欲望的、生活的情感；“纯形式”的美，是非功利的、超凡脱俗的、纯洁的情感。

西方美学家克莱夫·贝尔关于“有意味的形式”论述，虽然忽略了“形式意味”与人类社会实践与历史文化的关系，把“形式意味”归根于与“现实无关”的假说也并不妥当。但是，他的理论第一次明确提出了“纯形式”的概念，并阐释了“纯形式”在艺术创作中的关键意义。“纯形式”的美感，为西方现代绘画和当代平面设计实践，提供了坚定的理论支持；我们书籍装帧的实践更是有着切身的体会，“纯形式”的理念，对于书籍装帧设计更是具有极为重要的意义。

凡关注书籍装帧的编辑都了解，书籍的封面“形式”在设计中占有很重要的比重。

二、必须具备形象内容的美感

书籍装帧美感的第二个层次是形象内容的美。艺术品的“形象美”包括：听觉形象美、视觉形象美、文学形象美。书籍装帧艺术向人们展现的主要是“视觉形象”的美。

所谓“视觉形象”是指由人的眼睛直接感受到的艺术形象，而视觉形象的构成材料都是空间性的。另外，视觉的艺术形象都要直接诉诸人们的感官，所以视觉形象美要特别富于直观性和生动性。由于上述特征，因此决定了书籍装帧艺术的“形象内容”必须具有直观性和生动性。

书籍装帧艺术的“形象内容”不限于封面，还包括书籍的整体形态；整体形态的直观性和生动性，赋予了设计者施展才华的无限空间。书籍的视觉现象可以千变万化，书籍装帧艺术正是在“形象内容”的千变万化中承载了设计者无比丰富的浪漫感情。

书籍装帧的“形象内容”可以分为两个方面：一是整体形态的“形象内容”，二是印在书籍形态之上的“形象内容”。书籍整体形态的“形象内容”，包括开本设计、材料设计、精装平装设计、函套设计等内容；印在书籍形态之上的“形象内容”主要指封面、包封、环衬、扉页、版式设计等“画面”内容……

我下面主要讲的是书籍封面“画面”的“形象内容”设计，大致可以概括为两种方法：“再现”的方法和“表现”的方法。

第一种，“再现”的方法。这种方法源于西方古希腊以来的“摹仿论”。“摹仿论”认为，艺术是“社会生活的再现”，是“生活的镜子”，艺术的魅力在于“真实”。“摹仿论”对西方艺术产生了巨大的影响，从中世纪、文艺复兴直到17、18世纪，一直成为西方艺术的精神支柱。所以，它也极大地影响着西方的书籍装帧设计的“形象内容”。西方书籍封面设计，大量用写实的绘画和逼真的照片“再现”丰富多彩的客观世界，成为其装帧设计的鲜明特色。中国现代书籍装帧，以图片为“形象内容”的设计也被广泛采用。于是，我们说“再现”的方法是书籍装帧“形象内容”的重要设计手段。

“再现”的方法可以有“具体”和“抽象”两种形式，以后者举例来讲，《灵性思维丛书》的封面设计，设计者采用的就是一种纯“抽象”的形式。该书封面中心的方形、圆形、三角形，构成了封面设计的主要视觉内容。从事装帧设计的人都有体会：像《灵性思维丛书》这种选题，是一种比较难设计的书，因为书的内容太抽象，很难寻找合适的视觉形象来再现“思维”的感觉。而丛书的设计者选择这种“纯形式”的方式表达自己的创意，甜美的几何形体与清秀富于情感的折线，使封面显得十分清新，充满了理性和睿智。

其实，许多书都可以用“抽象”的“纯形式”来表达装帧家对书籍内容的理解，因为“纯形式”的设计方法有其独特的优势，它以无“具象”的形式美，暗喻着思维的空灵与深邃，以虚无的形式无言的“大美”说了“具象”难以表达的语言。

第二种，“表现”的方法。封面“形象内容”的表现方法，强调表达设计者的内心情感。它往往不靠对客观世界“再现”的魅力征服读者，而往往是靠象征、寓意、想象、联想等间接的“形象内容”来表达设计创意。

“表现”的设计方法，在中国的书籍装帧设计中已经常被应用。

当然，“再现”与“表现”两种方法不是对立的，在设计实践中不是截然分开的。装帧设计者在创意中往往既使用“再现”的方法，也使用“表现”的方法；在以“再现”手法为主的装帧设计作品中，往往有“表现”的因素；在用“表现”手法设计的书籍装帧作品中，往往也离不开“再现”的手段。

所谓“表现”的设计方法，在书籍装帧设计的形象内容上，同样可以有“抽象”与“具象”两种表现形式。

第一种，纯“抽象”的“表现”方法。纯“抽象”的表现形式，使“形式”本身成为设计的“内容”。设计者以“纯形式”表现自己的创意，成为书籍装帧的形象内容。例如，许多政治读物、经济读物都用“抽象”的“纯形式”来表达设计者对书籍内容的理解，以“抽象”把握这一类书的感觉。所以我们说，“纯形式”就是以一种超越“具象”的形式美表现书籍的庄重与深邃，以空灵的虚无表现一种无言的“大美”。哲学、政治读物，词典一类的工具书往往只能采用“纯形式”的表现方法，如《辞源》、《辞海》、《政治经济学》等书籍都是以“纯形式”为“形象内容”，非常好地表达了设计家对书籍内容的把握。我们还看到，甚至一些文学书籍的装帧也采用抽象的“纯形式”的表现方法，并获得了极大成功。如陶雪华设计的《神曲》，就以一种“纯形式”的设计手段，酿造了但丁那压抑而悲愤的心情和在黑暗之中渴望光明的诗意。可见，超越“具象”的“纯形式”是“表现”设计方法的重要手段。

第二种，“具象”的“表现”方法。虽然“纯形式”是“表现”方法的重要手段，但是，大多数封面是由“具象”内容，即以人物、风景、器物等“具象”的景或物与书名字共同构成书籍封面的视觉内容。虽然在西方书籍的封面中用“具象”的人物、景色、物体做封面的作品经常可见，在中国现代的书籍装帧艺术中直接用人物、风景、器物的图片作封面的设计也越来越多，但是，由于中国的装帧艺术生根在中华民族的传统文化之中，自清末以来，近现代书籍的封面用“具象”的方法设计封面一般忌讳过于直白；中华民族的审美意识似乎更倾向寓意的方式，希望设计者最好能通过封面的“具象”，使读者产生想象和联想，诱发某种寓意、某种浪漫和某种象征。鲁迅先生在谈到书籍封面设计时，就明确表示不赞成图解式的创作方法，他在请陶元庆设计《坟》的封面时说："我的意见是只要和《坟》的意义绝无关系的装饰就好。"另外，鲁迅在另一封信中又明确申明："璇卿兄(陶元庆，字璇卿)如作书面，不妨毫不切题，自行挥洒也。"可见，鲁迅先生反对图解式的"具象"，似乎更主张用"间接式象征"的"具象"来设计封面。

在中国的书籍装帧艺术中运用寓意与联想的方法设计的作品非常多，"形象内容"虽然是"具象"的，但往往与书籍内容并无直接关系。这种与内容无直接关系的"具象"，构成了中国书籍装帧艺术的独特韵味，其最大特征是给欣赏者以广阔的想象空间。因为在人们的审美体验中，想象与联想是必不可少的条件。康德认为："它有本领，能从真正的自然界所呈供的素材里创造出另一个想象的自然界。"(《外国理论家、作家论形象思维》，第 33 页)"形象内容"的想象和联想的最大特征，一是"空白"，一是"不确定性"。我们看到一些初搞书籍装帧设计的人，设计的作品不好，其中一个重要原因就是不能唤起人们的想象力；一些装帧设计作品没有味道，其中的根源就是太"直白"，忘记了"形象内容"一定要表现出"不确定性"，艺术设计不要太"实"而要具有一定的"空白"，能给人以虚无缥缈的朦胧感。

但是，如何在封面设计的"形象内容"中克服过于"直白"？如何为读者酿造出想象和联想的空间呢？我们归纳出以下规律：

（一）陌生化

陌生化是艺术创作的一个主要手段。书籍封面的创意内容，避免过于"简单直白"的方法，也可以使用陌生化的法则。

德国美学家卡西尔说："艺术家是自然的各种形式的发现者"，"科学是一种理智活动，而艺术是一种感情活动"，"情感"被卡西尔视为艺术符号或形式的基本特征。而在艺术符号的创造，与"陌生化"的理论有着密切的联系。"陌生化"理论强调，艺术创作"拒绝习惯性的'自动化'"，艺术形象的魅力与"依据的真伪是无关紧要的"，主张把"符号与对象之间任何'自然的'或'明显的'联系"淡化，甚至"加剧符号与对象之间的对立"，让欣赏者在艺术作品，在与现实的"联系"与"非联系"之间产生情感的愉快。

因此，凡在封面创意上"过于直白"或过于"真实"，往往显得设计师愚笨无能，而采用“‘陌生化’手段，将塑造的‘对象’”与现实的联系“淡化”或“变形”，往往显得设计师才华横溢。

（二）接近联想

人们看到画面上的鱼就会联想到水，看到瑞雪就会联想到丰年。装帧设计可以利用这种相近事物的联想关系，使封面设计的视觉内容充满诗意。另外，如在封面上设计一把军刀，可以使读者联想到战士；封面上的一丛花朵，可以使读者联想到浪漫的爱情；传记文学的封面上放上主人公的肖像，让读者联想到他的一生；封面上设计一盏古油灯，使读者联想到古代思想家写作时的情景。

丁聪先生设计的《四世同堂》的封面，采取的就是“接近联想”方法，用一个图案化的北京四合院的门楼点出了书籍的主题。丁聪先生以北京四合院的门楼淳朴的美，表达着人民对祖国家园的爱。装帧设计者利用这种相近事物的联想关系，使封面设计的视觉内容充满诗意。

（三）类似联想

我们经常看到一些描写革命内容的小说，用风暴使读者联想革命时期的动荡岁月；描写英雄人物的小说，封面上经常出现一只飞翔的雄鹰，让读者联想到主人公的凌云壮志。小说《红岩》的封面就是用岩石和松树表现革命者的坚贞不屈，歌颂了江姐、许云峰等先烈为了人民的解放而献身的革命精神。我们对这种联想，便称之为类似联想。《邵宇文集》的封面以浓墨画出黑色的烛台凝重而美丽，灰色的书法潇洒得让人觉得封面显得更为洁白。设计者在该书的封面设计中，巧妙利用了黑色与白色产生的比较，为封面制造出一片空灵、洁净、冲淡的空间；一虚一实、一白一黑，突出了创意的核心——火红的蜡烛。该书封面的创意以火红的蜡烛象征一种精神，使读者联系到主人公的一生犹如不熄的火焰，燃烧自己，照亮他人。

（四）通感联想

所谓通感，是指在艺术创作或鉴赏活动中，人体各种感觉互相渗透或挪移，交互为用，互融互换。如看到红颜色，皮肤便感到“温暖”；看到蓝颜色，皮肤就感到“寒冷”；看到画上汹涌澎湃的江水，就好像听到波涛的怒吼。钱钟书先生说：“在日常经验里，视觉、听觉、触觉、嗅觉、味觉往往可以彼此打通或交通，眼、耳、鼻、舌、身各个官能的领域可以不分界限。颜色似乎会有温度，声音似乎会有想象，冷暖似乎会有重量，气味似乎会有锋芒。”(钱钟书:《通感》，载《文学评论》)美学中阐释的审美的通感现象，在书籍装帧设计中形成了一些规律，我们经常可以看到这些规律在装帧设计中得到了很好的运用。

(五)创造性联想

想象在艺术创作中占有极为重要的地位，培养和发挥艺术想象力是装帧艺术设计者必须具备的能力。设计者的艺术素养越好，生活经验越丰富，文化修养越高，想象的翅膀也就越丰满，设计的作品也就越有魅力。创造性想象的手段大致如下：1. 浓缩与强调。A. 强化与烘托。强化是艺术创作的重要手段之一，如小说《红岩》封面上高耸的红岩和松树，就是被画家强化的结果，而背景的红色天空进一步烘托出被强化的红岩和松树。B. 变形与概括。将表现的对象变形，并加以概括，使其图案化，也是创造性想象的重要手段。C. 漫画。漫画是创造性想象的重要方法之一。一位西方现代艺术理论家说：“所谓艺术的普遍性是强化效应的普遍性”“艺术家越胜任，其作品就越可能是富有强化功能的”“任何艺术的门外汉都无法承担起这副使艺术本身具有强化性的重担。”艺术家的任务是“在花样翻新的变化中，一些强化物失势，一些强化物得势”，“必须找到新型的强化物，也就是说找到新形式的美”(B·F·斯金纳:《造就创造型的艺术家》，第 64 页，北京大学出版社)。2. 粘合与拼贴。粘合，是把各种物体的多种特征集中在一起的方法，如埃及的狮身人面像把狮子与人的形象粘合在一起，给人以强烈的感受。马格里特画的《集体发明物》中鱼头人身的人，就是运用了粘合的方法。又如装帧设计《临床骨科学》也是用了类似粘合的方法。拼贴，是把不同时空的摄影图片拼贴组合在一起，这是后现代艺术的创作方法在装帧设计上的应用。劳申伯于 1970 年创作的《信号》就是拼贴的代表作，他把越南战争、月球登陆、摇摆舞、肯尼迪讲演等时事新闻图片，拼贴在同一画面上，这件作品在全世界影响广泛，开创了拼贴艺术的先河。今天，拼贴方法已经在书籍装帧设计中得到广泛的应用。3. 创意与梦。梦是一种无意识想象，它所具有的虚幻性、离奇性，在某种程度上符合了艺术创作的规律。西方心理学家弗洛伊德认为：“艺术就是一种客观化、形式化的白日梦。”在装帧设计中，依然可以用某种类似“梦”的虚幻的、离奇的、朦胧的形式，将

"具象"的人物、景色的图像以某种梦一般的形式显现。

(六)移情联想

移情，是艺术创作的重要手段之一。西方美学家费肖尔父子提出：美感是一种移情状态，是指人在聚精会神观照一个东西时物我两忘，达到一种物我同一。它把人的生命和情趣外射和移注到对象里去，使无生命的东西(物)仿佛有了生命，无情的物仿佛有了情。在我国的艺术作品中，人们常把人的气节移情于梅、兰、竹、菊：梅花比喻敢于与恶劣环境抗争的精神，兰草比喻高尚的品格，竹子比喻有气节的志士，菊花比喻抵御压力、不怕困难。人们常常把自我情感移注于物，达到物我同一的境界。宋书法家米芾移情于石，称石为"石兄"，见石便拜，这是因为他将人的坚贞不屈的精神移情到了石头上。在书籍装帧艺术中，运用移情联想的艺术创作方法，表达某种寓意的例子很多。

三、必须呈现装帧的意蕴美感

艺术作品的意蕴之美，是一种高层次的美感。而书籍装帧艺术的意蕴之美，是书籍装帧艺术作品的"形而上"的神韵之美，它包含着的是那种"言有尽而意无穷"的"象外之致"。

所谓"意蕴"具有多义性和模糊性，是一种难以用语言表达的内心体验，它徜徉在人的心间，是一种玩味无穷的趣味，是一种"超形独存"的艺术精神，而书籍装帧的意蕴更是一种高层次的文化内涵。

书籍装帧的意蕴之美是"无形"的，是一种虚灵的"象外之象，景外之景"，甚至可以说是一种说不清、道不明的审美愉悦。但是，装帧艺术的意蕴之美，又是建立在形与色"有形"的基础之上，是设计者在客观媒质中注入的主观感情，是设计者凭借艺术技巧酿造出来的物我两忘的审美境界。

我之所以喜欢《释中国》的设计，就是因为封面上荡漾出了一种无限的意蕴之美，令人陶醉。设计者运用极其简约的颜色，印在纯朴无华的肌理纸上，以"无"的超载升华为"形而上"的神韵之美。该书封面确实有一种"言有尽而意无穷"的感觉，以一种"简约"的意象表达了微妙的内心体验；它追求的是一种惝恍在人心中的、玩味无穷的趣味。当然，《释中国》装帧设计的"意蕴"更表现为一种高层次的文化内涵，荡漾着一种博大精深的中华文化精神。

黑格尔说："意蕴总是比直接显现的形象更为深远的一种东西。艺术作品应该具有意蕴。"黑格尔还举例说：意蕴就像一个人的眼睛、面孔、皮肤、肌肉，乃至于整个形体都显现出这个人的灵魂和心胸一样，艺术品也是要通过线条、色彩、文字和其他媒介，通过整体的艺术形象，来"显现出一种内在的生气、情感、魂灵、风骨和精神，这就是我们所说的艺术品的意蕴"(《美学》，第一卷)。书籍装帧的意蕴美，同样显现在书籍装帧的形式意味上，显现在书籍装帧的形象内容中，显现在书籍的整体形态里。它具体显现在从封面到内文版式，从书脊到封底的所有的环节之中；它所荡漾出的超越形与色的精神，就是书籍装帧的意蕴。

书籍装帧设计的意蕴，还可以说是隐藏在装帧艺术形式与内容之间的一种文化内涵。所有的艺术都是一种文化现象，书籍装帧艺术也不例外，在它的形态中更能集中反映出人类各个历史时期、不同国家或民族的物质文化与精神文化状态。在书籍装帧设计中，可以看到作品中闪耀的艺术与哲学的关系、艺术与社会的关系、艺术与科学技术等的关系。中国的书籍装帧似乎更讲究意韵之美，这是因为中华民族的审美理想更偏重于艺术作品中所蕴含的道德、学识、修养。所以，我们强调设计者要加强自身的修养，文化修养越高，其设计的作品的意蕴往往就越丰富。

在书籍装帧作品中所包含的形式美、内容美、意蕴美三个层次，各自都具有相对独立的意义，每一个层次都具有自身的艺术魅力和审美价值。设计者在一件优秀的装帧作品中可以有所侧重，有的突出了形式美，有的突出了内容美，有的则突出了意蕴美。但是，一件完美的书籍装帧艺术作品，应该将形式美、内容美、意蕴美三者融合为一个有机的整体。

四、书籍装帧艺术是平面的，更是立体的

过去人们常常把书籍装帧说成是平面设计，因为，设计的封面是平面，设计的内文版式也是平面。其实，书籍装帧设计，既是平面设计，也是立体设计。因此，书籍装帧的美感也具有平面与立体的双重性。

平面设计的美感，是情感的形式显现；立体的美感，也是情感的形

式显现。人们都说，书籍装帧是设计者情感的载体。在书籍装帧设计创作中，设计者必须富于情感，使读者被他们在书籍装帧作品中注入的情感所感染。无疑，情感在装帧艺术创作中是一个最基本的信条，然而，情感本身与装帧设计作品并不完全是一回事；设计者的心理与情感，并不能代替书籍装帧的艺术创造。情感不是设计者空无的激动，而是要将情感转化为物质的形态。因此，书籍装帧设计者要掌握书籍装帧的艺术语言，善于运用书籍装帧特有的艺术语言，创造出实实在在的感人的书籍形态来征服读者。

情感的表达需要激发设计者的创意思维，而创作的思维通常依然要关注以下三个方面。

（一）立体的形式意味

在书籍装帧设计中，书籍的整体形态就是一种“形式”设计。书籍的整体形态包括开本设计的形式感、精装平装的形式感、书籍函套的形式感等等。中国古代书籍的简策装、卷轴装、旋风装、经折装、线装等等，都体现了不同时期的书籍外在形态的形式美。我们说，书籍装帧设计首先就是书籍外在的整体形态的设计，书籍装帧艺术独特的形式意味，首先是在塑造书籍外在形态的形式意味。书籍装帧艺术的使命之一就是在书籍外在形态上酿造“形式意味”的美感。

这里还要强调，书籍装帧的形式美，不仅仅是表现在平面上，更表现在书籍的整体形态上。书籍装帧艺术从根本上讲，是立体的、多侧面的、多层次的、多因素的艺术门类；书籍与读者的审美关系是动态的关系。所以，书籍的形式美，应该在立体的、多侧面的、多层次的、动态的空间中展开。

书籍装帧艺术的形式意味颇像雕塑，因为书籍的外在形态是一个端庄的六面体；它的形式意味又像电影，因为阅读是一个时间过程；它的形式意味甚至有一点像舞蹈，因为翻阅使阅读成为一个动态的审美过程。

因此，书籍装帧的形式美感，是一个立体的、多侧面的、多层次的动态系统。

（二）平面的形式美，体现在阅读过程

书籍装帧的平面设计，体现在读者阅读的每一个瞬间，具有相对的独立性。

我们多次说过，书籍装帧艺术的形式意味既是立体的，又是平面的。因此，读者在阅读过程中的每一次停顿、每一瞬间的阅读，都是一次静止的美的享受。所以，书籍装帧的封面、书脊、封底、内文版式上的平面的视觉形象，其相对独立的平面设计要具有自身的形式意味，与外在的书籍立体形态的形式意味融合在一起，构成了书籍装帧艺术的整体设计的魅力。

书衣风采

——封面设计的基本要素与理念

我刚刚到出版社工作的时候，对书籍封面的理解非常肤浅，认为书籍封面“大约是创作一幅与书籍内容一致的画，再加几个书名字，就是封面设计了”。今天，这种对封面的理解显然是十分幼稚的。封面作为书籍形态结构的重要组成部分，不仅是“一幅画和几个书名字”那么简单的事情，而是包括书名字、图案、色彩、材料、工艺等诸多因素构成的系统。

一、书衣、书面、书皮——封面风采无限

书籍的封面也称为“书皮”、“封皮”、“书面”，中国古代则称为“书衣”。有人这样界定：“封面是以纸张或其他装帧材料制成的书刊表面的覆盖物。”封面装订于书芯成为册页形式之后，是书籍装帧的重要组成部分，是书籍最外面的包皮。

“封面”的概念，可以从两方面理解：一是广义的封面。这个概念是针对内文设计而言，指包在书籍外部的整体，其中包括封面、封底、书脊、勒口等各个部分，是对书籍包封(又称护封)的总称。

另一是狭义的封面，这个概念是针对书脊、封底、勒口而言，指包在书籍外面、书皮的前面的部分。

封面包括平装和精装两种：精装的封面设计，包括书壳设计和包封设计两部分。精装的书壳，又称为内封、硬封；包封又称护封，精装的包封都要有勒口。

封面是书籍的外表和标志，兼有保护书籍内文页(书芯)和美化书籍

外在形态的作用。它是书籍装帧艺术整体工程的重中之重。

今天中国书籍封面的形式与样态，是在中国古籍图书的基础上吸收欧洲书籍形态的样式以后，逐步形成的。欧洲中世纪的书籍《圣经》，封面多用贵重材料，显得庄重而华贵。中国古籍的封面崇尚朴素高雅，除宫廷藏书或佛道经卷的书衣、函套有用织花图案的彩色绫绢、锦缎的之外，一般都用黄色、蓝色纸作封皮，再在书皮上贴一张长条的有书名的签。学者孙庆增在他著的《藏书纪要》中写道："制订书籍不在华美饰观，而要护帙有道，款式古雅，厚薄得宜，精致端正，方为第一。"西方的工业文明在清朝末年传入之后，我国的书籍从线装形态发展成为近现代形态，封面才向着今天我们看到的样子发展。学者唐弢在《晦庵书话》里讲道："书籍封面作画，始自清末，当时所谓洋装书籍，表纸已用彩印。"并记述了那个时期的封面"所画多月份牌式美女"的现象。直到"五四"时期，新文化运动以后的书籍，才对封面"特别讲究"起来。闻一多先生称这种封面为"美的封面"，并对它的价值从主客体两方面做了精辟的分析："(甲)主体的。1. 美的封面可以引起购书者注意。2. 美的封面可以使存书者因爱惜封面而加分地保存本书。3. 美的封面可以使读者心怡气平，容易消化吸收本书的内容。(乙)客体的。1. 美的封面可以辅助美育。2. 美的封面可以传播美术。此外还有别种的直接的或间接的经济价值，不胜详述。"闻一多先生还对当时中国书籍封面"不发达"的原因做了分析："(甲)艺术不精。(乙)印刷不良。(丙)发行者的经济不足——推源还是社会生活程度太低。假使买者能出高价买，发行者当然肯费钱印华丽的封面，横竖他们总不会亏本。(丁)以前的书籍没有美术的封面的习惯——结果，现在的社会没有美术的封面的要求。"(《闻一多青少年时代诗文集》，第 75 页，云南人民出版社 1983 年版)从闻一多先生这些珍贵的文字中，我们可以清晰地看到中国近代书籍封面从线装形态变成现代书籍形态的发展过程。随着时代的进步，今天，中国线装形态的书籍已经不再大量出版，现代书籍的封面，随着社会的进步越来越精美。现代的中国图书封面，呈现在读者面前的是五彩缤纷的灿烂。

如今"封面"作为一个专用词，被编辑们叫得十分"响亮"，"封面"的所指内涵相当丰富。因为，"封面"在图书市场上总是显得十分耀眼，它总是以诱人的形式魅力与大胆的创意吸引人们的视线；在北京的图书大厦中，书籍的“封面”汇成的书籍海洋，丰富的色彩跳跃在读者眼前，“封面”成为无声的推销员；“封面”在设计师心目中，是凝聚整体魅力的核心，它是最应该闪耀光芒的地方；在出版家的经营谋略中，优秀的“封面”是唤起读者阅读兴趣的重要手段；“封面”在编辑心目中占据着十分重要的位置，在编辑的话语中，“封面”往往成为“书籍装帧”的代名词，在许多编辑的谈话中，“书籍装帧”就是“封面”，设计“封面”就是设计“书籍装帧”。

“封面”在书籍中的地位可想而知。

二、封面设计的五个要素

编辑确定选题之后，一定会对未来书籍的装帧进行规划，“封面”是关注的重点。那么，应该怎样设计书籍的封面呢？一般要注意把握书籍封面的五个要素：

(一)文字

书名、著作者名、出版社名，是书籍封面必不可缺的重要内容，这是封面的功能性所规定的。有些书籍还要在封面上印上丛书名、书名副题，甚至内容提要。封面的文字要有主次，一般要突出书名文字，然后是著作者的名字、出版社的名字。

1. 书名字是封面设计的重点

每一本书籍的封面都要有书名，以标明书籍的身份，告知读者这本书大概是什么内容。书名字的设计，在装帧设计中占有非常重要的位置。

我们说，书名——书籍装帧的“目精”。东晋大画家顾恺之“画人数年不点目精”，人问其故，顾曰：“四体妍蚩(通媸)本无关妙处，传神写照正在阿堵中。”(《世说新语·巧艺》)“点目精”即“点眼睛”，顾恺之通过对眼睛的最后点绘，来达到“传神”的目的。将书籍装帧中书名字的设计，比做点书籍装帧的眼睛，实不为过。眼睛是会说话的，书名也是会说话的。书籍装帧中的书名，是用无言的、充满形式意味的文字符号向读者发出的无声呼唤。

封面上的书名字要注意以下问题：

其一，因为书名字是书籍心灵之窗——“目精”，一定要处于书籍装帧的关键部位。处于关键位置的书名字，可以集中表达书籍装帧的功能目标和风格意趣。高明的装帧家总是巧妙地通过对书名的个性化设计，酿造感性的形式意味，与读者进行心灵的沟通。如果说，书籍装帧是围绕着众多"视觉要素"组织起来的一个动态系统，那么，书名——这个"视觉要点"就是书籍装帧整个动态系统的中心，书籍装帧的一切设计都应该围绕着书名来展开。

为什么一定要使书名字处于读者关注的中心？因为人的视觉与机械的照相不同，它不是消极地接受，而是一种积极的理性活动。在视野中"抽取"视觉要点，撇开一切"要点"之外的影像，是视知觉的又一个特征。视知觉具有高度的选择性，而人的视觉要点的"抽取"，与人的意志、欲望、兴趣有着密切的关系。读者看到一本书，首先关心的是书籍的名称，所谓"一看名，二看皮，三看内容"就反映了这个"抽取"过程。在这个视觉选择的过程中，封面中的书名无疑成为读者视线首先"抽取"的重点。

不妨做个试验，当我们有意识地把视线集中在封面的书名上时，就会发现封面中的书名一旦被视知觉"抽取"，书名周围的一切在视觉中都会变得模糊不清；书名周围美妙的图案在模糊的氛围中仅仅起着微弱的衬托作用，而封面的书名字的形式意味显得格外清晰；就在注意力集中在书名字的一刹那，书名的字体的形式意味也就会与我们心灵产生激烈的碰撞。所以说，视野中的书名字所占据的部位，是与读者心灵碰撞得最激烈的区域。如《长征》的书名字，为什么显得如此庄重？因为该书封面的色彩与图案全都是为烘托书名字服务的，一切的"视觉要素"都是围绕着"书名"组织起来的。《洛丽塔》的书名字虽然不大，但文雅清秀，设计者让"书名"一直处于封面各个环节的中心，同样显得十分突出。

其二，把书名字作为设计的第一任务。封面设计是多种视觉要素的组合，如，色彩、形象、图案、标志等，都需要设计师精心创意，但是在诸多的任务中，封面的"书名字"的设计，应该放在诸多任务的首位。《藏地牛皮书》的书名字设计得好，不仅因为"书名字"处在了封面的视觉中心，它的突出是因为，设计师对书名字"形"设计特别下了工夫。《藏地牛皮书》的书名字的形颇具视觉冲击力，与封面的其他文字的"形"产生了疏与密、轻与重、肥与瘦、粗壮与细腻的对比，所以引起了读者视线的特别关注。书名字"形"的变化所酿造出的形式意味，会给读者以微妙的象征提示和复杂的心理暗示。书名字的形式意味在整个封面中如画龙点睛一样，使它以无穷的韵味让书名字在装帧中展现出无限的风流。

2. 封面的文字设计，是对以书名字为首的文字系列的设计

封面的文字，是一个以书名字为首的文字系列。对以书名字为首文字系列进行设计，是编辑和设计师面临的新课题。

在过去的封面上，往往只有书名字、作者名字、出版社名，而今天书籍封面上，不仅有以书名字为首的包括副书名、著作者名、出版社名，而且还有内容提要、作品简介、关键词、广告语言、甚至书籍内容的主要目录，这些文字在封面上的出现，为读者提供了丰富的信息，成为当下封面的一种潮流。以书名字为首的封面文字系列，之所以被称为“一个文字系列”，是因为书名字、著作者名字、出版社名字、内容提要、关键词、广告语言等，确实是一个“相互关联的系列”，它们之间有主有辅，存在一种相互依托，相互约束的关系。因此，它们排列在封面上有大有小，有强有弱，有疏有密，有前有后，层次分明。书名字为首的文字系列的设计，已经成为了构成封面美感的重要手段，因为，如果把“书名字为首的文字系列”设计好了，既凸现了书籍的名字，丰富了封面的信息，又为封面增添了美感。

当然，今天的封面也有不少依然“只有简单的书名”的，不一定都有“一个文字系列”，但是封面文字信息丰富如今却是一种时尚。

《李叔同说佛》封面的文字设计就是一例成功的典型，它将以书名字为首的文字系列，排列得疏密有序，不但为读者传递了丰富的信息，而且为封面字体的节奏，制造了大小、强弱、疏密的形式意味，用文字竖排的文字与潇洒的书法，酿造出了视觉冲击的空间与文化意蕴的氛围，为封面增添微妙的美感。

(二)图案

封面的图案创意是封面设计的主要任务。这里的所谓“图案”是指封面上的形象创意和形式构成。

封面上可以直接用图片、绘画、图案表达书籍的内容，如《中央美术学院藏石膏素描作品经典》设计者采用欧洲石膏《大卫》头像作图案，很恰当地体现了书籍的内容。

封面图案也可以用物象比喻、象征的手法间接地表达书籍内容的精

神，如《红岩》封面上那峻峭耸立的山岩，以象征的手法，比喻革命前辈与黑暗势力斗争的不屈精神；岩石上挺拔屹立的青松与背景的红云衬托相映，是为人类解放事业献身的革命先烈最生动的写照。《红岩》小说的内容在全国家喻户晓，而且它的封面也同样以革命的浪漫主义精神和浓郁的中国气派，感染了几代读者的心灵。象征比喻的手法同样在《于丹〈庄子〉心得》封面上得到了体现。封面上隐约的仙山，绝妙地表达了《逍遥游》"北冥有鱼，其名为鲲，鲲之大，不知其几千里也。化而为鸟，其名为鹏。鹏之背，不知其几千里也。怒而飞，其翼若垂天之云"的意境。封面渺渺的祥云，似乎给了读者"鹏之徙于南冥也，水击三千里，抟扶摇而上者九万里"的想象空间。封面物象的虚灵，超越了实体物象的束缚，让我们感受的是庄子式的无限的"浪漫"。

当然，封面上所谓"图案"，应该不仅指具象的创意，还应该扩延至构成封面的整个"形式"。"形式构成"是封面设计真正的"图案"，封面设计的重要任务，应该是对于封面的"形式"设计。

(三)色彩

封面的色彩是封面设计不可缺少的要素之一。色彩中红、黄、蓝、绿、灰等各种不同的色相，以及它们相互搭配产生的色彩关系，可以成为表达书籍内容的有力手段。

封面的色彩具有两个特征：

1. 色彩是直接刺激感官的、最具诱惑力的要素。西方的实验心理学家认为："色彩有吸引眼睛注意的诱饵作用。"封面的色彩可以直接把人们的眼睛吸引起来，唤起读者的注意，进一步激发读者的兴趣。

2. 色彩是多情的，色彩可以表达各种各样的情感。因此，封面的色彩并不是越鲜艳越好。色彩是多情的，不同的颜色具有各自的个性。因此，色彩的选择也大有学问。那么，封面色彩的选择有没有规律呢？回答是肯定的，有规律。选择封面色彩规律如下：即鲜明的、强烈的色彩，往往传递欢快的情感，因此比较适合用于题材欢快的小说、生活类书籍、青年读物等；灰色、沉稳、谐调的颜色，显得比较理性，往往适合学术著作、文化底蕴深厚的书籍。当然，这只是一般规律，也有个别书籍封面反其道而行，并取得了不错的效果。

(四)材料

材料设计是封面设计的重要任务之一。

过去人们一般认为：封面纸一般要比内文纸厚，这是封面的保护功能决定的。封面材料一般用铜版纸，也用铜版卡纸，以及各种各样的特种纸。32 开书籍的封面，一般要用 157 克以上的铜版纸。16 开的书籍，为了使书籍封面挺拔，可以用 200 克至 300 克的铜版纸。现在一般都在印好的封面上覆膜，膜分为有光(亮膜)与无光(亚光膜)两种；覆有光膜的封面显得光彩夺目，覆亚光膜的封面比较文雅含蓄。

今天，封面的材料已经非常丰富，各种各样的特种纸琳琅满目任人挑选。

精装的书壳一般用硬板纸。荷兰板是一种最常用的材料，质轻而挺，天长日久不会翘起。精装书籍的书壳，一般是在荷兰板上裱涂塑纸、丝绸、亚麻布，也可以用特种纸裱在上面。在精装书壳的上面可以压粉片、烫金、烫银，效果庄重而精美。

(五)工艺

选择封面的印制工艺，是封面设计的重要内容之一。

印刷工艺包括铅印、胶印，平订、胶订，还有覆膜、烫金、烫银、起鼓、压凹、UV 等。

印制工艺对于封面的美，起着至关重要的作用。中国古代就把“工有巧”作为审美的标准之一，西方中世纪《圣经》封面以精湛的工艺著称，封面装饰华丽无比，甚至镶嵌宝石。日本更是注重工艺的民族，讲究工艺的传统使日本的书籍的印制工艺，确实让世人瞩目。

我国书籍封面的印制工艺，随着经济的高速发展也越来越讲究了。重视封面的印制工艺，也越来越成为编辑和设计师们关注的重点。

以上是构成封面的五个要素，也是封面设计创意的五个要素。从五个方面来调动封面的美感，是编辑和设计师都要思考的问题。

三、时代感与创新是封面的灵魂

艺术作品中所显现的时代精神，是构成艺术品美感的重要因素。在书籍封面设计中要把握时代精神，这是每一位编辑和设计者面临的重要课题。

每个时代，有每个时代的美。设计者需要对时代美的特征具有特别的敏感，设计的作品一定要具有时代感。装帧作品要创新，所谓的“新”，其内涵在很大程度上也是要有时代感。于是，时代感成了每个设计者的追求。为什么装帧设计者这么重视时代感？这是因为在装帧艺术作品的形与色中表现出的时代感，往往是装帧作品最能打动人心的地方，最集中地代表着时代的审美理想，体现了当代社会的审美特征。

什么是书籍封面的时代感呢？

我们知道，美感是“人在对象世界中直观自身所产生的精神愉悦”，是“人的本质力量对象化的一种情感肯定形式”(杨辛：《美学原理纲要》，北京大学出版社 1988 年版)。我们说体现时代精神的艺术形式最美，是因为时代的美感最强烈、最集中、最典型地体现着当代“人的本质力量的情感肯定形式”。我们正是从富有时代美感特征的装帧设计中，感到了一种对社会进步的肯定，并从这种肯定中受到精神鼓舞，充满了对未来生活前景富有激情的想象。因此，“美”必定是一种“进步的、先进的、代表时代精神的、具有创造力的”情感形式。

书籍封面设计的时代感，首先表现在装帧作品的形式意味上。封面设计形式美的法则并不是固定不变的，随着时代的发展和科技的进步，形式美的法则也在不断变化和发展。社会的发展总是带动艺术形式意味的变化，促进形式美法则的发展。这种形式意味的新变化，常常成为我们在书籍封面设计中追求“时代感”的重要手段。

封面设计的时代美感是多方面的，也就是说，人对“自身本质力量的情感肯定形式”也体现在多方面。它不仅表现在浪漫的形式意味中，还表现在充满现代文化精神的创意中；不仅表现在新颖的现代封面材料上，也表现在精湛的印制工艺中……总之，封面设计的时代美感应该荡漾于封面的形式之中、形与色之上，无处不在。人们正是徜徉于这多因素、多方面、多环节的美感时，领略到新时代的魅力。

艺术的现代感是对民族传统文化精神的部分扬弃和改造，是对优秀外来文化精神的借鉴和吸收，是对当代社会审美时尚的概括，是现代科技与现代文化在艺术上的体现。

美是发展的。人们在审美活动中，总是把能体现前进的时代精神的艺术样态看做是美的，而过时的则被认为是不美的。如在日常生活中，几年前家用电器的造型，总是不如新的造型具有令人兴奋的美感。这除了人们的求新、求异的审美心理之外，还从新的产品造型中更充分、更集中、更典型地观照到“发展着”的“人类自身的本质力量”。人们对装帧设计的审美要求也是不断发展，装帧设计的时代特征正好适应了人们不断发展的审美需求。

当我们强调美是“发展的”的时候，也要指出：美又不能分为新与旧。我们不能因为新时代艺术的美，而全盘否定过去时代艺术的美。正如我们既认为现代家具是美的，同时也认为明清的红木家具是美的。现代家具的前卫与明清家具的古雅，显现出了不同时代的个性特征。20 世纪五六十年代，《红岩》、《红旗谱》、《青春之歌》、《牛虻》等小说的封面设计，从书籍封面中所洋溢的革命热情和艺术的真诚中，我们看到了那个时代特有的精神风貌和那个时代的美。1978 年后，随着国门打开，我们在张守义、任意、王卓倩、范一辛等装帧家的作品中看到，无论是在形式意味上，还是在色彩节奏上，都打破了封面的传统风格。这些作品与 20 世纪五六十年代的书籍封面的审美趣味相比，无疑是一次深刻的革命与突破，充分展示了新时期封面设计的时代特征。到了 20 世纪 90 年代，随着一批中青年装帧家的涌现，封面设计呈现出蓬勃发展的趋势，诸如高科技电脑的使用，以及对装帧美感的全面理解，创造出 20 世纪 90 年代中国封面设计的艺术典范。

新中国成立以后，各个时期的书籍装帧所显示出的风格都深深打上了不同时期政治、经济和文化烙印，时代特征十分鲜明，展现了各个时期的时代的美。列宁曾指出：“即使美是‘旧’的，我们也必须保留它，拿它作为一个榜样，作为一个起点。为什么只是因为它‘旧’，就要抛弃真正的美，拒绝承认它，不把它当做进一步发展的出发点呢？为什么只因为那是‘新’的，就要把新的东西当做供人信奉的神一样来崇拜呢？”(引自蔡特金《列宁论文学与艺术》)列宁的话表明，一个时代有一个时代的美，美并没有“先进”与“落后”之分。我们不能以今日的时尚标准来否定前人的艺术成果，更不能用当代的审美趣味审视过去历史上涌现的代表之作。相反，我们要以今人的目光品味这些历史作品，从过去任何一个时代创造的美中吸取营养，来创造新时代的艺术辉煌。

但是，在现实的封面设计创作中，我们必须强调“美是发展的”。在人类历史的长河中，人的审美心理随着社会发展而不断演变，从未定型化。当今社会高速发展，必然从各个方面影响人们的审美心理，后者也会相应地发展变化。所以，我们说封面设计的时代美感也是一个动态的发展过程。

因此，封面设计一定要出新，一定要具有时代精神，创作出不愧于我们时代的优秀作品。这是时代的需要，也是读者的需要。

时代的美是一个动态发展过程，装帧家对时代的美要具有特别的敏感，善于捕捉时代的新鲜气息，把握体现当代社会中最能体现美的本质的要素，并以装帧家特有的敏感将其纳入设计思维之中，以超常的才华进行创意。

四、时代精神像雨露，滋润了书籍装帧的花朵

章桂征先生寄给我一本他新出版的书籍装帧艺术集，摘编了包含他所创作的装帧设计的代表作，我拿到画册后非常高兴。

我国的书籍装帧艺术，随着经济的高速发展和出版事业的繁荣，正在发生着巨大变化。这个历史性的巨变中，章桂征先生是改革开放 30 年我国书籍装帧艺术发展历程中的重要代表人物之一。

30 年的改革开放，我国的书籍装帧与改革开放之前相比，发生了巨大的变化。这种变化的最明显特征，就是封面摆脱了往日灰淡、单调“无精打采”的状态，开始变得生气勃勃了。章桂征先生设计的封面，正是在这个时期以浓烈的色彩和充满冲击力的形式构成，突破了传统保守的陈旧，给人们耳目一新的振奋。在改革开放之初，人们对于摆脱“陈旧”的心理期待十分迫切，而章桂征先生也正是用空前绚丽的色彩，点燃了人们心中对美好生活的向往之火；以强烈的设计构成，振奋人心的视觉感受，呼应着社会飞速奋进的步伐。章桂征先生是一位与时代共舞的装帧设计家，在他的作品中，总让人们感受着强烈的时代精神。

欣赏一件艺术作品，只有知道它所处的时代，才能从文化精神的深度感受它的美；评价一位艺术家的贡献，只有了解那个时代的背景，才能发现他在那个时期创作的优秀艺术作品，所具有的真正价值。

章桂征先生所创作封面之美，正是由于它承载了强烈的时代精神，闪烁着勇于突破传统保守观念的创新，才能够在色彩、构成，以及大胆的创意中，迸发出了如此感人的魅力，使我们沉寂的心灵不再平静。

人们总是能从章桂征先生的书籍装帧作品中，感受到一种无法用语言表达的兴奋，原因在于它的形式构成体现着强烈的变革意识；我们的心情还总能产生一种无比的愉悦，这种愉悦不仅在于浓烈色彩的诱惑，而在于那些令人愉快的色彩之上闪现出的积极向上的时代精神；它的美感也不仅来自色彩与形式，更来自大胆的创意，我们在这些大胆的形象创意上，看到了中国社会努力奋进蒸蒸日上的步伐。改革开放的年代，是一个生机勃勃的年代，也是人民对未来充满美好希望的年代，章桂征先生作品的美，美在于让读者在一本本的封面上，潜移默化地感受到对未来美好理想的憧憬与希望。

中国经济的高速发展，人民生活的现代化和商业化，使广大人民的生活方式也越来越丰富多彩。同时，也必然带来了生活情趣的多样化、审美趣味的多样化，由此，也要求图书市场的书籍装帧更加丰富多彩。时代要求我们的书籍装帧艺术家，必须具有艺术创造的多样性和精神创造的丰富性，以便满足广大读者的审美需求。章桂征先生当时的作品，敏感而及时地抓住了广大读者的审美心理，为社会大众奉献了一朵又一朵赏心悦目的鲜艳奇葩。

章桂征先生作品的价值，还在对国外优秀的设计形式和文化精神的吸收与借鉴。记得当时，国门刚刚开放，国际文化交流不断增加，大大开阔了出版业者和设计家的眼界，我们的设计师开始学习和借鉴国外优秀的设计形式，吸收国外优秀设计理念，努力为我国书籍装帧艺术增添新的活力。章桂征先生是在这个潮流中，借鉴吸收国外优秀设计思想并与中华民族传统文化结合最成功的一位设计家。他设计的《祭红》等作品，既具有强烈的色彩冲击力，又富有中国传统审美意识，堪称改革开放新时期装帧设计的优秀范型。

五、封面样式连续性与创新性的统一

我当美术编辑的时候，一位编辑对我说："你设计个封面，希望，有几本同类选题的封面我认为很好，你可以参照。”我明白，他要求我的设计要与同类书籍的封面风格一致。编辑为什么这么要求？是希望他策划的新书与同类书籍封面风格一致，认为这样才像同类书籍。我们把这种要求称之为“连续性”心理。

心理学家认为，人类审美心理还存在“保守性”的一面。人们的欣赏习惯和欣赏趣味会按照传统形成的趋向延伸，成为一种审美“定势”，人们的审美视野总是希望寻找过去已经习惯了的艺术样态和风格，而对某种新的艺术样态和风格抱有一定的“排斥”心理。因此，编辑希望保持同类书籍封面原来习惯的封面样式，认为如果不依照原来的样式，就不像这类书了。

但是，我不可能去抄袭人家原来的封面形式，因为重复别人的设计是道德不容许的，也是最没有出息的。于是，我给自己提出了目标：“一定要与同类书籍封面不一样！”

因为我明白，艺术重复意味着“乏味”。

在设计实践中，审美的“保守性”与“求变”“求新”心理，是一组看似非常矛盾的目标，但是，也是可以统一的目标，如果达到了二者的统一，设计创意也就达到了最后成功。因为，人们的欣赏习惯和欣赏趣味形成的“定势”，对新样式的“排斥心理”要求我一定要“延续”原有的风格，保持这类书籍封面的“连续性”。另一封面，必须创新，因为“艺术上，新的东西很容易成为被人们注意的对象，而千篇一律的、刻板的、多次重复的东西，就很难引起人们的注意”。(《心理学》，第 90 页，华东师范大学出版社 1982 年版)所以，在艺术欣赏时，人们总是喜欢形式新颖、风格新奇、内容独创的作品。事实上，追求“出新”、渴望“多样化”是人类最基本的心理趋向之一。这就是所谓欣赏心理的“变异性”，就是审美需求希望不断出现新视野。于是，书籍装帧艺术要不断创新，以满足人民大众不断增长的文化需求。

因此，封面的创作是一个满足读者“连续性”心理和“创新性”心理的过程；是尊重读者审美“保守性——定向期待心理”与审美“变异性——创新期待心理”需求的探索过程；封面创新的终极目标是为了达到封面“保守性”与“变异性”的统一；封面样式“连续性”与“创新性”的统一。

书籍装帧创作的不断创新，往往遵循这样一个规律：人们“求变”、

"求新"的心理不断提出创新要求，但是，由于人们审美的"保守性"，又经常对创新的作品产生"排斥心理"，对于"创新"的作品并不接受。因此，任何创造的"新形式"都需要一个"痛苦的磨合"过程，当"新形式"与人们的"保守性"心理经历了痛苦磨合之后，新的形式才会被大众承认，直到最后被赞美为经典。然而，这个"新经典"随着时间的推移，必然也会沦落为"陈旧"，于是继续创新的过程又开始了。这个循环往复的过程，是艺术创新的一个规律，也是书籍装帧不断创新的必由之路。

六、赏书衣，谈创意，赞创新

1998年一个炎热的夏天，正是盛暑难挨的时候，卫水山先生给我邮寄来一些书籍装帧优秀作品的照片。卫先生在电话中告诉我，中国出版工作者协会装帧艺术委员会准备在安徽教育出版社出版一本《新中国书籍装帧艺术精萃》画册，请卫水山先生、王众先生和我三个人为入选作品写一些点评。

根据卫水山先生给我的21幅装帧作品的照片，我如期完成了任务，画册也印得十分漂亮。光阴似箭，十年过去了，现将我写的21篇"点评"，挑选其中10篇，目的是以文载道，通过赏书衣，谈创意，赞创新，阐释装帧之道。

(一)《神曲》　设计者：陶雪华

但丁的《神曲》是一部浩瀚的长诗，分为《地狱》、《炼狱》和《天堂》三部曲。《地狱》反映的是作者生活的现实社会，《天堂》诉说的是诗人渴望追求的理想境界，而《炼狱》则是描写从现实通往理想的苦难之路。这是一部惊世骇俗的世界巨著，用什么装帧形式才能与长诗中那梦幻般的语言相对应？用什么艺术符号才能表达诗中对黑暗的罗马教廷怒不可遏的愤怒？以什么图案创意才能反映书中诗人在游历地狱、炼狱和天堂时所产生的痛苦、愤怒、幻想与欢乐？

诗的语言与装帧的语言，毕竟是两回事。诗人的语言靠读者去联想，而装帧的语言则是通过视觉形象作用于感官，与读者的情感产生共鸣，《神曲》的设计者似乎感悟到了这一切。在《神曲》的整个封面中，黑色自上而下占据将近三分之二，邻近封面的上方，黑色渐渐过渡为白色，在由黑向白过渡的色块中布满了繁星，烘托出了“神曲”两个书名字。也许，大面积的黑色是在暗示残暴黑暗的中世纪人们心灵的压抑，而那闪烁的繁星似乎是象征茫茫苦海里充满幻想与希望的生灵。也许，正是这黑色表达了诗人对专横的罗马教廷不可遏制的愤怒，而群星的白色则体现了诗人对生活在黑暗之中的芸芸众生的同情。封面上端的白色，似乎是为了象征长诗光明与欢乐的结尾，体现这部“神的喜剧”在压抑之中的乐观精神；繁星中隐约显现出圆形，似乎在暗示朦胧的日出，好像预示着迷蒙之中的希望。也许，设计者并没有想得如此具体，只是在追求表现一种感觉，是在通过装帧这样一个媒质表达她对《神曲》的一种朦胧的感受。

(二)《当代中国画技法·赏析》 设计者：黄宗湖

《当代中国画技法·赏析》的封面，没有采用以一张国画做背景的老模式，这种老模式简直成了这类图书装帧设计的思维定式，依此设计的作品必然平庸。而《当代中国画技法·赏析》的封面上，由砚台、毛笔、一块颜色、上端的书名字四要素所组成的画面十分新颖，图案中的砚台、毛笔、色块富于视觉冲击力，突破了这类图书的固有设计模式；书名字放在封面的极上端，打破了传统文化中的中庸与和谐，整个设计别开生面。黑色的函套给人以“墨色”的暗示，依然在新颖的追求中体现着中国文化的底蕴。

康德说：“美是不涉及概念而普遍地使人愉快的。”审美判断是“没有一个客观的目的表象”，美是“无目的的合目的性”。装帧艺术，同样没有固定的设计模式；装帧审美，同样具有无目的、无概念的审美特征。装帧设计不能从“概念”出发，不能从“模式”或规定的“目的”出发，你的设计无论采用什么形式，只要让读者感受到了美，那么就获得了成功。

(三)《纪念柯棣华》 设计者：钱月华

一本庄重的纪念册，设计者并没有在封面上使用柯棣华的形象，而是通过图案符号来表达自己的创意，于是这个装帧设计取得了成功。人们都说，在艺术创作中“内容决定形式”，这话没有错。今天人们也有这样说的：“形式本身也是内容。”所以，形式越来越被艺术家看重，艺术家越来越认识到：艺术如果离开了形式就不能称其为艺术。《纪念柯棣华》反映了书籍装帧艺术家对形式意义的认定。

在此作品问世之前的年代里，有那么一个时期，艺术中的形式主义常常遭到批评，甚至艺术作品中的形式主义倾向也要受到批判。《纪念柯棣华》设计的价值在于突破了这个禁区，因此，在同一时期的书籍装帧作品中显得格外耀眼。

书籍装帧如同其他艺术一样需要创新，而创新不应仅仅停留在表面。艺术理念的创新、哲学意义的创新、文化精神的创新才是最可贵的。

(四)《红岩》　设计者：宋广训

小说《红岩》哺育了我国几代青年的成长，它那红色的封面上屹立的山岩、耸立的青松和严正雄劲的书名字，给几代人留下了难以磨灭的印象。

著名美学家宗白华先生说，中国美学始于魏晋的人物品藻。魏晋时期的人物品藻，给中国美学把握美的事物提供了极具特色的方法。《世说新语》记载："王公目太尉岩岩清峙，壁立千仞"，"世目李元礼谡谡如松下风"。这里的两个"目"都是一种"类似性感受"的审美方式，就是以自然的景物给予人的感受来比喻人的神韵。这种始于魏晋人物品藻的审美方式，对中国艺术产生了极为深远的影响，也潜移默化地影响着中国装帧艺术家的创作思维。《红岩》封面的设计者就是用这种"类似性感受"的审美方式，以耸峙的山岩、挺拔的青松象征革命先烈的气节，让读者从自然界的形象中感悟到革命前辈的精神。而这种始于魏晋人物品藻的审美方式，也深深扎根于中华民族的审美意识之中，因此《红岩》的封面一经面世，立即在人民大众中引起了强烈的共鸣。

(五)《诡辩论》　设计者：邓中和

西方现代美学家克莱夫·贝尔把"有意味的形式"认定为艺术品的基本性质。他说："按照某种不为人知的神秘理解排列和组合的形式，会以某种特殊的方式感动我们，而艺术家的工作就是按这种理解去排列、组合出能够感动我们的形式。"在这里，贝尔极为强调抛开生活内容的"纯粹的形式"以表达艺术家的感情，而且特别强调"纯形式"是"终极实在之感受的形式"。贝尔的"有意味的形式"带有十分神秘的性质，但他的理论却给了艺术家，尤其是视觉艺术家的艺术实践以宝贵的理论依据。

《诡辩论》的封面上，素雅大方的底色中，转动的文字犹如天上的彗星神秘而不可测，又像是变化多端的逻辑表达着左右逢源的寓意；形式与节奏的规律示意着理论的严密与高深，变化的图形排列有序，象征着学术思维的严谨与清晰。这是视觉形式所产生的意味，是将外在的视觉刺激转化为无言的心理感受。在封面上，书名“诡辩论”三个宋体字，端庄地排列在椭圆形的黑色的谜团之上，既表达了诡辩的荒谬，又使封面充满了书卷气。诡辩，是逻辑的颠倒，是概念的偷换，是因果的隐匿，是推理的混乱。《诡辩论》的封面，是以视觉形式语言表达对“诡辩”的感受，是将人们对“诡辩”的理解转化为视觉的形式意味。

设计理论读物的封面历来是个难题，而贝尔的“有意味的形式”论点对我们来讲是一个启示。

(六)《张守义外国文学插图集》 设计者：张进贤

刘勰在《文心雕龙》中主张“物以貌求”，提出艺术创作是以感知的表象为想象的基础，经过艺术家对自身感性的扬弃，提炼出“秉心”、“独照”的审美“意象”。《张守义外国文学插图集》与所有的优秀书籍装帧一样，是装帧家对书籍内容经过感性的扬弃，提炼出“秉心”、“独照”的审美“意象”，然后转化为装帧形态的结果。

张守义先生擅长外国文学插图，其画面寥寥几笔，而“意象”之神态意味无穷，张先生的提炼反映着“秉心”、“独照”的艺术功力。装帧之魂在于使设计能反映作品的精神内涵，而《张守义外国文学插图集》的封面设计，正是设计者以张先生的外国文学插图作品为想象的基础，根据设计的需要，经过感性的扬弃提炼出来的装帧形态。

设计者以“意象”的装帧表现“意象”的插图，在装帧中所把握的艺术精神与插图的艺术精神的一致性，装帧所追寻的艺术精神与张先生插图所显现的艺术精神所产生的共鸣，成为这本书装帧艺术最亮的闪光点。

(七)《祭红》 设计者：章桂征

《祭红》的设计是以“单纯”征服欣赏者的。

设计者抛弃了一切平庸艺术家常用的故弄玄虚的设计手段，没有采用乏味的浮夸和无谓的雕琢，更不像蹩脚设计家那样为了封面“出彩”而无病呻吟似的在形式上乱作文章。正因为如此，“单纯”赋予《祭红》的封面以无限的魅力，获得了超乎想象的成功。

英国著名画家和理论家荷加斯在他的《美的分析》中把“单纯”视为创造美的要素。当然，他还指出：单纯不等于单调，“单纯必须与多样性巧妙地结合在一起，才能具有美学价值”。《祭红》的设计是“单纯”的，但封面上单纯的“红”与封底单纯的“灰”所形成的对比，恰当地满足了正在寻求变化的眼睛渴求出现的色彩节奏；单纯的“白”形成的瓷瓶造型，与红与灰挤压后显现出优美的边缘曲线，引导着视线随意地流动，给予因为视觉过于“单纯”而造成饥渴的眼睛以流畅的快感。

《祭红》在极度的单纯中，将单纯与变化、整一与丰富、刚直与柔美融合为一体，将这一切安排得如此美妙。

（八）《一个人的抗战》　设计者：林胜利

我为《一个人的抗战》封面的感染力所征服。设计家将自己对日本帝国主义的愤怒和对祖国山河的热爱，倾注在设计的形式内容之中，通过书籍装帧这样一种媒质传达给读者，人民为正义与和平而进行的抗争。

欣赏《一个人的抗战》的封面使我想到一个问题：书籍装帧的作用只是为了把书籍打扮得更美吗？我们是否过于关注书籍装帧艺术的审美，而忘记了书籍装帧艺术与其他艺术一样也具有教化作用呢？如果我们认为书籍装帧艺术的任务只是为了书籍阅读的审美，那么，就陷入了唯美主义的泥潭。

两千多年前，孔子在谈到《诗》的艺术特点时曾经说：“《诗》，可以兴，可以观，可以群，可以怨。”认为《诗》可以感发意志，观察社会，团结群众，激发正义的呼声。孔夫子在两千多年前就把艺术的社会作用了解得这么透彻，那么，今天我们怎么把书籍装帧艺术的教化作用抛到了脑后呢？难道书籍装帧艺术不是与《诗》一样，同样也可以“兴”，可以“观”，可以“群”，可以“怨”吗？一个好封面，不但可以陶冶人们的情操，而且可以团结人民，为了正义的事业和美好的理想而奋斗。

（九）《生活禅话》　设计者：张朋

禅，靠顿悟，是“不立文字”的。据说，文字符号的表达往往会遮蔽禅意的真谛。那么，在书籍装帧艺术中，通过可视形象来表现虚空无形的禅意，恐怕就更难了。所以，图书市场中不少关于禅的书籍，其装帧设计不是显得粗俗，就是太商业气，丢失了禅味。《生活禅话》却与众不同，在封面的形色之上飘荡着一种意蕴。

《生活禅话》的封面使我想起著名的禅宗公案：传说禅的法脉始于一朵花，佛陀拈花，摩诃迦叶微笑，在此动人的一刻，温润有情的印心境界完成了，于是，禅的法脉就这样安静优美地传递下来。《生活禅话》封面中的两朵清香的莲花，点缀出了无限虚灵的时空，似乎使读者的心灵已经顿悟到了几分禅意。莲花四周放射排列的禅理文字，既像是禅理的散播，又像是对禅学的领悟。王微《叙画》云："本于形者融，灵而动变者心也。"《生活禅话》的封面设计，正是将禅意"随形"达到"超形独存"的意境。

七、结尾：庄重、大方，新而不怪

1978 年我刚刚到中国青年出版社工作时，当时的美术编辑室主任秦耘生先生就对我说："封面设计要做到新而不怪。"所谓"新"是要创新，不要重复人家的设计；所谓"不怪"就是要得体，就是保持封面风格的"连续性"。秦先生每次审阅我们设计的封面，都要求大家把握住封面设计的一些基本要求：注意书名、著作者名、出版社名要摆放得适当；封面的图案创意要新颖、大方，要表达好书籍的内容；封面的色彩也要为表达书籍内容服务。他经常帮助我们选择装帧材料，告诉我们哪些材料的感觉柔和，哪些材料在读者翻阅时容易弄脏，哪些材料适合用在哪类书的封面上。

初学者在入道之前，往往掌握不住书籍装帧设计最基本的要领，而当时美编室主任秦耘生先生的话，对初学书籍装帧设计的人来讲十分重要，为我们成长为一个成熟的美术编辑奠定了良好的基础。

封面设计的构成要素之间不是孤立的，它们是相互依存、相互影响、相互衬托的，是一个多种要素联系在一起的系统工程。封面设计的理念应该不断升华"与时俱进"。这样创作出的书籍封面才能在读者面前展现风采。

动态之美

——书籍装帧是一个立体、多层次的系统工程

我刚刚到出版社工作时，原以为装帧只是设计封面。经过多年的工作，逐渐才认识到了书籍装帧是一个立体的、多侧面、多层次、多因素、动态的系统工程。

关注书籍装帧整体设计，是每一个编辑的重要责任。

但是在实际工作中，往往总是被忽视。

编辑关注的重点往往仅止于封面，而忽略书脊和封底设计；常常重视了封面，而轻视了扉页和环衬设计；审定了包封，而忘记审视内文的版式设计。对构成书籍整体的各个部分的忽略，是造成了书籍装帧的不完美的重要原因。

整体美，三个字虽简单，但其重要之甚，我在多年的工作实践中，切身感触多多。

一、我对"整体美"兴趣的产生

我记得第一次听到"整体设计"这个词，是在1974年离开下放锻炼的部队回到北京，经人介绍到人民邮电出版社帮忙的时候。那时，我国大多数的书籍只在书的封面上有设计，封底往往都是空白，当时的封面绝大部分都是采用铅印，封底留白就可以缩小锌版的尺寸，节约成本。著名装帧家王卓倩那时负责带我这个刚刚步入出版业的年轻人，她对我说："书籍仅仅设计封面还不够，书脊也要设计不能仅仅排几个书名字，封底不能不管，同样应该设计。"她说："这就是整体设计。"当时我觉得她的这

个理念很是“突破”了一般人对书籍装帧的理解，非常钦佩。当我看到她为了实现“整体设计”付出了那么多的心血，颇费口舌地说服社领导，甚至要与出版部门激烈争论，我的心灵受到了从业后的第一次的震撼。从此“整体设计”这个概念在我的脑海里刻下了极深烙印。

也就是从那个时候，“整体设计”开始成为我在装帧设计时所追求的必不放弃的原则，成为我追求装帧之美的渴望与理想。1978 年到中国青年出版社工作后，同样遇到了当初在邮电出版社时“整体设计”的烦恼。在工作中我们苦思冥想设计出的整体的装帧方案，当图书出版后，看到封底的设计居然被工厂切掉了，“腰斩”得仅仅剩下靠书脊的一条颜色，惊愕与失落的心情难以言表。出版部门解释说，把你们设计的封底切断一部分是为了节约成本，降低青年读者购买图书的负担。我们不能说当时出版部门的考虑完全没有道理。20 世纪 80 年代我国的经济水平还相对落后，大众的文化消费也比较低下，书籍的“整体设计”似乎确实还是一种多余的奢侈。当然，后来随着我国经济的高速发展，人民文化消费水平的提高，市场要求把封面做得越来越精美，“腰斩”封底的事情也就越来越少，以至今天不再发生了。但是，当年“腰斩”封底的记忆，至今难忘。

我初到中国青年出版社工作的时候，书籍的内文版式不归美编室负责。出版社的老同志告诉我，过去出版社有专门批内文版式的部门“技术科”，这时已经取消，现在发稿时均由文字编辑自己批字号。所以，工作了一段时间就感到了装帧“整体”的主动权并不掌握在美编室手里，分工造成了设计封面的部门与内文版式设计工作的脱节。因此，经常出现这样一种情况：一些书籍封面做得非常漂亮，但内文的版式却很粗糙；或者封面材料很讲究，但内文纸张却非常低劣，让人看起来，书籍犹如人“光着膀子穿西装”般的不和谐。后来，为了内文版式与封面的风格统一，我们有意把一些重点图书选题拿过来，建议文字编辑把内文版式任务也交给我们，与封面设计一起做，产生了很好的效果。从此使我对书籍装帧“整体设计”的理解又进了一步，也使我本人对“整体设计”的理论研究产生了浓厚的兴趣。

二、《论语》的“尽善尽美”就是“整体美”

我爱读书，尤其喜欢读《论语》、《庄子》等中国古代的经典，因为读它不但从中得到了人生哲理的感悟，而且对装帧艺术实践和编辑工作具有许多有益的启迪。

其中，孔子的《论语》的阅读启发最大，因为《论语》多处谈到“美”字，自然引起兴趣。当然他讲的“五美”和“里仁为美”，是建立在“仁”的基础上，实际是“善”与“美”统一，“善”的内容与“美”的形式的一致性。但是，读到“尽善尽美”时突然眼前一亮，似乎在字里行间感到，孔子不正在这里津津有味地论证“美的整体性”吗？孔子云：“《韶》尽美矣，又尽善也。”(《论语·八佾》)尽管“尽善尽美”包含了伦理的内容，但是“尽”明显地具有“全部”、“整体”的意思。“善”虽然属于伦理范畴，但“善”所表现出的意志力，绝对是实现“尽”，从而充实到“整体”的各个部分，直至无所不在的“整体美”的动力。“尽美”是目的，是我们追逐的目标，而“尽善”是实现“整体美”的先决条件。这正是我多年来，关注书籍装帧“整体美”切身体会。

我国先秦思想家荀子，也有一句话说得十分精彩，在《劝学篇》中说：“君子知夫不全不粹之不足以为美也。”今天的学者普遍认为，荀子的“全”、“粹”的原意主要是指人格的美，只有使人格之美达到了“全”与“粹”，才能实现君子、圣人的境界。但作为一个从事出版多年的编辑，我同样从“全”、“粹”两个字中，感到了与“整体美”的联系，从荀子对人格“整体美”的诠释，领悟到对书籍装帧“整体美”一丝不苟的追求。

于是联想到了书，眼前浮现出一本本精美装帧的书籍。

是啊，精美的书令人赏心悦目，甚至会吸引你把书拿在手中翻来覆去地玩赏，爱不释手。这是一种什么魅力在吸引你？是一种怎样的神秘内心体验？或是因色彩浓重，强烈绚烂；或是因风格隽永清丽、飘逸古雅；或是因构思高妙，堪留百代之奇；或是因考究精致，有巧夺天工之妙。人们在为精美的书籍赞叹不已时，往往更多的是注意书籍装帧的美给我们以直接感受的愉悦，并不深思构成装帧美的一种潜在的力量，而这种力量实际上存在于缤纷满目风格各异的精美的书籍之中，成为所有精品图书的一个共性，这就是书籍装帧的整体美。

这种潜在力量——整体美，从审美主体来讲，来源于主体视觉活动的整体性特征；从客体来说，它又取决于书籍作为审美对象的客观整体性。对于美的整体性特征，古今中外的美学家都给予了极大的关注。

三、亚里士多德和康德都说：美在整体

由于对书籍装帧整体美的研究兴趣，我开始进一步关注西方美学家对“整体美”的论著，结果，一读西方美学史，发现西方人也都对“整体美”给予了高度的关注，认为任何艺术品的“美”，都必然来自于“整体”。

啊，原来“整体”对于美来说，如此的重要。

自古希腊始，各时期的美学家也都洞见了整体美在审美活动中的重要性，并力图以科学的方法给以解释。古希腊哲学家亚里士多德曾说：“美与不美，艺术作品与现实事物，分别就在于美的东西在艺术作品里，原来零散的因素结合成为统一体。”（朱光潜译：《政治学》）中世纪神学家圣·托马斯·阿奎那更明确地指出：“美有三个要素：第一是一种完整或完美，凡是不完整的东西就是丑的。”（朱光潜译：《神学大全》）17世纪英国哲学家培根也说：“我们常看到一些面孔，就其中各部分孤立地看，就看不出丝毫优点；但是就整体看，它们却显得很美。”（朱光潜译：《论美》）他还断言：“美不在部分而在整体。”

学美术的人都知道荷加斯，他的铜版画精彩绝伦，潇洒的蛇形线条在绘画史上可谓绝唱。但在中国许多人并不知道他也是一位伟大的艺术理论家。《美的分析》是他的理论代表作。他的理论著述的最大贡献，就是把形式单独抽象出来进行观察。他指出：“这些规则就是：适应、多样、统一、单纯、复杂和尺寸——所以这一切都参加美的创造，互相补充，有时互相制约。”他对美的一些规律一一作了研究。他强调“统一”在整体美中的作用，说“统一”是“指的是对象各个部分的统一”，认为只要“统一、整齐和对称可以产生美”。同时他补充说，“统一并不是简单”，“因为，整齐、对称常常显得单调，不符合视觉美感的要求”，而“多样”应该在“整体的统一”之内。可见统一的整体在绘画中显得多么重要。绘画如此强调“整体”，书籍装帧的“整体”更是如此。

现代西方美学家对于整体美的研究更加深入。格式塔心理学的“完形

说”(德语 Gestalt)进一步从视知觉的角度，对“整体”进行了“实验”性的研究。他们认为：“视觉思维不是对刺激物的被动复制，而是一种积极的理性活动。”(鲁·阿恩海姆：《视觉思维》) 因此，视觉中的整体，并不等于构成它的所有成分简单相加之和，而是一个具有新质的、全新的整体。这种整体的美，虽然是通过各局部之和“突现”出来的，但它的特征与性质却是在局部成分中找不到的。于是我们可以得出这样一个结论：任何精美的书籍都有一个共性——整体美，而整体美这一要素却神秘地潜藏在“完形”之内，它似乎贯穿于各局部之间，游离于表里之外，却显现于人的主体视觉经验之中。

更使我们有兴趣的是，现代西方实验美学家们深入研究了形的整体的三度视觉概念，认为：“一个物体的视觉概念，是从多个角度进行观察之后得到的总印象。”所以，任何“视觉对象就是一个运动的事件”。(鲁·阿恩海姆：《艺术与视知觉》) 一件雕塑或一座建筑只有从各个方面被观察之后，它们的整体美才会被我们感知。因此，所谓整体视知觉，完全是人的一种经验中的组织与构建活动，是与活动、运动密不可分的。人的视觉整体概念绝不是在静态下产生的，而是人与物相对运动的视觉结果。

由此，我深深感到了“整体”在书籍装帧设计中的意义，而“整体”的知觉是在“动”中被审美主体感知的。

“整体”存在，书籍就美；“整体”不完整，书籍就不美；整体的美是多因素、多层次构成的动态系统，它绝不是一帖僵死的膏药。

书籍装帧的整体的视知觉，既然来源于动态，那么，“整体美”与“动态”两者便如形影一样紧密相连在一起。

书籍的整体美存在于运动中。

四、动态中的书籍装帧之美

我研究书籍的整体美时发现，书籍装帧的美感，是在书籍的动态中展现的；书籍装帧的魅力，是书籍与读者在互动关系中得以实现的。

书是动的吗？

书是静的吗？

在审美活动中，人与书之间是怎样一种关系？一本书放在桌上或书架上，给人的印象是静的，于是人们似乎都说：书是静的。但是，如果我们从审美这个角度提出这个问题，我们就会说书不是静的，人与书的关系无时无刻不在动。

现实生活中，人们只要稍稍留意一下人与书之间的关系，就会发现它不是静止的。

一本书引起了我们的注意，于是我们走近书，人与书之间的关系不是在动吗？人拿起书，看封面上的书名，看书脊，书不是在动吗？再把书转过去看封底的设计，之后又转过来看封面，那么在我们面前的转动就不止 180 度，甚至是 360 度的动态了。书不是在动吗？

人翻阅图书，每翻一页都是动。若书在手中快速翻动，书的动态时而轻柔，时而刚健，由此产生优雅多姿的动态之美。翻动时，封面、环衬、扉页、正文之间产生的色彩跳跃与图像节奏之美，人们只是常在朦胧中会意，而未特别留心罢了。在日常生活中，人们虽然感到了书籍装帧的美，但往往忽视了这种美的愉悦正是在动态中产生的。

于是我们可以这样说：任何人不可能看一本不动的书，任何书也不可能不动就被人看。由此，我们便得出这样的结论：书籍的审美是人与书在动态中进行的，从审美关系角度看，书是动的。

如果承认人与书的关系是“动态”的，书籍的整体美也产生于动态，那么我们就会从一个新的高度去认识书籍装帧的视觉功能，读书是一个时间过程，书籍装帧的审美也是一个动态的时间过程。于是，我们的设计观念一定会发生一次飞跃。

五、动态的装帧设计观

任何一本书，都与任何一个立体物的视觉概念一样，只能以三度媒介加以再现，而且在动态中形成。因此，应该确立动态的书的设计新观念。

（一）动态的多侧面性

记得这样一个故事：1978 年我设计封面开始注意整体，主要体现在封底上，从封底的无设计到有了一些设计，但使我没有料到的是在制版的过程中，印制部门为了降低成本把我设计的封底，版面切掉了多一半。面对被裁掉大半的封底，我的心情十分沮丧。也许在那个年代，我们读者的消费水平还不高，降低成本确实需要，但是，封底的不完整使我设计的书籍丧失整体的美感，心灵所受的创伤很久不能愈合。

书籍的三度空间是形成书籍外部装帧视觉概念的重要依据。因此，在装帧设计中应对整体中的多侧面性有明确的认识。我们再也不能把书籍装帧艺术只理解为一张孤立的封面了。只有封面而无书脊、封底等整体设计的书籍，是何等的丑陋啊！

于是，我发现书籍装帧的形体之美，如同雕塑家的作品一样，应该是让读者从各个角度去欣赏的；不仅仅是局限让读者看封面，而是让读者从多侧面、各个角度去欣赏它的美。

雕塑家们往往对人与物在运动中的审美关系具有特别的敏感，他们的创作思维是立体的、连贯的和多侧面的。罗丹的雕塑无论你从哪个角度去欣赏都那么美，从每个角度看都会使心灵感到震撼，显示出大师天才的多侧面的立体思维创造能力。其实，书籍装帧与雕塑艺术有共同点，书籍也是让人们从多方位、多侧面欣赏的艺术品；把书籍装帧艺术只理解为简单的、平面的封面设计，绝对是一个错误。

书籍装帧设计者要确立动态的书的多侧面设计观，并要具备把多侧面的复杂的连续的相对独立的单位，转化为“完形”整体的能力。所以，设计者应树立与雕塑家类似的多侧面连续的整体设计思维。

（二）动态的多距离视点

我爱逛书店，进书店大堂后浏览陈列在书架上的图书，当我发现感兴趣的书籍时，往往与书的距离有两三米，这样两三米远的距离进入我眼帘的是封面的色彩、具有冲击力的形式构成、大的书名字，这是封面给我的第一印象——较远距离的欣赏；于是，我从这些大的要素中辨认出了它，走近拿起了这本书，看到了书面上的图像、书名、作者署名、出版社名，这是封面给我的第二印象——中距离的欣赏；然后我拿起书翻阅，会看到封面上的细节，封面上的内容简介等小字，这是第三印象——近距离地欣赏。

一般读者审视一本书籍封面，无非是这三种距离。

如果说许多绘画作品中都含着观赏者所处的空间距离的一个合适视

点，那么，对书籍的外包封来说，这个合适视点就不应只是一个。

人对书的注意是一个由远及近的过程。书籍的包封既要对几米以外的读者具有感召力，又要适应站在面前的读者欣赏；读者还要把书拿在手中，近在咫尺，反复地抚摩品味。书籍的根本功能是要为读者提供近距离的阅读服务。

由于人与书之间距离变化的运动性，产生了书籍审美合适视点的多元性。

合适视点距离的多元性，决定了装帧设计可视内容的多元性。如果我们把人与书的合适视点假设为远、中、近三个，分别为 3 米、1 米、0.3 米，设计者就应当为这三种距离都提供完美的视觉形象。当今的许多优秀的装帧设计，都特别注意大号、中号、小号文字在装帧设计中的运用，特别注意装帧的大效果与装帧中精致图案要素的视觉互补，从而极大地丰富了书籍装帧多距离视点的心理感受。远看，气势磅礴，色彩鲜明；近看，含而不露，情趣横生；拿在手中，又备感精致高雅，韵味无穷。这些作品体现出设计者对书籍的多距离视点特征的充分理解。

（三）动态的视觉相继性

什么是视觉相继性？17 世纪英国经验主义美学家霍布斯在其所著的《巨鲸》中认为：人类在审美活动中，“凡是在感觉中彼此直接衔接的运动在感觉后也还是联在一起的。”这就是“相继的知觉作用”（鲁·阿恩海姆：《艺术心理学新论》，商务印书馆 1994 年版）视觉的相继知觉作用使我们形成对物体的整体把握。

人类的视觉总是不满足于只看到物体的一个局部，而要把握它的全貌。这就意味着，人类视觉上的不满足心理，总在引导人们去看暂时看不到的部分，去寻求整体的完整，甚至把看不到的那一部分也要用想象加以补充，来满足追求整体把握的心理需要。

因此，在对书籍的审美活动中，书籍是在动态中使各部分相继显现，以满足人们的视觉心理。反之，任何局部的中断或欠缺都会对整体美造成致命的破坏。我们常有这种体验，有时我们被一本书的漂亮的封面所吸引，但是，当我们翻转书一看，发现书脊、封底竟是一片空白，这时我们心中马上会出现一种无限失落与遗憾的感觉。

书籍是在动态中展示着三维空间。在动态中整体的各部分相继显现，从而给人以经验中的"完形"。因此，设计者只有具备了把整体的书籍看成一个连续的整体的能力，才标志着他把握住了书籍在动态中三维空间的整体特征。

（四）动态的视觉时间性

书籍装帧艺术常常被人视为平面性的，现在我们提出它是立体的、三维的、动态的，因此，提出书籍装帧的"时间性"特征也就势在必然了。

书籍与雕塑一样，在人的审美活动中，通常被感知是只涉及空间而不涉及时间的。但是，书籍的动态审美特征恰恰表明，人对书籍装帧的审美，应该把它"看做是一种紧凑连贯的活动或事件"（鲁·阿恩海姆：《视觉思维》），于是便产生了时间性特征。

人的视觉特征还有这样一个特点：一开始往往只知觉到一个模糊的整体（或完形），随后便逐渐对其修正、润饰和细节加工。这时审美知觉选择的对象和重点也不是凝固不变的，而是随着对象特征的逐步展现，主体的目的、需要、能力、情绪等发生的变化而不断转移。

这种视知觉感知选择重点的不断转移，构成了书籍视觉的时间性。

读者的阅读，是一个时间的动态过程，充分表现在对图书翻阅浏览的每一个瞬间。从封面、环衬、扉页的欣赏，直到篇、章、节的细读，时间随着空间展开。设计者在文字与图像设计中制造的繁与简、详与略、前与后，诱导读者的视线循序渐进，使阅读的空间过程成为时间的审美过程。

（五）动态的多层性

书籍是一个多层的形态，它决定了装帧设计的多层性，这是书籍装帧艺术区别于其他造型艺术的一个显著特征。通俗地讲，书是供人一页一页翻看的，它在翻动中展示着动态的多层的美。

书籍的多层性，规定了书籍多层性的设计要求。这种多层性的设计由表及里、层层深入、渐入佳境，要求设计者把精美的封面、勒口、内封、环衬、扉页、每页正文直至封底，依次在动态中展现在人们眼前。仅有一张好封面远远不能算是一本精美的书籍。目前，在我们出版的书籍中，只注重封面而轻视内文设计的现象还比较普遍，封面与内文各行其是，彼此脱节，使人看后心里十分别扭。这完全是由于我们对书籍动态的多层性缺乏理解的结果。

其实，正是书籍在动态中呈现出的多层性，为设计者提供了表现美的机会。

18 世纪法国美学家狄德罗在《论美》一书中提出的“美在于关系”这一著名论点，揭示出形式美的一个内在规律。在书籍中，层与层之间疏密的对比与和谐关系，图像符号的变化与呼应关系，封面、环衬、扉页之间的色彩节奏关系，甚至封面、内封、环衬之间质感与肌理的变化关系，都转化为“符合目的性的形式”(康德语)，使书籍层与层在动态中展现出无限的魅力与风采。

总之，动态的书籍要求设计者把书籍的整体看做是“一种紧凑连贯的活动或事件”。我们并不否定封面在书籍装帧艺术中的重要地位，但是人类视觉经验告诉我们，只有好封面的书还远远不能算是一本具有完美设计的书。因此，我们应该确立三维视觉概念的、立体的、动态的书籍装帧设计观，以使书籍装帧艺术实践上升到一个新的层次。

六、气——动态之魂

中华民族的动态观是建立在“气”的基础上。

中国与西方文化精神的差异，直接影响着我们对动态及整体的理解，也就直接影响着我们的动态的书籍的装帧设计观。

在前面文中我们可以看出，西方的动态观是建立在实体性与明晰性的基础之上的。古希腊人就把整体的和谐归结为“数的原则”，大哲学家柏拉图说，造物主把数学模式印在无形式的物质上，从而产生了宇宙万物。古希腊雕刻家波里克勒特甚至为人体规定了数的比例。西方人认为，一切艺术品的成功都要依靠数的关系，比例、均衡、节奏、长短、曲直、明暗所产生的美感，都可以通过数明晰地加以计算。至今，现代西方格式塔心理学所讲的整体，所讲的整体的质大于部分之和，所讲的动态物体的三维视觉概念，所讲的视觉完形应被视为一个运动的事件，其理论基础依然是建构在西方文化的实体性与明晰性的传统之上。

中国文化精神与西方不同，动态的整体观念建构的是气。中国文化认为整体功能的显现是靠整体之气注入于各部之中的结果；而气又是非实体的、模糊的。气虽可以分析，但更靠人去感悟；气虽可观察，但更要靠内守的心灵去进行观照。气潜藏于物内而游荡在形间，只可意得而不能言宣，只可神会而难形求，如庄子云："口不能言，有数存焉于其中。"这是心灵的感应，由气而生韵，因韵而生动、生势、生风、生情、生意、生神。这种由动的气所产生的无限意蕴，正体现了中国文化的审美精神。

孟子以内在的道德之气来代替对美饰的追求，说："充实之谓美。"（《孟子·尽心下》）庄子则以内在的"心斋"沉静内听而丧我忘形去体悟宇宙之气，并以此宇宙自然之气来超越一切外在形式的束缚，达到逍遥、至美、天乐的境界。中国著名的绘画理论著作《六法》(谢赫著)中说："一曰气韵，生动是也。"把气放在六法之首；中国画家主张"以一管之笔，拟太虚之体"(王微：《叙画》)，都表明了中国文化对气与动的深刻理解。

张载说："虚空即气。""太虚无形，气之本体，其聚其散，变化之客形尔。"(《正蒙·太和》) 老子说："常无，欲以观其妙，常有，欲以观其徼，此两者，同出而异名，同谓之玄，玄之又玄，众妙之门。"这种无与有的永恒转化，构成了中国气的宇宙生生不息的运动。这种气的运动，只有通过人对自我心灵的感应、顿悟、体味，才可得以显现。

这种对气的运动的感悟，形成了中华民族特有的审美方式。它不但是一种社会历史文化的积淀，而且作为中华民族的"集体无意识"(荣格语) 深深埋藏在人们的记忆中，成为中华民族审美的心理"原型"。

因此，中国现代书籍装帧，不但要注重动态书籍的外在形式，而且更要注重对书籍动态的整体之气的注入。在设计中，调动点、线、面、色彩、符号及一切要素，将其转化为对气的追求；使气在整体之中，把一切动荡的、对立的因素都融合在宁静、整一的和谐之内，由气而生动。这种气韵之动，再也不只是书籍外在的运动，而是深层次的运动，是内心对于运动之气的感悟。形成这种深层动感的动因，就不再是书籍外在实体运动的感知，而是主体在内向静守中对气感悟所形成的自由关系，是注入于书籍整体之气在主体心灵之中深化为通达幽远的审美境界。这是中华民族的审美境界，是一种非语言、非概念、非目的的瞬间直觉，是一种神秘的内心体验，是一种单纯的、平和的、愉悦的美的享受。这就是中国书籍动态的书卷之气。

王微在《叙画》中主张"本乎形者融，灵而动变者心也"，这就要求画家应以心变物、以神融形。书籍装帧设计同样要求设计家把心、神、气融到书籍之形中去，以实现心与物、神与形在书籍装帧中的统一。《易·系辞上》说："形而上者谓之道，形而下者谓之器。"我常想，我们书籍装帧艺术的使命是什么？终于得出了这样的结论：装帧的目的不应只是把书籍塑造成为"形而下"的"器"，而是要通过设计把书籍塑造成为富于神韵的"形而上"的精品。

宋代画家郭熙在他的画论《林泉高致集》中，极其形象地描述了人与山的审美关系，他说："山，近看如此，远数里看又如此，远十数里看又如此，每远每异，所谓山形步步移也。山正面如此，侧面又如此，背面又如此，每看每异，所谓山形面面看也。"又说："山水有可行者，有可望者，有可游者，有可居者。"试想，人与书籍在动态中的审美关系不也是如此吗？同样是远看、近看、正面看、侧面看、翻着看，同样是可行、可望、可游、可止步细细品味的。人在秀丽的山水之间"饱游饫看"(郭熙语)而心旷神怡，那么，一本精美的书籍在让读者翻阅文字内容的同时，同样可以使人享受到一次美的神游。

七、邱陵先生建议出版社领导、编辑都读一读这篇文章

1996 年我把以上体会写了一篇《动态的书——书籍装帧的整体设计与视知觉》的学术论文，明确提出：书籍封面在整体美中，不是一帖僵死的膏药；书籍装帧的整体美，是一个立体的、多侧面的、多层次的、动态系统；书籍装帧是一个立体的、多侧面的、多层次的、多因素的、动态的系统工程。作为研究成果，我写完后寄给老一辈书籍装帧家、中央工艺美术学院教授、教育家邱陵先生，想求得到指教。

没料到，邱陵先生看后马上给我回了一封信，肯定了我的论述，并建议出版社的领导、编辑都应该读一读这种文章。全文如下：

中和同志：

大稿看过，对书籍的观察有新见地，甚好！对书籍形态的理解会更有深度，对装帧设计和对读者的关心也会更全面。近年来有关装帧设计的理论文章渐多，对书籍艺术的特殊性更加阐明，我想是很有好处的。

这种文章不仅出版社领导要了解，文章编辑要了解，就是美术界也

要了解，这一事业才能真正地发展，而被重视起来。

文章写得简练明确，不仅从外部的封面、书脊至封底，也从内部贯串全书。我只改动了两个错字，文中“灌”与“贯”可否互用，可能意义更全些。

此致　大安

邱陵　拜复(1996年)3月9日

邱陵先生的信，使我明白了一个道理：要完成一本书的装帧设计，与编辑沟通十分重要。我也正是在邱陵先生的提示下，开始有意识地写一些装帧杂文，希望能与文字编辑多一些交流。

如果，编辑们都能理解“整体设计”的重要意义，那么，他们一定主动要求装帧设计注意“整体”，一定会对美术编辑、装帧设计家的创意，给予更多的理解和支持。

触感生情
——装帧材料的策划与选择

我 1997 年设计《古董鉴藏丛书》时，第一次比较“自觉”地运用了特种纸。为什么说比较“自觉”？原因是，我开始“有意识”地利用特种纸肌理的美感，达到烘托封面韵味的目的。当时我选用的是一种韩国生产的淡黄色的皱纹纸，纸没有光泽，含蓄，充满东方质朴意蕴。《古董鉴藏丛书》的封面就是在这种肌理的纸张上，设计了淡雅的图饰。在这套丛书的封面上，特种纸张肌理的视觉效果与触摸时的手感，显得十分耐人寻味，而淡雅的图饰纹样融入老子“无状之状，无物之象”的美学精神，使书籍封面显得深邃而高雅。后来，这套《古董鉴藏丛书》的装帧设计，作为优秀作品被选入《中国现代美术全集·书籍装帧卷》。我曾经向别人介绍：“这本书封面使用特种纸，是我追逐‘韵味’的第一招数、第一要素，也是我在构思这本封面时，在诸多设计手法的思考中，排在第一位的、最想尝试的设计手段。”坦率地讲，这本书封面之所以取得这样的效果，是靠特种纸‘吃饭’的！如果换了普通铜版纸，这本书封面设计的韵味，将荡然无存。

从此以后，凡是再为书籍设计封面，我总是把材料设计放在一个重要的位置给予考虑，开始关注美感的多元性问题。

人们对于书籍装帧美感多元性的认识，是有一个过程的。这个过程，是个人的设计实践的经验积累，也是近年来我国书籍装帧事业发展的实践中，人们对于装帧美感的真实体会。记得，在 20 世纪 80 年代初，中国书籍的封面大部分还是在用胶版纸、印刷的方法是铅印的时候，人们很难体会，书籍的封面可以用各种各样的特种纸，以肌理的魅力感染大家。那时，只有少数重点书籍的封面批准用铜版纸，采用胶印的封面数量也很有限。后来，随着我国出版事业的发展，利用纸张的性格魅力，为封面增添审美趣味，逐渐被越来越多的设计师认识。许多编辑也逐渐看到了特种纸封面效果实在诱人，开始鼓励设计师在一些书籍封面采用特种纸。因此，一切的艺术理论，都是艺术实践后产生的，而理论的产生，又会促进艺术的前进。人们对于“书籍装帧美感的多元性”理论的认识，就证明了这一点。“书籍装帧美感的多元性”理论产生于实践，它的产生也使书籍装帧艺术实践更加丰富多彩。

一、以视觉为唯一设计思维的局限

1974 年刚刚从事书籍装帧设计的时候，基本上是从“视觉”角度去理解设计的。因为过去学习的专业是绘画，不是学工艺美术的，因此对于材料设计观念相当淡薄。当时“视觉”观念，几乎成为了我设计装帧的唯一思维模式。

当然，这种把“视觉作为唯一审美官能”的观念，是自己的美学知识不足的限制造成的。

当时我只知道，几乎所有的中外美学家都认为，在审美活动中，只有“视觉、听觉才是审美感受的主要官能”(王朝闻:《美学概论》，第 100 页)。古希腊著名的毕达哥拉斯学派，就把视觉、听觉作为审美的两个感官，而排斥其他的感官。他们对此有一个非常生动的议论:“我们的眼睛看见对称，耳朵听见和谐。人体的其他感官味觉、嗅觉，就无法感觉到比例、对称、均衡等具有宇宙本质性的东西了。”这个比喻，给了我深刻的印象，也必然地对我的艺术实践产生潜移默化的影响。

亚里士多德在《伦理学》中的一段论述，也给了我很深的印象，他书中明确地说:“视觉和听觉的快感是人的快感，因为他们能感受到和谐，吃喝而来的快感是动物的快感，因为它是一种生理的快适。”(托塔凯维奇《六概念史》，英文版，第 121 页)亚里士多德被奉为古希腊美学思想集大成者，被视为欧洲美学思想的奠基人，马克思和恩格斯都称他是“古代最伟大的思想家”，“最博学的人”。因此，他的这句话在我的心目中也几乎像“真理”一样。

西方人到了19世纪，依然坚持“视觉、听觉是审美感官，味、嗅、触觉是非审美感官”的认识。美国著名哲学家桑塔耶那1896年写了一本《美的感觉》。他在这部著作中从审美经验和审美心理的角度，力图对人的各种感官对“美”的感受，做出比较深入的心理解释。但是，他依然认为：“触觉、味觉、嗅觉虽然是很发达的感觉，但不能像视觉那样对于人追求知识会有帮助……对于欣赏自然亦无能为力，所以，它们被称为非审美的或低级的感觉。”他认为，这些低级的感觉“不是空间性的，不能再现空间，而自然只有从空间方面才能被正确感受”他坚信“因此，烹调和制酒的技艺始终不能称之为美”（桑塔耶那：《美的感觉》，中国社会科学出版社1982年版，第65页）。所以，我曾经一时对西方“眼耳独尊”为审美主体的理念，深信不疑。当然，这是因为当时，我对于西方美学没有一个比较全面的了解。还不知道，后来西方人对于“眼耳独尊”审美的理念，也在不断地反思，不断地扬弃，不断地发展，不断地升华。西方的美学家们，后来也开始从心理学的角度，解释触觉、味觉、嗅觉与审美的主要感官视觉、听觉的联系，把美感归结为一种审美主体对审美客体的、对于“人的本质力量情感形式”的综合判断。

后来，我在设计实践中积累了一些使用“特种材料”的经验。封面选择“含蓄之美”的材料，可以使封面显得儒雅敦厚，凸显书籍的文人气质；封面如果选择“华丽”的材料，就会使封面显得格外悦目，会因喜气洋洋而愉悦；装帧若使用了“豪华”的材料，一定会使书籍的整体都显得高贵；如果选择了“温润”的材料，就会使封面显得简朴大方，实用而美观。当我有了这些体会，有意识地把材料的视觉感受与触觉感受结合在一起，酿造装帧材料“形而上”的文化意蕴时，我对于装帧美感的多元性的认识，就全面得多了。

二、书籍装帧美感是多元的综合判断

书籍的最根本的功能是供阅读，但是人们在阅读书籍的过程中，必须用手翻阅书籍。所以，书是供人看的，也是供人摸的。看书用眼睛，是用眼睛审美；拿书要用手；通过手的感受传递给读者的内心，体验愉悦的情感。人的阅读书时，一页一页地翻，翻阅的过程也是触摸的过程，触摸的过程也是对书籍的审美过程。因此，我们说：人们对于书籍装帧的审美感受不仅仅来自视觉，还来自人的其他感官，其中，触觉是书籍装帧审美的一个重要方面。

在西方文化中，他们研究美感主体的构成，具有经验主义和科学主义的传统。但是，西方人随着研究的深入，他们沿着经验的、科学的精神，经过反复“实验”与“考察”之后，也出现了对“眼耳独尊论”的不断扬弃。桑塔耶那就在肯定“视觉、听觉是审美的主要感官”的同时，特别指出：“人体的一切机能，都对美感有贡献。”(桑塔耶那《美感》，第 36 页)他还把美分成“材料美、形式美、表现美”三种。认为“材料美”是“初级的审美快感”，还说：“初级的审美快感”往往“只注重材料的贵重”而“对于形式美的鉴赏则需要训练。”桑塔耶那已经开始对视觉、听觉之外的感官的“审美贡献”给予肯定，甚至提出“知、情、意”是三种心灵能力，它们的审美功能也是不能忽视的。

20 世纪美国出现了一位艺术教育家维克多·洛温菲尔德，他在 1939 年出版了《创造活动的本性》，1947 年出版了《创造力与智慧增长》。在这两本书中，他把“触觉”看得比“视觉”还重要，“触觉”和“体觉”是一切审美活动的基础。他用“触觉装置”测验人体表面的感受器对形状的体验，试图证明：“艺术无论在任何时候任何地点都是从对体觉经验开始的”。当时维克多·洛温菲尔德曾被认为是一位“真正具有革命意义原则”的艺术教育家。

但是，同在 20 世纪美国的“完形心理学”派，他们对于审美中的“视知觉”进行了空前的深入研究。在这个学派中，有一位代表人物鲁道夫·阿恩海姆，他写的《视觉思维》、《艺术与视知觉》等著作在我国产生了广泛的影响。他看了维克多·洛温菲尔德关于“触觉是审美的基础”的理论时，一方面反驳指出：“触觉完全没有透视、投射、重叠这样一些视觉特征。”认为“艺术无论在任何时候任何地点都是从体觉经验反映开始的”结论过于绝对。他对于触觉与视觉在审美中的关系，给予了新的分析，说：“体觉（触觉）对于视觉意象特征的形成及其在艺术中的表现可以起重要的作用。接触经验有助于确认我们所看到的客观形状。”他在《艺术心理学新论》中指出：“重视视觉的人倾向于将动觉和触觉体验转化为视觉体验。”人们的审美体验是由于完成了“非视觉观察转化为视觉形象的重要任务。……因为触觉揭示了如其'实在'所是的事物形状，而视觉投射传递了更为主观的意象，从而需要更多阐释。"这就需要"移情"也就是"观察者将自己的动觉(触觉)体验投射到进行感知的对象之上。……移情投射就其依赖于自我资源而言是主观的。"(阿恩海姆：《艺术心理学新论》，商务印书馆 1994 年版，第 338 页)阿恩海姆明确指出：人的触觉所产生的美感，是人们在审美活动中，触觉转化为视觉后，人的主观"移情"所产生的愉悦。他的这个结论确实更让我们信服。

我记得，当我第一次读到桑塔耶那关于"材料美"的论述时，是有一种惊喜的感觉的。为什么？因为当时我正为缺乏理论支持而苦恼。当我后来又读了阿恩海姆对于"触觉转化为视觉参与审美"的阐释后，我就进一步明晰了"触觉与审美"的关系。理论的力量绝不可低估，一旦有了理论的精神支柱，我在书籍装帧艺术实践上对"材料美"追求、想法也越来越多了。

三、中国传统文化中的多元美感

了解了西方对于"触觉"在审美活动中的意义和认识之后，我就很想了解中国传统美学理论是怎样看待"触觉"在审美中的作用的。我想，在中华民族博大精深的文化中，一定有这方面的诸多精辟论述。

但是，促使我迫不及待查阅资料，思考研究在中国传统文化中，是否也有关于"触觉"与审美关系的论著，还是在 1991 年听了日本设计家杉浦康平的学术讲座之后。

日本装帧设计师杉浦康平与我国书籍装帧工作者学术交流时，反复强调书籍"五感"。什么是书籍的"五感"呢？他说：(一) 首先是书的重量感。西洋书犹如大理石一般结实，沉甸甸的。而中国线装古籍，轻如羽绒，有一种飘逸感。书的轻重反映出东西文化差异。(二) 手触摸的感觉。书的纸张硬挺或细腻，都会唤起读者一种触觉的新鲜感。(三) 打开书，随着书的翻动，油墨和纸张的气味不断刺激读者的嗅觉。(四) 书页翻动，纸张会发出声音。翻阅厚厚的辞典，会发出啪嗒啪嗒的响声；中国的线装古籍，翻阅时发出轻柔的沙沙声。书的翻阅声如美妙的音乐，这是书的听觉功能。(五) 读者阅读书籍，视觉最直接，并在阅读的过程中通过品尝书的五味，分泌唾液，从而触发味觉。杉浦康平认为，书册在手，手翻心读，“五感”随之而来。杉浦康平的书籍“五感”论，突破了书籍装帧审美仅仅来自视觉的局限，开阔了书籍装帧的设计思维。当时，在中国的书籍装帧工作者中产生了很大的影响。

中国的《说文解字》在解释“美”字时，说：“美，甘也，从羊从大。羊在六蓄主给膳也。”即，羊大则味甘，故羊大为美。从原始社会到周代，我们的祖先已经不把饮食仅仅当做口腹之事，而是在口腹之乐中包含了精神享受，甚至包含了更深的文化意义。“味”对于中国人，早已不是单纯的饮食享受，而充满了文化的、哲学的普遍意义。魏晋以后，山水画家兼理论家宗炳在《画山水序》中，用“澄怀味象”来表达画家的审美体验；中国历史上的第一篇诗学论著《诗品》，作者钟嵘用“滋味”来表述审美感受的内心潜在之味；从此体味、寻味、吟味、品味、意味、玩味等，陆续成为表达审美体验的常用词语。因此，学者们都说，中国美感的形成，强调的是人的耳、眼、鼻、舌、手、身体各个感官整体的内心感受。

我国美学家李泽厚先生指出：中国的审美“更重视整体性的模糊的直观把握、领悟和体验，而不重分析型的知识逻辑的清晰。”因此，“美”在中国传统文化中，并不是像西方那样，注重从科学角度明晰地分析，美感到底是来自眼睛，还是手足？是来自耳朵，还是来自鼻子的嗅觉？中国的学者普遍认为：“美”在中国人的审美活动中，常常是各个感官整体整合后的一种模糊的把握，一种直觉的领悟，一种语言无法表达的内心体验。

另外，中国的“重视整体性的模糊的直观把握、领悟和体验”的审美方式，与西方也大相径庭。中国传统文化中“审美”不大注重视觉的生理感官刺激，而更注重超越形与色的内心体验。

另外，许多学者还指出：中国人对于审美对象的“整体功能”的把握，好特别注重各个感官的综合快感，并把这种快感，概括为“乐感文化”四个字。中国人对于艺术品的把玩，就典型地体现了这种“乐感文化”把握方式的心理感受。一尊木雕，一件玉器，一幅字画，中国人把对它们的审美转换成了另外两个字——把玩。所谓“把玩”正对中国人审美活动“乐感文化”把握方式的最妙的、最贴切的表达词汇。这种“把玩”式的审美，与西方早期的只注重视觉、听觉的审美方式不同。我们中国人的审美方式，是在对审美客体“整体宏观”把握的前提之下的，强调审美主体——人的审美的内心体验。另外，还要指出的是：中国人“把玩”式的“整体”审美，不仅仅感受的是各个感官“整体”的愉悦。更强调的是“把玩”时对精神情操的陶冶与人格修养的提升。

我们中国人看书时，手感的愉快确实也是一种审美。特种纸封面各种不同的纸张肌理，表现出丰富多样的心理感受，在享受着读书之乐，也是对手中书籍的“把玩”。

四、材料策划考验编辑的装帧观

在初步了解了东西方的美学之后，我们就会得出这样一个结论：书籍装帧美感的构成，是以视觉为主要审美官能的多元的审美系统。材料之美，是审美主体对于书籍装帧材料中所表现出的有意味形式的情感显现。因此，书籍装帧设计是一个包括材料设计、印刷装订工艺设计的全面的整体工程。

这样，在我们面前出现了两种装帧观：

一种是单一的、片面的、形而上学的设计观。认为装帧的美感仅仅来自画面的图像，而装帧的美感与装帧材料、印制工艺无关。持这种观点的人，只管画面，不管材料；只管发稿，不管监印。这是一种片面、狭隘、封闭、禁锢的装帧设计观。

一种是综合诸因素的全面的设计观。承认装帧的美感是多元的、由多因素构成的书籍装帧的审美判断，是以视觉为主，与触觉等其他感觉官能联系在一起的综合判断。书籍装帧艺术是以满足视觉为主、并满足与之相联系的其他感官快感要求的系统工程。这是一种开放的、全面的、融会贯通的、得到了升华的书籍装帧设计观。

书籍装帧观不同，设计意识也就不同。

当编辑树立了整体的、多因素的、全方位的设计观之后，我们在策划书籍的装帧时就会自觉地将视觉、触觉等人类诸感觉官能有机地联系在一起，综合纳入自已的设计思考之中。如：

（一）将视觉图像与装帧材料的美感联系在一起

一般装帧设计时先设计书籍装帧的视觉图像，然后根据所追求的效果来选择装帧材料，达到书籍装帧的视觉图像与装帧材料之间的和谐统一。但也可以先选择感兴趣的装帧材料，然后根据材料的质地、肌理的形式意味，来考虑书籍装帧的视觉图像，充分发挥和调动装帧材料的魅力，让材料的美感成为设计的亮点。有才华的设计师，一定是有意识地把视觉图像设计之美，与装帧材料之美巧妙地融合在一起。

有了对书籍装帧的美感的全面理解，在设计时一定会重视运用不同纸张的不同手感效果和不同的印刷效果，为书籍装帧增添更多的魅力。编辑会根据不同的书籍内容，或选择光滑的纸张，表达书籍的亮丽富贵；或选择柔软的纸张，在含蓄内在的性格中，营造宁静的阅读空间。不同纸张的手感，确实可产生不同的心理效应。各种纸张所显现的不同肌理，或光滑、或粗糙，或柔软、或坚挺，或轻飘、或沉重，都会通过手的触摸直接刺激人的感官，并与视觉感官融合在一起，赋予不同的艺术精神内容。

在策划时，选择纸张一定要考虑它的特性是轻飘，还是沉重。如，64 开的小说或我们常说的“口袋书”，所用纸张应该越轻越好。而一些经典著作的纸张，一般要厚重一些。书籍纸张的手感、薄厚、轻重，首先是书籍装帧功能性的要求，同时也是书籍装帧的艺术性的要求，因为材料的质感也可以传递情感，会给读者带来不同的心理感受，也是装帧美的一个重要因素。

(二)材料设计体现书籍装帧的文化底蕴

我在选择内文纸张或封面材料时，除了颜色、厚度、质地之外，考虑最多的恐怕就是材料是否能够符合表达“文化意蕴”的要求。

如，我在设计《风格词丛书》时，有意识地避开有光泽的铜版纸，而选择有纹理的“皮纹纸”，在设计《王羲之书法字典》、《王铎书法字典》、《宋四家书法字典》时，我选择了一种“手揉纸”，目的就是为了利用纸张含蓄而柔美的特质，在纸张的机理上表达中国传统文化的意味。西方人强调“体觉经验反映”转化为视觉才能转化为审美，我觉得在中国书籍装帧的审美活动中，手的“触觉”的感受，可以通过心灵转化为“把玩”的美感之乐。

书籍正文纸张的选择，也可以根据纸张的质感不同，表达各异的文化内涵。比如：印正文的铜版纸与胶版纸的质感不同，胶版纸与轻型纸

(所谓“轻胶”)的质地也有很大差异。因此，我们在出版传统文化的书籍时，常常选择“轻胶”，它含蓄的性格可以使整个书籍都显得温文尔雅；一般科学技术内容的书籍，内文的纸张常常选择胶版纸，因为它显得比较具有现代感。

(三)把材料美转化为意蕴美

乔治·桑塔耶那是一位美国现代哲学家和美学家，认为在我们的意识中的许多因素都可以对美感有所贡献。在他所著的《美的感觉》中，把美分为材料美、形式美和表现美三种，认为初级的审美快感往往只注重材料的贵重，而对形式美的鉴赏则需要训练。他说：“如果人因为玻璃珠光洁美丽而喜爱它，尽管幼稚但不庸俗，而仅仅因为宝石贵而去喜爱它，这就庸俗了。”归纳一下他的观点：1. 材料美是审美的初级快感；2. 形式美和表现美才是审美的高层次；3. 形式美和表现美的鉴赏，只有具有审美修养的人才能达到这个高级的层次，形式美和表现美是具有高修养的艺术家与具有高修养的鉴赏者的心灵沟通。

如果依照乔治·桑塔耶那所说，材料美只是审美的初级快感，那么是不是就贬低了材料美感的意义了呢？是不是否定了材料设计的重要性呢？我们认为不是。因为材料与形式美虽然不同，但是材料美与形式美的关系是密切联系在一起的；材料美虽然不同于表现美，但是设计者可以通过材料的美来表现自己的艺术情感。因此，我们不但不应该贬低材料美感的意义，更不能否定材料美感在书籍装帧中的审美价值，相反，我们更应该关注材料美在书籍装帧美感中的作用。我们的责任是，把“初级的”材料美感，通过设计将它转化为“高级的”形式美和表现美，转化为“高级的”文化意蕴和艺术感染力。

正如美学家乔治·桑塔耶那指出的：“许多因素都可以对美感有所贡献。”因此，材料美与形式美、表现美同样重要，在书籍装帧的美感中缺一不可，它们虽不相同，但又相互依存紧密地联系在一起。

总之，如果一个编辑树立了“多元美感”的装帧观念，在设计时一定还会考虑不同纸张在书中各异的审美感受，根据不同的选题内容选择不同的装帧材料；如果一个编辑了解了纸张也具有个性，也可以用来表达深邃的文化内涵，一定会把自己担当责任编辑的图书，做得韵味无穷。

如今，由于许多编辑都认识到了触觉在书籍装帧艺术中具有特殊的意义，所以书籍装帧艺术也把材料设计看成了装帧美感的重要内容。

近年来，书籍封面采用各种“特种纸”表达书籍的个性，已经非常普遍；内文纸张可供选择的品种，也越来越丰富。读者在读书活动中，享受封面材料触摸时产生的快感，为阅读增添了无穷的乐趣。

阅读之乐，不仅仅是视觉的，而且也产生在手对书籍的触摸与翻阅中。

书卷之气

——中国书籍装帧独特的审美趣味

在20世纪80年代初，随着国门的打开，发达国家精美的书籍装帧突然出现在国人面前，在我国的装帧工作者中引起很大的震动。国外书籍装帧中的浓烈色彩、充满激情的设计形式，使我国的装帧家尤其是青年装帧工作者羡慕不已。他们在如饥似渴地学习国外装帧艺术的同时，对中国传统装帧进行了反思，其中一个重要方面就是“书卷气”问题。许多青年装帧工作者提出，过去中国的书籍装帧就是因为太强调“书卷气”，所以“灰灰的没有生气”，甚至提出，中国书籍装帧艺术要发展，就要反对“书卷气”。当时，也有不少装帧家提出不同意见，认为“装帧就要有‘书卷气’，书籍装帧不是单纯的广告”。当时，两种意见争论得相当激烈。

近年来，装帧界似乎不大争论“书卷气”的问题了，似乎对“书卷气”的认识趋于一致。但是，我们从当今各种风格的装帧作品中，依然可以看出设计者对“书卷气”的不同理解。

“书卷气”是中国书籍装帧艺术理论中的一个重要概念。

何为“书卷气”？一两句话很难准确地界定。像中国绘画理论中的“气韵”、“韵味”、“传神”等许多概念一样，书籍装帧艺术中的“书卷气”也具有很大的模糊性、多义性和不确定性。对它的理解似乎只能靠感悟意会，而难以用简短精确的语言表达。同时，“书卷气”这个概念，由于场合不同、参照的概念不同、分析的角度不同，人们对它的理解往往也会有差异。另外，“书卷气”的内涵并不是僵死不变的，它的内涵会随着时代的发展而发生微妙的变化。

一、“书卷气”——值得深入探讨的概念

“书卷气”问题曾在装帧界引起过激烈的争论。

今天，我再次提出“书卷气”问题，不是因为“书卷气”争论似乎已经被人们遗忘，而是因为“书卷气”这一概念，在中国的书籍装帧理论中依然占据十分重要的位置。“书卷气”争论的表面淡化，并不意味着装帧界对“书卷气”已经有了一个统一、深刻、明确的认识，更不意味着对“书卷气”问题的研究没有意义。“书卷气”作为中国书籍装帧理论中的一个重要概念，任何时候都是绝对不能回避的。“书卷气”作为中国书籍装帧理论的重要概念，对中国书籍装帧艺术曾经产生过深刻的影响，今后依然会影响着中国装帧艺术的未来。因此，对它进行深入的探讨是很有必要的。

二、“书卷气”与中国文化的“气”

对书籍装帧理论里的“书卷气”这个概念进行探讨，是一个极有意义的课题。如果我们想把问题探讨得深入一些，就要溯源求本，从中国文化中的“气”的概念谈起。

“气”是中国文化中的一个重要概念，在先秦诸子的哲学思想中就是一个本体范畴。到了魏晋时期，曹丕在《典论·论文》中提出“文以气为主”，艺术作品显示人的才气、个性和血气，强调“气”在艺术创作中的核心地位。南朝的谢赫在《古画品录》中提出的“绘画六法”，以“气韵生动”为第一法，从此“气韵”成为品评中国绘画的一个重要标准。宋代郭若虚讲：“凡画，气韵本乎游心。”苏轼讲：“文者，气之所形”，“气可以养而致。”元代画家钱选论画讲“士气”，倪瓒论画讲“逸气”。明、清的文人、画家谈“气”的就更多了，诗文讲“生气”、“一气流贯”，绘画讲“气韵”、“神气”、“士气”、“逸气”……“气”的概念在明、清的文论和画论中到处皆是。

“气”作为中国文化的一个极为重要的概念，与“神”、“韵”、“味”、“理”、“骨”、“道”、“无”等一系列的概念一起，构成了中国文化独特的理论系统，表达着中国文化独特的思维特质。中国文化的这些概念与西

方文化的 Being(有、存在)、idea(理念)、matter(物质)、substance(实体)、logos(逻格斯) 等一系列概念有明显的不同。西方文化的宇宙模式是一个实体的世界，而中国文化的宇宙模式则是一个“气”的世界。在中国文化中，天上地下，悠悠万物，皆由气生。在中国文化“气”的世界里，实体与虚空是不可分的，物与“气”是连在一起的。“气”又是难言的，不是靠实验而是靠感悟的。中国文化中的“气”充斥在虚空之中，循环在自然之内，也显现在文艺作品的形神之间。

我国的许多学者，把中国文化中“气”的概念溯源到中国原始农业文明的生活方式。黄河与长江流域的北温带气候，使中华民族不像狩猎民族那样，要通过与动物激烈搏斗来获取食物，不会时常面临突然的机遇或突然的死亡，也没有冒险的迁徙和意外的惊喜。定居的农业社会的中华民族，必须以平和的心境来等待植物漫长的生长周期，因此，他们形成了宽容的性格及平和的心理状态。他们相对更偏重于崇拜自然、崇拜气象、崇拜环境，更易于崇拜自然变化的规律，崇拜惟恍惟惚的“道”。他们的农业生产方式必须注意节气、时令、气候、天象的变化，他们从中感悟到了这宇宙中运动不息的“气”，并体悟到只有在“静观”中才更能感悟“气”的运动。因此他们得出这样的结论：“太虚无形，气之本体，其聚其散，变化其客形尔。”(张载：《正蒙·太和》) 也就是在此基础上确立了中国文化“以气为本”的思维模式，决定了中华民族的艺术注重“气韵”的审美方式。

“书卷气”正是中国文化“以气为本”的艺术理论发展过程中，由“气”、“气韵”演化出的一个生动形象的概念。据考证，“书卷气”一词的出现，最早可追溯到元代画家钱选说的“士气”。“士气”所指的士大夫气，就是要求绘画要有文人气，而清代张庚说的“士气”就是“卷轴气”，要求绘画要有卷轴装书籍的文化气质。清代的笪重光在《画筌》中也要求绘画“抒高隐之幽情，发书卷之雅韵”。从以上文献中我们可以看到，“书卷气”的概念虽产生于书籍本身，但它的应用似乎并不是用来品评书籍的装帧，而是以一种类似比喻感受的方式，要求其他事物具有像“书卷”一样的文化品位，用“书卷气”这样一个精练的词汇，表达其他艺术作品应具有像书卷一样的风韵和神采。

明、清绘画理论中的“书卷气”概念，是与当时绘画中存在的“工匠气”、“世俗气”相对应而存在的，对书籍装帧本身似乎并没有更多的针对性。如今，“书卷气”概念在书籍装帧理论中如此突出地被关注，不能不说是现代商业社会强化了书籍的商品属性的结果。今天书籍的商品特性，与过去中国封闭的封建社会中的书籍特性形成了明显的差异。现代社会已经使中国的书籍前所未有地商品化了，于是“书卷气”与突然到来的“商品性”产生了痛苦的冲突，也开始了艰难的磨合过程。另外，外来文化冲击也对中国装帧艺术中的传统审美观念形成挑战，迫使人们不得不对装帧的“书卷气”进行反思。因此，近些年来，“书卷气”就被作为与“商业气”和“广告气”对立的概念突现了出来。“书卷气”作为一个理论概念在装帧评论文章中或学术研讨中频频地被使用，这时“书卷气”的概念似乎才更加针对书籍装帧艺术本身了。

三、“书卷气”模糊、多义的内涵

在装帧艺术中，“书卷气”这个概念的能指与所指，确实具有明显的模糊性、多义性和不确定性的特征。所以我们有必要多层次、多角度地阐释“书卷气”的内涵。

其一，“书卷气”首先是指装帧设计的文化性。人们把京剧艺术家俞振飞创立的俞派表演艺术的最大特色归结为“书卷气”。他在表演中那充满“书卷气”的高雅格调，来自他知书、明诗、识音、善画、工字所积累的修养。戏剧表演中的“书卷气”是如此，那么，在书籍装帧艺术中，对“书卷气”的把握就更是如此了。从根本上讲，“书卷气”是装帧设计中显现出的深邃的文化精神。

其二，“书卷气”是书籍装帧的气韵之美。与西方设计艺术追求外在的视觉冲击力不同，“书卷气”是在可感的形质中追寻心灵内在的气韵。由于对气韵的把握是重内在、重虚空的，所以书卷之气也只能靠体悟，而装帧的书卷气韵的形成则完全是要靠“以一管之笔，拟太虚之体”(王微:《叙画》)，用设计的悟性将气注入书籍的整体形态之内。因此，“书卷气”具有很大的非实体的超越性，并以此构成了中国书籍装帧艺术特有的审美趣味。

其三，“书卷气”在很大程度上表现为装帧的品位、格调。宋代画史论家刘道醇、黄休复把画分为“神、妙、能”三品或“逸、神、妙、能”四格，说明中国人欣赏艺术多么注重品位、格调。清代画家恽南田说“人品不高，用笔无法”，则进一步阐明了画品与人品的关系。这种审美方式深深积淀在中华民族的心灵深处，也深深影响着中国人对书籍装帧“书卷气”的理解。

其四，“书卷气”倾向于静美。中国人对“气”的感悟是以“虚静”为前提的。老子的“致虚极，守静笃”，荀子的“虚一而静”，都是强调虚静是心灵内游的心理条件，也由此奠定了中国人对艺术的审美态度。因此，中国装帧的“书卷气”往往以一种超脱的静美显现在书籍这种特定的媒质之中。

其五，“书卷气”的内涵中包含着儒、释、道的文化精神。儒家推崇雄浑、典雅、和谐的中和之美，老庄倡导冲淡、飘逸、自然的萧散之美，佛学追寻空灵的禅意之美，都是构成中国书籍装帧“书卷气”的重要的精神内涵。

其六，中国装帧的“书卷气”是用中国式设计思维调动读者“静观目游”的结果，一本书籍“书卷气”的构成应具备中国思维特质构成的形式特征。“书卷气”要靠设计家在装帧中通过诸要素调动读者视线的流动，让人们精神专注，在静观内守的“目游”中，达到“无听之以耳而听之以心，无听之以心而听之以气”(《庄子·人间世》)的境界。西方的焦点透视总是找一个最佳的固定视点来审美，他们是在取景框中欣赏外界的形体，而中国艺术的审美总是在无固定视点的、流动的“目游”中去感受神秘的气韵，气韵不但存在于实，更存在于虚空之中。

其七，“书卷气”荡漾着中国“乐感文化”的精神内涵，与西方“罪感文化”的艺术精神大相径庭。西方的“罪感文化”源于希伯来文化中的“原罪”的思想，核心是为了赎罪而自愿受苦的意识。而中国的“乐感文化”讲的“天乐”，包含着的是庄子提倡的“逍遥”状态。“书卷气”追求的正是一种超脱人世一切内在外在的欲望、利害、思虑，不受任何内在外在的美丑、形体、声色束缚的审美态度，在“逍遥”的状态中享受心灵自由的无限快乐。“书卷气”所酿造的这种“天乐”几乎排斥任何的“物欲”，即这种“书卷气”的“天乐”是以排除所有耳目心意的感受为前提，既是一种审美态度，也是一种对待人生的态度。

其八，“书卷气”的内涵随着时代的发展而发展。现代语言学告诉我们，任何一个语言符号所表示的概念，其能指与所指都不是固定的、僵死不变的，人类语言中的任何概念都是随着事物的发展而其内涵也在不断变化的。“书卷气”这样一个学术概念同样随着时代的发展而发生微妙的变化。随着社会的进步和经济的发展以及对优秀外来文化的吸收，“书卷气”的内涵也会在时代的大潮中不断地扬弃和移动，抛弃一些过时的东西，同时增添更加丰富的内容。

如果非要概括的话，可以这样说：“书卷气”是中国书籍装帧艺术理论中的一个内涵相当宽泛的概念，它既强调装帧的文化性，要求装帧显现深邃的文化底蕴，同时反映着一种中国特有的对装帧的审美方式，是一个具有鲜明中国文化精神的概念。

四、局限与禁锢的延续与突破

“书卷气”概念的文化内涵，反映着中华民族历史的文化积淀，同时也必然受到历史条件的局限与制约。目前，在我们通常所理解的“书卷气”的内涵中，既包含了中华民族优秀的传统文化精神，也夹带着传统文化中的一些封闭、保守、停滞和消极的文化观念，使“书卷气”给中国装帧艺术带来了一些消极影响。

我认为这种消极影响主要表现在以下方面：

从文化精神上看，自唐朝“安史之乱”始，中国封建社会从鼎盛开始走向衰弱，反映在审美观念上，也从欣赏气势雄浑的阳刚美、富丽堂皇的绚烂美，而转向欣赏阴柔纤弱的艺术美。宋代绘画力主“萧条淡泊”，认为绘画有“英气”不好，是“甚害事”。他们以“轻墨淡然”的笔墨追求“萧散简远”和“平淡天真”的意境，甚至认为雄健的画风是“工匠气”。元、明、清的文人画家提倡的“逸气”，更是反映了封建知识分子消极遁世的文人心态。这种阴柔纤弱的审美心态也渗透在中国的书籍装帧中，尤其是明、清以降的线装书籍的形态之中，以至于对近现代的中国书籍装帧也产生了不良影响，似乎只有柔弱淡雅才算有“书卷气”。这种阴柔消极的审美心态，潜移默化地渗透在装帧“书卷气”概念的内涵之中。

于是，在一些人的心中，装帧中的“书卷气”表现为一味地求“静”。

这种“静”已丧失了老庄哲学中由静至动、变幻莫测的积极精神，丢弃了中国古代艺术的炽热、狂放、磅礴与飞扬，没有了秦代艺术的力健精神和汉代艺术的雄大气势，不见了唐代艺术的富丽辉煌。消极避世的心态使他们的心灵封闭在一个狭小、沉寂的世界里，他们的“书卷气”之静已不是充满生机的静美，而是毫无生命力的静死。明、清线装书籍的蓝色封皮虽然雅静，黄色的封面虽然温和，但是居然延续几百年不变。如果说，明、清线装书的装帧诞生之初显现出的是简约、飘逸的文化内涵以及儒雅、敦厚的文化精神的话，那么百年不变的无休止的“静”只能让人感到窒息，这难道不是艺术生命力的萎缩吗？

与此同时，一味求淡似乎也成了“书卷气”唯一的形式内容，淡雅柔静似乎成了“书卷气”的同义词。文人的消极心态要求人们在审美时远离现实社会，过分地观照自己的内心，直接导致了创作思维的内敛与封闭。非极端的灰色调似乎代表了儒家主张的和谐与秩序的中庸精神，体现了儒家美学思想的“正统感”，那么“灰”也就似乎成了“书卷气”的范型。于是任何反和谐的激烈色彩、有冲击力的构成都被视为对“书卷气”的破坏，都被“书卷气”所不容，任何艺术家设计个性的展开都被视为对“书卷气”传统秩序的冒犯。这种封闭的思维方式使“书卷气”的内涵画地为牢，使本来十分宽泛的“书卷气”内涵被窒息在一个狭窄的空间之内。

在五四运动中，中国觉醒的知识分子就曾尖锐地批判这种“软弱柔淡”的文化精神，说“以闲逸恬淡为美风”反映了东方民族“退葸苟安诡易圆滑之国民性”(陈独秀：《抵抗力》)。李大钊也指出：“东人求凉哲学，求凉必主静，”反映了“东方人是从现实生活中逃出”，“清静寂灭为人生之究竟”(李大钊：《东西文明根本之异点》)的心态。我国著名美学家宗白华先生也曾针对表现“残山剩水、孤花片叶”的明清绘画说：“虽有清超之美，而乏磅礴的雄图。”与此相对照，宗白华盛赞我国古代的敦煌艺术是“灿烂遗影”并痛心地感叹：在明清的绘画中“富丽的壁画及其崇高的境界真是‘如幻梦如泡影’，从衰退萎弱的民族心灵里消失了。”(宗白华：《略谈敦煌艺术的意义与价值》)上面几段话，足以启示我们对装帧“书卷气”概念的内涵进行一次认真的再思考。

“书卷气”概念内涵中注重气韵、品位的审美方式，是“书卷气”内涵的精华。中华民族的审美从气韵出发，在静观中凝神把握浑茫的宇宙之节奏，与西方的重实体、重分析、重外在的审美方式大异其趣。我们民族的这种艺术掌握方式，是我们在当今的装帧艺术中应该弘扬的。

但是，也应清醒地认识到，“书卷气”的内涵在历史演化的过程中，也受到许多局限，形成不少误区。这些局限与误区确实对中国装帧的发展造成了无形的“精神障碍”。灰淡柔弱的固定模式和反对个性的中庸的思维定势，阻碍着装帧创作的发展。

齐白石画的蜻蜓、螳螂、蟋蟀、螃蟹之所以深受人们喜爱，就是摆脱了传统文人画中柔弱消极的“书卷气”，将平民的审美情趣渗入到中国画中。齐白石说自己的画是“凡格”，这正是对传统文人画中萎靡静死的“书卷气”的背叛。今天，重温齐白石的“凡格论”，对当代中国装帧艺术的发展是一个很好的启示。既然中国画的发展需要“凡格”的突破，那么，中国现代书籍装帧艺术同样也需要“凡格”的参与。

因此，我们对“书卷气”要全面地历史地分析，才能冲破它的消极影响，打破思想禁锢，为中国装帧艺术注入新血液；只有全面地历史地理解“书卷气”，才能更好地弘扬民族文化的精华，为“书卷气”的精神内涵增加新的活力；只有全面地历史地分析“书卷气”概念，才能让“书卷气”的文化精神在当代中国装帧艺术的发展中显示出勃勃的生命力。

五、装帧的“书卷气”与装帧的“大众化”

当今中国在走向现代化的进程中，社会生活方式和生活情趣日益多样化。外来文化与中国传统文化的冲撞与融合，改变着中国人传统的单一的审美趣味。商业大潮也在冲击着人们固有的审美观念，现在的人们既听古老的京剧也听有着强烈节奏的迪斯科，既包饺子也吃麦当劳，中国旗袍与巴黎时装共展风姿，电视中传统相声与商业广告交替出现。时代的发展必然带来当代中国人审美趣味的多样性和审美要求的多元化，人们对书籍装帧也必然呈现审美趣味多元化的趋势。另外，当代社会丰富多彩的书籍选题，也要求书籍装帧审美趣味多元化。

在现代书籍装帧多元化的艺术风格中，“书卷气”的美已不是展示书籍装帧美的唯一形式。现在许多书籍装帧，借鉴了西方艺术中的炽热浓烈的狂放形式，在形与色中渗透着商业目的，显现出强烈的广告效果，这些装帧设计都很美。尽管如此，今天中国大多数的装帧家，依然把“书卷气”作为装帧中的一种不可缺少的精神内涵，“书卷气”依然是大多数各种不同风格的装帧共有的“形而上”的“道”，他们将“书卷气”注入书籍的形神之内，灌注在装帧整体之中。

另外，社会审美情趣的多元化，也决定了装帧“书卷气”的风格多样性。当代社会既需要充满向上精神的炽热的“书卷气”，也需要飘逸清淡充满静美的“书卷气”；读者需要在静美的“书卷气”中享受大潮般的逍遥，也需要在热烈辉煌的“书卷气”中得到精神鼓舞；既需要传统美的“书卷气”，也需要与外来文化融合在一起的、带“洋”味的“书卷气”；既需要具有文化底蕴的“书卷气”，也需要带有商业味的“书卷气”。当代的社会审美心理的多元化，决定了当代装帧“书卷气”表现形态的多元化。

随着出版事业的发展，书籍的形式与内容也在悄悄地发生变化。在许多出版物中，书籍与杂志的界限正在消失，读者对象不再局限于少数文人，而越来越“大众化”了，因此，装帧艺术的“大众化”也是不可避免的了。书籍“大众化”的热潮，有力地推动着书籍装帧艺术从追逐“书卷气”向“大众化”审美趣味的转变，装帧艺术“逸格”向“凡格”的转变。读者对象的无限扩大与“书”的概念的扩延，一方面，使中国装帧艺术“书卷气”本身的审美情趣发生明显的变化；一方面，书籍的“大众化”使“书卷气”不再是中国书籍装帧艺术审美的唯一标准，“大众化”的审美趣味一跃成为时下书籍装帧设计家心中追逐的目标。

现代社会虽然强化了书籍的商业特征，但书籍终归是一种文化，装帧的“书卷气”依然能显现书籍美的文化本质精神。尽管装帧风格各异，趣味不同，但大多数书籍的装帧终归要把“书卷气”的美感融合在自己的风格之中。“书卷气”的美与书籍的商品属性是对立统一的关系，在许多现代书籍装帧设计中，“书卷气”不但没有降低书籍的商品价值，而且成为书籍这种文化商品不可缺少的附加值。

中华民族重气韵、重品位的审美方式是在千百年的历史长河中积淀形成的，深深扎根在中华民族的心灵深处，具有巨大的延续性。今后中国的书籍装帧艺术无论多么现代化，无论怎样吸收外来文化，无论各种风格流派如何发展演变，“书卷气”作为中国书籍装帧的一种文化精神，必然在中国未来的书籍装帧艺术中继续表现出顽强的生命力。

虚实繁简

——封面的“虚灵与实在”和“繁复与简约”

虚与实，简与繁，是指装帧创意或“虚灵”或“实在”，或“繁复”或“简约”，是指装帧设计呈现的风格，或者指设计创意思维方式。

一、虚比实往往更具想象空间

近些年，中国人民大学艺术学院、中央美术学院的城市设计学院分别聘我做兼职教授。在教学中，常常发现一些学生书籍封面作业设计得“太实了”。所谓“太实了”是指什么呢？比如，散文集《一滴有自己声音的水》一本汇集冰心、朱光潜等一批老作家的散文集。一个学生把一张水的照片放在封面上，并如实放大了一个水滴，水滴上方是书名字。我对学生说：“你设计的封面的感觉不对！不像散文的封面，倒像是一本《水的分子结构》的书，而且出版社也不会说好。”同学们听后，都笑了。我告诉学生：“封面创意，不能这样太实！甚至宁虚勿实，往往会成功。”

还有一个例子：一次课堂上，让学生为文学作品《烟醉》设计封面，有几个同学作业，直接把拍照的几盒香烟放在封面上，我说：“请同学们看看，像什么？这不是书的封面，而是推销香烟的广告册。”怎么能把充满文化气息的文学作品的封面，搞得像卖香烟的广告册呢，毛病出在，学生把封面设计得“太实了”，当然，除了“太实”之外，主要缺乏文化内涵。

前年，请人为《名家鉴画探要》设计封面，设计师交出的第一个方案，是在封面中央放了一个放大镜。诚然，在书画鉴定中经常使用放大镜，但是许多书画鉴定家并不一定用它，主要凭借学识和经验。因此，我说："'太实了'，也太局限了，《名家鉴画探要》的封面应该再'虚'一些，甚至什么也不放，只有书名字就可以。"我觉得"虚"一些可能让封面显得更大气。

因此，我常常讲：封面创意需要诗歌一样的浪漫的，封面既然浪漫就不能"太实"，必须给读者留有想象的空间。

(一)朦胧与距离造就了美

美感往往产生于空灵的幻境，产生于人与物象之间的距离。云雾中隐约的山水、风雨中迷离的大地、落日后的万家灯火、月光下的幽静村庄，都给人以无限遐想的空间。人们从这迷蒙的景色中认定，是人与物的距离化、间隔化酿造的朦胧，创造了美的境界。艺术家似乎从这迷蒙的美景中领略到了什么，认定朦胧对美有特殊的意义。于是，几乎所有的艺术门类都对营造朦胧的"虚境"情有独钟。

英国美学家爱德华·布洛 1907 年在他的著作《现代美学观念》一书中提出了著名的"心理距离说"，至今一些美学家仍然运用布洛的距离说来解释审美经验特征。布洛认为：视觉艺术与听觉艺术之所以能成为艺术，而"烹调艺术"之所以不能成为艺术，其真正原因在于味觉缺乏实际的空间距离感。可以看出布洛的"距离"也并不仅是空间距离，而包含了"无利害关系"的"心理距离"的意义。因此《烟醉》的封面把香烟和真实的烟卷都放在上面，让人闻到了香烟的味道，没有了"心理距离"也就丧失了想象空间产生的美。当然，所谓"虚化"不仅仅是"朦胧"，也不是说"越虚空越好"，比如运用"比喻"或"象征"的手法，唤起"联想"，也是产生"心理距离"的一种比较好的途径。

布洛的"审美心理距离说"曾经以海上遇雾的航船为例，阐释人们在雾为航海带来的潜在危险的恐惧中，欣赏一层半透明的雾的审美经验。原来清晰的事物轮廓变成了朦胧的奇怪形象，人们便可以在与世隔绝的新景象中体验一种新奇。因此，审美"距离说"的追随者经过实验，把布洛"心理距离"分为了四种类型：1."客观"类型，排除利害关系的审美判断，如，苹果好看，是因为色与形而与口感无关，空间距离产生的朦胧也属于客观的"距离"；2."生理的"或"内在主观的"类型，以内在情感变化产生"心理距离"的美感；3."联想的"类型，是由于具有想象空间而产生的美感；4.“性格化”类型，“心理距离”产生的完全的审美。后来的许多学者都认为，布洛的“审美心理距离说”存在一些自相矛盾之处，但是，“距离说”作为一种美学理论，对于人们的艺术实践依然具有启迪作用。

中国古典园林的美感，往往总是以“借景、分景、隔景”的方法制造空间，我们在颐和园长廊中散步，从透过长廊的一根根绿色柱子，看望湖面的景色，似乎比在湖边直接瞭望，更觉得昆明湖美；人们走过玉澜堂外的小路时，外墙上扇形花窗中显现的景色，似乎才更加秀丽宜人。这是“隔景”的作用，是中国古典园林“距离产生美感”的一种绝妙的形式。

我国著名美学家宗白华说：“美感的养成在于能空，对物象造成距离，使自己不沾不滞，物象得以孤立绝缘，自成境界；舞台的帘幕，图画的框廓，雕塑的石座，建筑的台阶、栏杆，诗的节奏、韵脚，从窗户看山水、黑夜笼罩下的灯火街市、明月下的幽淡小景，都是在距离化、间隔化条件下诞生的美景。”(宗白华著《美学散步》上海人民出版社，1981年版，21页)他举例说：李方同词《虞美人》过拍云“好风如扇雨如帘，时见岸花汀草涨痕添”、李商隐词“画簪柳碧如城，一帘风雨里，过清明”词的“风风雨雨”也是造成“间隔化”的好条件。

我国明代画家董其昌《画禅室论画》中说：“摊烛作画，正如隔帘看月，隔水看花，意在远近之间，亦文章法也。”(俞剑华编著《中国古代画论类编》人民美术出版社，1957年版，725页)看来也非常懂得“隔”在美感中所起的作用。很多画家都明白“间隔”与“距离”是保持空明心灵，凝神观照、捕捉美感的前提。

近代学者王国维在著名的《人间词话》中将“美的境界”比喻为“如空中之音、相中之色、水中之影、镜中之象”，说明“美”产生于“羚羊挂角，无迹可寻”的空灵之中。

可见，无论西方的美学家，还是中国古代的诗人和画家，都深晓“虚化”与“淡化”的艺术之道，视之为一切艺术的灵魂。

(二)装帧与虚淡的美感

一切艺术都是相通的。书籍装帧艺术的魅力，同样也要借助于朦胧，借助于虚幻，借助于设计者酿造的迷离幻境。

如果，你觉得一本书的装帧美不可言，那么，其魅力一定同样是来自不可言传的某种虚幻。设计者往往是通过视觉要素的组合而产生的距离化、间隔化效果，营造了虚淡迷离的氛围，从而征服欣赏者的心灵。以虚带实，以无纳有，以意驭物是众多设计者惯用的手法。在他们设计的封面上，视觉中的图案、照片等一切具象的要素，经过精心的艺术处理，都尽量转化成超越现实的形象。他们以艺术上的含蓄与朦胧点化人们心中的神意之“虚”。也正是这神意之“虚”让人感悟到超乎“形而下”的神韵，于是会情不自禁地抚摩着书赞叹：啊，太美了！

装帧设计中虚化的手法很多。把景色、花草图案化，使景与物超越现实，以陌生而生动的新意显现在封面上，可以说是一种虚化的手法。有人喜欢使用朦胧的图案，营造一种神秘的氛围和意境。有人在封面上使用各色各样的底纹，给人以无限遐想的空间，有“大音希声”、情境空灵的感觉。有人用很“实”的人物照片做封面，但背景一般都很朦胧，因为他们都知道虚化在设计中的意义。

总而言之，“虚化”几乎成了各种风格装帧设计最常用的手法。诚然，“虚化”不是酿造美感的唯一途径，但是，任何一位设计者都懂得制造“虚化”与“朦胧”的意义。

近年来，书籍装帧设计中运用的电脑“色彩降调”处理以及在电分制版中的“减网”技术，皆是通过科技力量人为地将实景虚淡化的手段。不少设计者正是通过这种“色彩降调”的淡化画面的方式，把照片的实景变得像罩了一片朦胧的雾，在清淡柔媚中表达出无限的风韵，酿造了视觉的神秘感。我们看到许多书籍的封面，正是由于将照片虚化后用在封面上，才使封面显得柔媚空灵、朦胧含蓄、超凡脱俗、意蕴无限。

小说《零度火焰》描写的是一只“夜光舞蝶”引起纷繁梦境的故事。中央美术学院的学生在设计这个封面时，找了一幅深蓝色蝴蝶的照片放在封面上，底色也是深蓝色的。我对这个学生说：“你设计的封面的感觉不对！这是一本如幻如梦的浪漫小说，你设计的封面太蓝了，像满封面都‘泼了蓝墨水’”。于是，我在课堂上操作电脑，把封面的深蓝改成了冷灰色，并用羽化、虚化、渐变等工具，制作了一些效果。同学们看后高兴地说：“经老师这样一改，顿时，就像小说的封面了！”

我在设计《不以为然集》时，就充分调动了电脑高科技的优势。该书是一位已故学者的杂文集，封面没有用著作人的照片，而是用宇宙空间中渺茫的陨石，象征著作人英年早逝，犹如流星从天地间一划而过，但他的贡献却像不灭的陨石一样，为人间留下永不消失的痕迹。我用电脑为《不以为然集》的封面营造“茫茫宇宙”的境界；制造了茫茫宇宙中虚幻的陨石。电脑制作的手段使封面设计进入了创作的自由王国。

(三)外在的淡化与内心的虚灵

艺术的虚灵，绝不能片面地理解为将实在的物象简单地虚化。如果这样简单，人人都可以成为艺术家了。艺术的虚灵是心灵的虚灵，而艺术的虚灵境界显现的美是一种心灵的审美观照。庞薰琹先生设计《诗篇》封面时，那个年代还没有电脑，甚至连电分扫描都没有，大部分的封面都是铅印。所谓铅印，就是限定封面不能超过三个颜色；类似套色木刻的方法，把三个颜色分为三块版，按设计者规定的色标，排列先后套印。那时，除了铅印之外，还有胶印，制版方法也相当简陋。所以，当时的铅印、胶印方法都相当“简单”，与如今电脑功能的“丰富”相比，简直“原始”至极。但是，庞薰琹先生在当时的条件下设计《诗篇》，却在封面上成功地营造了艺术的虚灵。《诗篇》的“虚灵”意境，不是简单地将实在的物象加以虚化，而是用诗一样的视觉语言、潇洒的装饰效果，唤醒了欣赏者的梦。《诗篇》唤醒的是人们心灵的虚灵，这是一种心灵的审美观照。《文化名人逸闻隽语丛书》的封面，也设计得很虚灵与浪漫。像鲁迅、胡适这样一批文化名人逸闻隽语的书籍，装帧是比较难设计的，要设计得精彩，就要出新，不落俗套。设计者没有“直白”地采用文化名人的肖像做封面，而是将肖像糅合在飘渺虚灵的色块之中，用浪漫而活泼的手法，酿造出了青年读物的活力。现代西方美学家贡布里奇在他的《艺术与幻觉》中指出：“在某种意义上艺术都是幻觉的，幻觉概念正给艺术的朦胧性做了最忠实的解释。”他接着说：“艺术的审美价值证明了心灵的创造力和表达力对知觉材料的支配作用。艺术的内容正是心灵的构造能力的一种体现，艺术世界是种精神定向的创造。”

然而，外在万象的淡化毕竟要通过人的心灵来感悟，心灵的淡泊与空明则是创造虚灵境界的根本。

中国古代艺术理论一贯把内在心灵的虚灵看得比外在视觉的虚化重要得多，把“心”看做是艺术创作之本。老子讲“涤除玄览”(《老子》十章)，意思是说，洗涤内心，使之清静明洁，达到无疵的境界，才能用清明的心灵来观照万象。庄子提倡“心斋”(《人间世》)和“坐忘”(《大宗师》)，提倡以斋戒的心灵去把握抽象的、无限的“道”，以“堕肢体，黜聪明，离形去知”忘掉自我，跳出感官知觉的境界，去体味自然的神秘。可以这样说，我国古代先人的深邃哲思，奠定了中国艺术的文化精神。后来到了南北朝时期，宗炳讲“澄怀味象”(《画山水序》)，更是强调摈弃一切功利目的，以自由的心境去品味形色之上的神韵。他们都是要求人们以超俗忘身、一尘不染的心境去观照万物，认为这样才能达到高妙的审美境界。因此，凡是中国的大画家们都把精神的空灵看做创造艺术虚灵的基本条件。

我们强调心灵的距离感在艺术中的意义，是因为在艺术创作或审美活动中，心灵的距离感确实要比物质的距离感重要得多。电脑的“色彩降调”处理只不过为我们提供了一个把实景转化为虚像的物质手段，外在的虚淡效果并不等于必然会显现虚灵的意境。电脑制造出的虚淡，终归是属于“形而下”的东西，而“形而上”的虚灵的艺术境界，则完全要依靠设计者的心灵去创造。

清初画家笪重光在其著作《画筌》中说：“空本难图，实景清而空景现。神无可绘，真境逼而神境生。位置相戾，有画处多属赘疣。虚实相生，无画处皆成妙境。”在这段话里，既讲了虚化与空灵之妙，也点出了空灵与虚化之难。装帧设计艺术离不开虚化与空灵，但追求虚化与空灵并非易事，因为装帧上的虚灵艺术效果是设计家清明的内心的显现。由此看来，书籍封面中的“空”比“实”要难处理多了。

我们切不可把虚灵境界的营造完全寄托在外界科技的物质力量之上，“空”与“白”，不是简单的“空白”就可酿造出的。要明白：为书籍装帧设计的终归是人，而不是机器；要知道感悟虚灵的不仅是眼睛，而且是人的心灵。

二、简与繁是装帧设计的两种思维

封面设计的“虚灵”是否是就应该“多用减法”？

封面设计的“加法”是否就是繁琐不当？

书籍装帧设计应该用“加法”还是“减法”？

有人说：“减法”就是提炼与概括，反映了设计思维的本质；而“加法”必然造成视觉要素的繁杂，不符合设计的规律。也有人说：“减法”太简单，设计的作品不耐看；而“加法”就是通过视觉诸要素的组合造成形式意味，来酿造设计的艺术魅力。

两种主张各持己见，两种观点十分对立。

(一)“加法”、“减法”之争的背后

《洛丽塔》、《绝望》的封面（陆智昌设计，上海译文出版社）极为概括、简约，人们认为，设计师用的是一种“减法”；《李叔同说佛》的封面(蒋宏工作室设计，陕西师范大学出版社)运用了许多要素，封面上诸多要素为读者传递了丰富的信息，人们说，设计师采用了“加法”。我认为两个封面都很好。

对于“加法”与“减法”的争论，我倾向于不把二者作为设计思维方法去评判它们的优劣，而是看作两种不同的设计风格，应把这两种风格的作品纳入社会审美心理的范畴去分析和理解。

就这两种设计的思维方式本身而言，如同红、黄、绿等各种颜色一样，看你怎样使用它，并无优劣之分。因此，我认为，以“减法”手段设计的作品，明快简洁，其内涵未必不丰富；以“加法”方式设计的作品，“雕缋满眼”，其视觉效果未必不整一。所以我们只能把“减法”、“加法”看作两种不同的设计风格。如果把它们看作是评判、褒贬装帧风格好坏优劣的审美标准，就会造成评判标准的混乱，从而纠缠在枝节问题上而不能自拔。

改革开放之前，我国书籍的封面采用铅印方法，因此风格上都比较简约，因为铅印把封面限制在三个颜色或四个颜色之内，常常就三块版印一个封面，高度概括的形式比较符合当时的印刷条件。因此，那时的封面大多用“减法”。我就是在那个年代听到了“减法”这个词，并把“减法”当作了一个创作原则。改革开放以后，随着我国经济的高速发展，铅印逐步被胶印替代，印刷手段的进步，尤其电脑成为了封面设计的工具，为设计师提供了现代化的表现手段，封面的艺术语言也越来越丰富了，“加法”的封面逐渐成为了“时尚”。近些年，在一些封面设计中，又出现了“减法”的回归，我把这种风格的封面称之为“新铅印主义”，这个代表人物是设计师陆智昌。

现在，我国书籍装帧已经进入“加法”“减法”或“加减混合”的多元时代，多元的设计方法，多元的思维方式，造就了我国书籍装帧百花齐放的新局面。

目前，我国众多的优秀装帧作品，确实繁简风格有异，潮流走向也大不相同。但是，我们在欣赏这些不同风格的作品时就会发现，无论是“减法”风格还是“加法”风格，在一件作品中都渗透了两种设计思维的互补与相融。用“减法”装帧设计，并未忘记在那简洁明快的设计语言中追求视觉的丰富性；以“加法”设计的封面，也总是在繁复变幻的视觉要素里酿造视觉的整一。由此可见，两种设计思维虽然相异，表达出的形式意味也大不相同，但都为书籍装帧艺术注入了美的灵魂。

今天，关于“加法”“减法”的争论，不是设计方法的争论，而是风格流派的争论，反映了两种个性比较鲜明的风格取向。

(二)“繁”“简”风格与社会审美心理

只要稍微留意一下艺术发展史就会发现，“繁”与“简”两种不同艺术风格的存在，往往反映了一定社会、一定历史时期的审美心态。如果拿不同时期的艺术品稍做比较，就会发现不同社会历史时期艺术作品的“繁”、“简”风格存在着明显差异，并会发现二者的形成与变迁，总是随着社会的经济、政治、文化背景的变化而变化，都是一定社会的文化现象。

唐代艺术“错彩镂金”、“雕缋满眼”的绚烂之美，充满了“加法”思维，它的繁复与雕琢，酿造了它灿烂与富丽的“唐人风韵”，表现了中国封建社会鼎盛时期的审美心态。随着中国封建社会的衰落，宋、元、明、清的审美趣味逐渐走向简约，明、清文人画极力崇尚“简约”与“淡泊”。这时的艺术尤其是文人绘画，“减法”成为时尚，比如绘画已经不见了唐代的浓艳与辉煌，盛唐时期的金碧山水画已被减成了寥寥几笔的“残山剩水”。缤纷的色彩被“减”到了只剩下单纯墨色，以此来表达虚灵脱俗的意境。明、清文人以野情闲趣抒发他们胸中的“逸气”，而虚灵的“减法”正好成了表达这种消极情绪的艺术语言。这与文人们逃避现实、消极遁世的思想相关联，与中国封建社会衰落的、萎弱的民族心理相吻合。从明、清的书籍装帧中也可看到这种“简约”的影子，封面一味追求“虚灵”和“宁静”，简约之美简来简去，最终被“减”得只剩下一张蓝皮或黄皮。我们已经感觉不到艺术生命的活力，感到的往往是一种心灵遭到封闭后的沉寂。

从上述例子中可以清楚地看到，“简”与“繁”风格的差异有着深刻的社会背景，与社会的审美心态联系在一起。

在西方艺术史中，同样可以看到“简”、“繁”风格与社会审美心态的联系。古希腊建筑庄重而简洁，其最有代表性的是神殿的“多里克式”柱子和“爱奥尼亚式”柱子，前者风格浑厚、单纯、刚健，后者的风格轻快、柔和、流畅，但两种风格都是倾向于“简约”的。到了 12 世纪后，“哥特式”建筑风格就比古希腊建筑要“繁”得多了。这种“简”与“繁”的变化，同样有着深刻的社会背景：古希腊神殿柱子的单纯、轻快、流畅是为了表现肃穆与崇高，而“哥特式”教堂镶满彩色玻璃的大窗，是为了在繁复中酿造宗教的辉煌和神秘，以引起人们缥缈虚幻、向往天堂的情绪。17 世纪欧洲艺术兴起的“罗可可”风格，也是“繁复”风格的典型，在“繁”中表现极端的富贵与华丽，同时又显得十分俗艳和娇媚。这种“繁复”的风格，完全适应了法国宫廷贵族挥霍享乐的精神需求。仅仅以上几个例子就足以证明，艺术风格与手段上的“简”或“繁”，都有着深刻的社会根源，反映着当时人们的审美心态。

书籍本身是传播信息的文化媒介，书籍装帧艺术是一种社会文化。装帧风格的简与繁，必然敏感地反映着社会精神生活的面貌。举例来说，欧洲中世纪的《圣经》，可以被认作书籍装帧中“繁复”风格的典型：在图案繁复的封面上甚至镶嵌宝石和象牙，以显示书籍的精神价值。无疑，圣书装帧的豪华与富丽所显示的神圣感，满足了教会和信徒的精神需求。可以说，没有中世纪的欧洲宗教，就没有中世纪极端豪华的圣书。同理，没有中国明、清文人“逃避现实”的心态，也就不会有以“阴柔”为美的明、清书籍装帧。

(三)“繁”“简”都是人类艺术掌握世界的方式

谈到艺术风格的“繁”与“简”，还要涉及人类掌握世界的方式这一课题。马克思把人类对世界的掌握方式归结为理论的掌握方式、艺术的掌握方式、宗教的掌握方式和实践一精神的掌握方式等类型，同时指出：“物质生产”是人类实践掌握世界的基本方式，是人类一切精神掌握方式的基础和根基。

艺术发展史证明，艺术风格的“繁”与“简”，与人类社会生产力的发展有着某种特殊的联系。在原始美术中，彩陶上的纹样、岩画上的野牛，都是“减法”的杰作。原始美术的“简”是那么质朴、纯真，这种“减法”反映着混沌初分之时人类在艺术上对世界的掌握方式。当生产力发展到了青铜时代，神秘的饕餮纹、夔龙纹呈现繁缛而有秩序的排列，窃曲纹、蛟龙纹、回纹形成活泼而和谐的组合，它们与原始美术的图案相比，显示出了空前的“繁”，而我们的祖先正是在青铜器纹样空前的“繁”中，得意地表现着他们的智慧和富足。现代美术中，艺术家经常用“减法”给自然物象以高度概括，这时已经不是对原始美术“减法”的重复与回归，而是高度发达的人类艺术实践对世象万物的提炼与升华。

美感，是人在对象化的世界中直观自身所获得的精神愉悦。黑格尔曾举例说明这一观点：“一个小男孩把石头抛在河水里，以惊奇的神色去看水中所出现的圆圈，觉得这是一个作品，在这作品中他看出他自己活动的结果。”(黑格尔：《美学》第1卷)因此，人类对艺术上“繁”、“简”风格的欣赏，就是对自身的“人的本质力量”(马克思语)的自我欣赏。艺术的“繁”与“简”，是人类发展过程中随着经济的发展而出现的艺术现象，它以艺术风格的形式显示着“人的本质力量”掌握世界的不同方式。

美学家告诉我们：人类的生产、科学、艺术、文化等活动都是“人的本质力量”对象化。但不是一切“人的本质力量”对象化都能产生美感，只有对象化采取感性显现的形式才产生美。“人的本质力量”的“智”，产生的是“真”；“人的本质力量”的“意”，产生的是“善”；“人的本质力量”的“情”，产生的才是“美”。也就是说，“智慧”的肯定形式是“真”，“意志”的肯定形式是“善”，“情感”的肯定形式才是“美”。在艺术发展史不同时期出现的“繁”与“简”的不同风格，反映着人类社会各个时期“人的本质力量”对象化的感性显现形式。

不同历史时期艺术风格的“繁”与“简”，与当时的人类生产力水平有某种特殊的联系，从一个特殊的角度表达了人类社会在不同时期艺术掌握世界的能力与方式。当然，人类也通过“繁”与“简”表达着“人的本质力量”对象化时不同的情感状态。人类正是通过艺术风格的“繁”与“减”所酿造的形式意味，表达着自己的感情，欣赏着自身的力量，品味着自己酿造的美。

当前，装帧艺术“繁”、“简”风格的出现，就是装帧家从不同角度表达他们对书籍装帧艺术的文化精神追求。如果我们从社会审美心理的角度，重新分析今天的书籍装帧设计中出现的“繁”与“简”现象，肯定会得出新的结论。

(四)审美趣味的多样性与“繁”“减”并存

艺术风格的“繁”“简”与社会审美心态关系密切，但任何一个社会的审美心态都不是单一的，而是呈现出多样性。我国清代的文人画崇尚“简约”，如石涛、八大山人写意画的笔墨可以说是“减法”，寥寥几笔便“写天地万物而陶泳乎我也”(《石涛画语录·变化章第三》)；清代“四王”山水画的色彩也是“减法”，他们把五彩缤纷的锦绣江山在画面上“减”到了只剩下墨色，最多在墨色中加一点似有似无的赭石和花青。但是，清代的工艺品风格却因受官僚贵族和市民文化的影响，与文人画的“简约”完全相反，非常繁富和华丽。事实证明，同一个时期艺术风格的“繁”与“简”是可以并存的。当中国绘画于明代以沈周、文徵明、董其昌为代表的文人画兴起的时候，在同一时期的欧洲，“巴洛克”的华丽与矫饰正风行一时。“巴洛克”不但表现在建筑上，而且还影响到了当时的欧洲绘画。但是，“巴洛克”的华丽与矫饰也并不是所有的人都喜欢，崇尚自然的法国思想家卢梭就说：“那些有耐心修筑这种玩艺的人，实在是丢脸。”

历史证明，社会的审美趣味和审美心态往往呈现多样性的状态。中国当代的社会，经济的发展带来了人民物质生活和精神生活的空前丰富，人们的审美需求也就更加多样化了。尤其要强调的是，社会越是现代化，人们的审美趣味就越呈现多样化的趋势。

当代欧洲的书籍装帧，既有高度概括、简练，富于视觉冲击力的风格，也有比较繁复的欧洲古典传统风格。日本当代设计家杉浦康平的设计可谓“加法”的典型，他的封面总是以诸多的艺术符号相加，精心雕琢出繁复的视觉效果，充满东方韵味。与杉浦康平相反，田中一光的作品，形与色高度概括，简练而单纯的色块排列得像交响乐一样震撼人心，可以认作“减法”的代表。杉浦康平与田中一光两种截然相反的风格，以其鲜明的个性在日本的设计界都得到了肯定。同样，我国书籍装帧艺术也必然要朝着风格多样化的趋势发展，因为只有如此，才能满足读者对书籍装帧的审美趣味多样化的需求。在不远的将来，我国装帧界会出现更加成熟的、风格各异的设计流派，那将是中国装帧艺术更加辉煌的时代。这是中国装帧艺术发展的必然规律。

1995年，中国新闻出版报社的编辑张光先生提议，在该报《焦点话题》栏目展开关于装帧设计“加法”与“减法”问题的讨论，这确实是一个很有意思的话题。因为这个话题不只是对于装帧设计方式方法的讨论，而且涉及更深层次的学术内容；不仅涉及装帧“繁”“简”风格的审美特征，而且涉及“繁”“简”风格与社会的审美心态；不仅涉及书籍装帧艺术的历史，而且也涉及中国当代书籍装帧的时尚潮流与发展趋向等一系列更为深刻的课题。开展对这些问题的深入研讨，有益于将我国装帧艺术的学术讨论引上更高的层次。

百年君匋

——为中国封面铸魂者颂

2007年5月17日中国美术家协会插图装帧艺术委员会在北京举办了《我国著名书籍装帧艺术家钱君匋诞辰100周年学术研讨会》。钱君匋20世纪30年代开始从事书籍装帧工作，创作的许多作品得到鲁迅先生的称赞，产生了广泛的影响。与会的专家、学者在发言中一致认为：钱君匋先生在20世纪30年代的大量书籍封面创作，对中国装帧民族风格的探索，在中国现代装帧史上做出了巨大贡献，为当时刚刚引进的所谓“西式开本”，配上了具有中国“民族风格的书面”，开拓了中国书籍装帧的现代化与民族化相结合之路。大家还特别指出：钱君匋先生一心一意地在为读者做封面，重视书籍装帧的社会功能，坚持着装帧艺术家的职业道德，赢得了当今人们的尊敬。钱君匋先生诞辰100周年之际，回忆他的成就，赞颂他的艺术精神，具有十分重要的现实意义。

我对钱君匋先生有特殊的感情。

原因一：由于现在的中国青年出版社是由开明书店与共青团中央所属的青年出版社合并组成，钱君匋先生曾工作在开明书店多年，因此，我一直认为，钱君匋先生也是我们中国青年出版社的老前辈；

原因二：我实在太喜欢钱君匋的封面，尤其欣赏在他的封面上荡漾着的文化精神。

90年代初，我与人民出版社的装帧家郭振华先生一起到上海开会，当时他对我讲：“我们去看看钱君匋先生吧，钱君匋先生年事已高，如果这次不去，以后恐怕没机会了。”但是，由于会议日程安排紧张而没有去成，不想，真的被郭先生的话所言重，我们从上海回来不久，听到了钱君匋先生逝世的消息，至今觉得遗憾。

为了纪念钱君匋诞辰100周年，我分别在几家报刊上发表了《书面铸魂者颂》、《君匋装帧赞》、《他为中国书面注入灵魂》等文章，以纪念这位中国书籍装帧艺术的大家。

一、中国现代装帧的先驱

今年是我国著名书籍装帧艺术家钱君匋先生诞辰100周年，上海、浙江等许多地方都在纪念他。中国美术家协会插图装帧艺术委员会在北京专门为他举办了学术研讨会，赞扬他对我国书籍装帧艺术的贡献。

钱君匋先生1927年进入开明书店工作，当时开明书店的编译所，包括经理在内只有四五个人，钱君匋负责音乐、美术图书的编辑，同时承担全部图书的装帧设计工作。在开明书店工作的七年，他不但编辑了《西洋美术史》、《开明B标音乐教程》等许多深受读者欢迎的书籍，更突出的贡献则是设计了许多具有深远影响的书籍装帧作品。在那个年代，为书籍设计封面的人全都是业余，如，陶元庆(水彩画家)、陈之佛(工笔花鸟画家)、丰子恺(漫画家)、闻一多(作家、诗人)、丁悚(漫画家)以及文化旗手鲁迅(作家)等人，为出版社设计封面纯属业余，而只有钱君匋是在出版社内任职，专门从事美术编辑和书籍装帧工作的。所以，研究中国现代装帧史的人普遍认为，钱君匋先生是中国现代史上专业从事书籍装帧艺术的第一人。

钱君匋先生说："我在'开明'的七年时间里，熟悉了编辑业务，实际工作锻炼了我"，他曾经说，当时的开明书店"对于装帧十分讲究，在开明书店以前，如此讲究的，可以说还是不曾有过。开明书店所出的书，每一本都必须有一个适应这一本书的内容的独特的书面。"工作环境造就了他，他说"从此我在书籍装帧上立稳了脚"。新中国成立后，开明书店与团中央下属的青年出版社合并，成立了中国青年出版社。我1978年刚到中青社工作的时候，许多编辑开明书店的老编辑、老职工还在出版社工作，开明书店的老传统也给我流下深刻印象，所以，我一直认为，钱君匋先生是我国书籍装帧艺术的先驱者，也是我所在的中国青年出版社的老前辈，他的艺术成就，影响了我国几代装帧艺术工作者；他的艺术思想，至今给我们以启迪，值得我们继承和发扬。

二、现代中国书面的铸魂者

自清末西方工业文明的印刷术传入我国，传统的线装古籍的雕版印刷方式逐渐被西方机械铅印所取代，装订方式也从线装变成近代书籍的所谓“西式开本”。于是，这个转变也必然导致封面形式的改变，西式开本的中国近代书籍封面应该是什么样子？给我国出版人和封面设计者提出了一个崭新的课题。在这个封面形式变革的过程中，钱君匋先生是我国现代书籍装帧艺术的先驱。

钱君匋对中国装帧的最大贡献，应该是他实现了对“西式封面”的中国风格的探索。回顾那个时期的装帧史，就会发现在清末至 20 世纪 30 年代的大量书籍封面中，有不少今天看来似乎有些荒唐的封面作品：清末光绪三十二年(1906 年)上海中新书局出版的《女儿花》，书内容讲的是中国人的故事，书的作者也是中国人，但封面却莫名其妙地画上了一位美丽的金发碧眼欧洲女郎；中国诗人的《为幸福而歌》(1926 年商务印书馆)封面画居然是水彩画的奔跑运动的欧洲半裸体女人；郭沫若的诗集《瓶》(1927 年创造社)的封面，画也是高鼻卷发裸胸的希腊人体……这些封面的画像，完全与书的内容南辕北辙，那么当年出版社与设计者为什么还要以此为美呢？我想，恐怕主要是出自于学习西方先进工业文明的渴望，也许是他们在引进西方的印刷方式的同时，面对新式的书籍样式，对如何设计这种新的封面感到十分生疏与迷茫，于是采取了今天看来未免太幼稚的简单摹仿；也许还搀杂着一些由于中国经济落后所产生的文化自卑心理，似乎觉得只有“金发碧眼”在封面上才能与刚刚引进的西式开本相得益彰。但是，尝试虽大胆，毕竟总难免让人看了觉得不伦不类，与中华民族心底埋藏着的审美理想相距甚远。

钱君匋的贡献，就在于他在周围一片迷茫与混沌的痛苦中，成功地走了一条中国装帧自己的路。

今天，当我们再次拿出钱君匋先生 1928 年为开明书店设计的《结婚的幸福》封面欣赏时，依然为封面上所显现出的魅力所感动。我常常这样设想，如果仍旧用先生设计的封面为基础，用今天好的装帧材料和先进的印制工艺为它再重版一次，相信其风采一定还会格外耀眼。甚至，它的魅力会使当今的所谓一些“时尚设计”自愧不如。

有人会说，何以至此，是否言语过重？其实不然。我并非否定今天有许多优秀的装帧作品，而是想强调，如果拿钱君匋先生的作品与我们当今的一些一味追逐“时尚”的封面比较，如今的所谓“时尚”在耀眼的背后，难免显得有几分轻浮，几分的乏味。而相比之下，钱君匋先生的作品里，所显现出的是更多深邃内涵与形而上的意韵，似乎是如今“时尚”的炫耀形式中所欠缺的，所以在张扬之后总显得有一种文化精神的苍白感。当然，这与当今浮躁的市场，急功近利的心态都有关系，不少人学了一些取巧的花招，丧失了装帧更需要的艺术精神。

钱君匋先生作品的可贵，恰恰就在于在封面作品中蕴含着装帧的“魂灵”。

我颂扬的正是这位中国装帧的“铸魂者”。

（一）挖掘民族纹样，营造中国气派

钱君匋先生是当时在所谓“西式开本”书籍上，把具有中国民族特色的图案，大胆运用在封面上的开拓者。

浏览那个年代的众多封面，如果你有机会把一本本书籍封面拿到一起比较，一定会感触良多。当欣赏钱君匋这个时期设计的封面，如：《文艺与性》(1927 年开明书店)、《两条血痕》(1927 年 10 月开明书店)、《秋蝉》(1926 年初版，1927 年再版，上海合作出版社)《结婚的幸福》(1928 年开明书店)等封面时，立刻就会被他的封面上显现出的一种浓浓的中国情调所感染。与那些“金发碧眼”为封面的作品相比，让人感到有一种无比的兴奋。我想，这兴奋是来自对中华民族文化的自豪。

若干年后他说：为了书面的民族化，“于是我索性向民族遗产学习。对敦煌艺术及武梁祠石刻、孝堂山石刻，还有六朝的云冈石刻、龙门摩崖，乃至周秦的青铜器等，我都下过一翻苦学的功夫。”这话今天看来似乎平常，但在哪个年代实属不易。因为那时，如鲁迅讽刺的有些人连写文章都要“欧化语体”，以至于恨自己“可惜皮肤不白，鼻梁不高呀”，自己明明是中国人“正唯其皮不白，鼻不高而偏要‘的呵吗呢’”。可见，当时的一些封面，干脆直接把“金发碧眼”的洋人放上招摇，也就不足为怪了。因此，当另一位杰出书面设计家陶元庆，与钱君匋商量，是不是可以运用一些中国古代的铜器和石刻上的纹样到装帧中去，于是他们便一起去找鲁迅先生请教，鲁迅表示非常赞同，并说："我所搜集的汉唐画像石的拓本，其中颇有一些好的东西，可以作为这方面的部分借鉴。"并拿出来大家看看。钱君匋颇受益，他说："在设计《东方杂志》和《破垒集》书面时，也试探从这方面发展。这几本书的装帧，看来颇有民族气派，当时有许多人认为是一条道路。我觉得书面装帧要有东方的、中国的气派。"

从此，钱君匋的封面开始了对"西式开本"这种新形式注入"中国魂灵"探索，并从探索逐步走向了民族风格的"自觉"。钱君匋的探索，不仅是在新形式中对民族传统文化的固守，更重要的意义则是一种划时代的创新。

(二)以神韵为书面注入"中国魂"

其实，钱君匋封面"中国魂灵"的美，绝不仅仅因为简单使用了汉画像石与青铜器纹样，而是显现在封面上深邃的文化精神。与西方艺术强调写实，注重感官的视觉刺激不同，钱君匋的封面是用比喻和象征的手法。他以中国传统绘画重比喻、重神韵的表现方式，以魏晋以来用花草景物比喻精神，即"类似性比较"的传统方法，让读者在审美中陶冶情操。他设计的《结婚的幸福》书面以双栖在树枝上的一对小鸟的图案，用简约的三色浓笔写意，表达了书籍的内容，以比喻替代写实。他 1927 年为译著《文艺与性》设计的封面就更为典型地凸显出了他的高明。表现"性"的书籍刊物封面，却无丝毫直观的"性"刺激，而以文雅的叶与花为象征，高雅之极，恰到好处地与书的内容遥相呼应。美学家李泽厚先生曾说："中国民族传统的审美心理结构，表现在艺术作品上，想象重于感知，喜欢意在言外，强调情调和谐"，往往具有"重精神轻物质、情理交融、想象大于感觉等传统美学特征"。这种融汇了比喻象征的创意方法，钱君匋先生从探索到运用自如，成功地完成了许多书面。1927 年设计的《两条血痕》以高度概括的似写意的图案花与叶、似与不似的蜗牛图案，意到为止，得意而忘形，从而把握住了书面之神。我想这是钱君匋先生对现代封面贡献最大的地方。从此，使现代书面的设计理念，开始从文化精神上彻底摆脱西方的思维，走上了一条与西方文化大不相同、独具特色的"西式开本"民族化之路。

钱君匋的民族化并不是消极地回归传统，而是在将民族传统文化与优秀外来文化相互融合，以西方艺术的积极精神，补充中国传统文化中之不足。他运用中国式的比喻与象征，以花草图案替代西方封面直白写实的方法，并没有延续明清文人绘画消极委靡的审美心态，而是开始引入西方浓郁的色彩与充满动感的形，为封面设计注入新的生命，实现了鲁迅对当时艺术创作倡导的“新的形和新的色，中国的心”的要求，为当时的中国书籍封面带来清丽的新风。

(三)以“修养”注内涵，用“含蓄”显精深

钱君匋先生感触颇深地说：“我国的书籍装帧，和其他各门文学艺术的传统有着相对的共通关系，属于东方式的淡雅的、朴素的、不事豪华的、内涵的风格。”

他的作品正是在淡雅与朴素中，表达更深邃的内涵。钱君匋设计的书面有“韵味”，在“形而上”荡漾出温文尔雅的“书卷气”，体现出了中华民族埋藏在内心深处的审美理想。

封面上显现出的深邃文化底蕴，与钱君匋先生学养深湛，众艺贯通有绝对的关系。他的诗歌、散文《水晶座》、《恋歌三十七曲》等作品在20世纪30年代曾被人誉为“独树一帜”；他在开明书店主持音乐编辑工作，编了《中国民歌选》、《小学校音乐集》、《口琴曲集》等许多音乐书籍，为当时的“破天荒”之举；他的书法、篆刻功力深厚，闻名于世，更为人所共知。这一切，便是体现在封面上的文化之“凝重”，也酿造了封面上的学养的“韵味”。而“凝重”与“韵味”都与他的学识、修养紧密相连。

一些今天还健在曾经结识钱君匋先生的老装帧家，谈到钱君匋总是对他的才学与人品赞不绝口。

与西方艺术强调“激情”不同，中国艺术强调“学养”，讲究“人品”与画品的一致性。钱君匋先生的封面作品，正是“学识”与“修养”的结晶，处处渗透着他对中国文化的理解。

三、钱君匋封面中对读者和社会的爱

从钱君匋封面作品中，可以感到他对读者的爱，对社会的爱。

(一)为读者阅读而做封面

钱君匋先生说："因为书的装帧，对于读者的心情大有关系，优秀的装帧，能够概括、提示书的内容，使人在未开卷前便有准备读书的心情与态度。从事装帧的人，必须将书的内容精神转化为形与色，使读者见面发生美感，增加读书的兴趣。"

他不仅是一个书籍装帧设计家，在开明书店工作时，还策划编辑了《子恺画集》、《陶元庆画集》、《西洋美术史》、《现代化画派十二讲》、《艺术概论》等美术书籍，他自己还撰写了《西洋美术史讲话》在开明书店出版，直至1938年创办万叶书店。这足以证明，钱君匋先生还是一位编辑家、出版家。也正是因为他既是设计家，又是编辑家、出版家的经历，使他的设计书籍装帧，更加显示出对读者阅读的体贴与关爱。

他的那一句"书面设计要关注读者读书的心情"的话，说得极好。

他的封面设计也完全兑现了他的艺术承诺。他的封面设计上丝毫没有脱离读者需要的"过度设计"的装饰；没有"过分装饰"对"文本"阅读的颠覆；更没有以"求怪"的卖弄来"吓唬"外行的雕虫小技。他一方面把艺术之美弘扬到了极致，另一方面又把艺术之美与为了读者的"善"融在一起。我们在他的封面上看到的，是形色与图案之间，以艺术的语言轻轻地向读者倾诉，为读者烘托出宁静而浪漫的读书氛围。这是"善"与"美"的统一，是一心一意地为读者的职业道德与艺术情操，转化为形式设计的优美。所以，我们面对当今商海大潮中的浮躁，恪守装帧艺术家的职业道德，在今天书籍装帧的艺术创作中，显得更具有十分重要的意义。我们对钱君匋先生的尊敬，不仅是因为他的装帧作品艺术创意绝妙，更因为在他封面之美的背后，包含着"善"的伦理内容；在"美"的形而上，包含着他"艺德"的崇高。一心一意地在为读者做封面，因此他的封面也就显得更美。

这大概是因为他既是装帧家又是一位出版家，他不仅关心自己的艺术，而且更关心读者的阅读。

有爱才有美，有美才有爱！我们在钱君匋先生的封面上，看到了他对读者的爱，对社会的爱。钱君匋先生的封面是一种"大爱，大美"！

(二)封面设计者也要为社会进步作贡献

他还说过这样一段话：以形象、色彩等造型手段，向广大读者揭示作品的内容和精髓，扩大了社会效果。优良的书籍装帧，可以提高读者的读书兴趣，在社会起到好的作用。书籍装帧不仅要求形式美观，而且要求能够烘托和表达作品的思想内容。

他在回忆自己的装帧艺术经历时，为他的封面也能为社会进步起到作用而感到欣慰。他说，在他的创作盛年，在当时全国出版中心的上海，他接触过许多新文化的旗手、老将，包括鲁迅、郭沫若、茅盾、叶圣陶、胡愈之、郑振铎、丰子恺、巴金、陈望道等，“当时他们出版的著作，绝大部分由我设计装帧”。他后来回忆起来，兴奋地说：“我高兴地看到，在反帝反封建的斗争中，书籍装帧作为一种轻武器，为抨击旧世界，迎接新社会出力助威，作出了一定贡献。”他是一位有社会则任感的装帧家。

如今，我们的设计师在封面创作中，想得最多的往往仅是形式的新颖，或是创意的高绝，封面的“社会责任”似乎已被淡化，没有太多的人去特别强调了。那么，今天再读一读钱君匋先生的这些话，也就更令人感动。钱君匋先生了不起，正在于他是一位背负着装帧艺术创作的社会责任感的艺术家。

钱君匋先生诞辰 100 周年之际，回忆他的成就，使我们依然十分亲切。前辈早已离我们而去，他的艺术精神永存。

上左　1927年创造社出版的郭沫若的诗集《瓶》（设计　佚名）的封面，画也是高鼻卷发裸胸的希腊人体，与书的内容南辕北辙。

上右　清末光绪三十二年上海中新书局出版的《女儿花》（设计　佚名），书内容讲的是中国人的故事，书的作者也是中国人，但封面却莫名其妙地画上了一位美丽的金发碧眼欧洲女郎。

中　1928年开明书店出版的《文艺与性爱》设计　钱君匋

下　2007年在北京举办的《钱君匋百年诞辰艺术展》

上　1928年商务印书馆出版的《东方杂志》封面图案　设计 钱君匋

中左　1928年开明书店出版的《结婚的幸福》封面　设计 钱君匋

中右　1928年水沫书店出版的柔石的小说《三姊妹》封面　设计 钱君匋

下　2007年5月中国美术家协会插图装帧艺术委员会，在中国青年出版社举办的“钱君匋诞辰100周年学术研讨会”。

把玩之乐

——中国装帧与乐感文化

《论语·学而》记载："子贡曰：'贫而无谄，富而无骄，何如?'子曰：'可也。未若贫而乐，富而好礼者也。'"子贡问孔子："贫穷而不逢迎谄媚，有钱而不骄矜傲慢，怎么样?"孔子说："可以，但不如虽然贫穷但却快乐，虽然有钱却爱好礼仪。"孔子把"贫而乐"的"乐"看作是生活态度的最高境界。孔子还说"知之者不如好知者，好知者不如乐之者"，强调指出，知道的，不如喜欢的，喜欢的不如快乐的。"快乐"对于孔子来说比什么都重要。最后达到"乐以忘忧，不知老之将至云耳"。

"乐"是儒家思想对生活的态度，"乐"的思想也深深渗透在中国艺术之中。中国的书籍装帧艺术也深受儒家这种的影响。

学者们说，中国文化是"乐感文化"，西方文化是"罪感文化"。学者们对中西文化差异的研究成果，对于解读中国的书籍装帧艺术是一把钥匙。

一、以设计之"道"，载审阅读"乐"

翻阅精美的图书或画册总能让人心旷神怡，是一种特殊的精神享受，甚至我们的灵魂也得到了净化。这时，我常常会想到装帧家，是他们酿造了书籍之美，让我们在阅读的过程中得到了精神愉悦。

记得美学家李泽厚曾说：中国文化是"乐感文化"；而一般思想史喜欢说西方文化是"罪感文化"，表现为对希伯来文化中"原罪"的自我意识，为了赎罪而激发的奋勇斗争精神。在中国的“乐感文化”中，“乐”在哲学中具有本体的意义。(李泽厚：《中国古代思想史论》，人民出版社 1985年版)孔子曰：“仁者乐山，智者乐水。”一个“乐”字表达了对生命、生活、人生及世界的肯定，要求在现实活动中保持人与人的和谐、人与自然的和谐，达到“天人合一”的境界，获得精神的超越。“乐感文化”作为一种文化精神，贯注在中国的一切艺术种类之中，几乎无孔不入，如中国画论将“逸品”放在“神品”之上，认为绘画的终极目的是“抒发胸中之逸气”，达到“天乐”的永恒；而西方的艺术总是把能精确地模仿世界，作为苦苦追求的目标。中国绘画提倡在绘画过程中“抒发胸中之逸气”，具有很大的“自娱”的成分；而在西方绘画中呈现出的对客观世界的关怀，则是如何更科学地再现世界的探索精神。中国人欣赏绘画及其他艺术品，多以一种“把玩”的心态，在“玩赏”中寻求“天乐”的人生境界；而西方的欣赏者在看拉斐尔、达·芬奇等艺术大师的作品时，他们从耶稣受难的画面中，往往引起的是要想得到解救就必须经受苦难的思考。中国的园林艺术也是“乐感文化”的典型，人在曲径通幽的园林之中，享受的是把自己融入自然的“天人合一”的快乐；而西方建筑中体现的和自然抗争的神，则大异其趣。

我总在想，中国的书籍装帧与西方书籍装帧的文化精神的差异到底在哪里？中国的书籍装帧与西方书籍装帧的文化精神的差异，恐怕很大程度上体现在“乐感文化”与“罪感文化”的不同上。在我们中国的书籍装帧中，确实处处总能感悟到“乐感文化”的内涵，比之西方的书籍装帧更注重追求形色及设计要素“形而上”的气韵，更注重超越视觉之外的内心体验。这种内心体验超越了五官快感刺激的满足，是一种在非功利的静观中“把玩”的精神快乐。甚至，我们在中国装帧家设计的作品中似乎能感到“自娱”的影子，他们不仅认为装帧有“功能的目的”和“装饰的作用”，更看重的是装帧中的艺术性，总是在“艺术性”中实现他们“养吾浩然之气”的目的。他们甚至把完成装帧“功能的目的”的过程，当做实现自我修养的媒质。所以，常常听到有人说：“中国的书籍装帧最讲艺术性了。”这话听起来显得太片面，但是，如果从“乐感文化”这点上去理解，其实是很有道理的。

中国的装帧艺术发展到今天这个样子，与中华民族固有的文化精神有着极大的关系。无论是中国装帧家的艺术追求，还是读者对封面的审美趣味，都深深打上了“乐感文化”的烙印，“乐感文化”的艺术心理深深埋藏在中国人的思想深处。

二、中国装帧与“把玩”心态

中国的书籍装帧受到“乐感文化”的影响，表现在对于艺术品的“把玩”心态上。中国装帧艺术重“乐”重“把玩”的特征表现得十分明显。追溯“把玩”的审美意识，可以看到它深深植根于中国古代的哲学思想之中。

西方宗教的“原罪”意识，让人们寄希望于来生，于是倡导忍受在人世间的痛苦，祈祷上帝宽恕人世间罪过，来日升到天堂；日本文化特别关注“死亡”，就是在艺术作品中对于自然的描写也“总隐含着一种对人生的无限眷恋和对死亡淡淡伤感”。而中国文化对待生与死则与西方和日本大不相同。

《论语·先进》记载了这样一段对话：

季路问事鬼神。子曰：“未能事人，焉能事鬼?”曰：“敢问死。”曰：“未知生，焉知死?”

孔子在回答“鬼神”和“生死”问题时说：“我不能侍奉人，怎么能侍奉鬼神?”“我关于‘生’的事情还没有能明白呢，哪里懂得‘死’后的事情?”极为鲜明地表达了关注“当下”，关注“此生此世现实人生”的态度。

“乐之者”也好，“乐而忘忧”也好，“贫而乐”也好……中国儒家的“乐感文化”希望人们“追求现实的世间的幸福和快乐”，关注“当下的人生价值”。

当然，我们说的“把玩”之乐，并非动物式的快乐，也不是仅仅满足“生理要求”的快乐和占有“物欲”的满足，“把玩”之乐，应该是包含了陶冶情操的快乐，提高文化修养的精神满足。

因此，中国的艺术往往多有一些“乐观”，一些“悠闲”，一些“教化”，一些“宁静”。中国人喜欢在宁静的氛围中，悠闲地欣赏艺术品，从中得到快乐，得到教益，感悟人生，享受愉悦。我们把这个过程称之为“把玩”。

我们欣赏一下清代武英殿刻本《太平广记》。雕版印刷的古籍套有精致的书函，书函套为如意六合套，相合的弧线成云纹形，使安静的书籍多了几分柔美。清代故宫的许多藏书都精致无比，如，装《乐善堂文钞序》的乾隆年制黑漆描金水云纹多格提箱，繁复的龙纹与流畅的水纹相互依托，浓重而优雅，神圣而清丽。又如，乾隆年制竹根雕芒果形御制诗文盒《万寿延年》，工匠将竹根雕刻成芒果形，上下相对作为书盒，书盒里藏一本袖珍小册，浑然天成，清雅无比。我曾经在画册上看到一个清宫中装书的紫檀提盒，盒盖的正面雕刻有精巧的纹样，盖的上方镶有玉璧。去年我到故宫看到了这个书盒，没有想到，它比我估计的要小得多，感叹之极，啊！原来如此精巧。这些清宫收藏的书籍装帧，供皇帝贵胄们在读书的同时"把玩"，其用意十分明显。

中国古籍装帧形式，仅书的函套的形态就很多样，如，夹板函套、四合套、六合套、如意套、单如意套、双如意套、月牙套等等丰富多样，另外书盒、书匣的样式也十分考究。这些各式各样的函套、书盒，让中国文人在读书的同时，得以"把玩"书的装帧而享受文化愉悦。

中国20世纪30年代出现了大量的"毛边书"，也是中国"乐感文化"的一种审美现象。所谓"毛边书"是指印刷装订后的书"不切毛边"，当时国外这种方法，主要是为了保护书页，但是，中国近代的文化人对这种方法产生了极大的兴趣。近代中国文人对"毛边书"情有独钟，不仅是看中了它的保护功能，更因为它似乎符合了中国文人的"把玩"心态。"毛边书"不切的毛边，似乎与中国文化中"天人合一"尊重"自然"的文化精神一拍即合。鲁迅极力推崇"毛边书"，自称是"十年前的毛边党"。于是，当时"毛边书"似乎成了近代中国文人"把玩"的新宠。

现代中国的书籍装帧，在许多作品中依然荡漾着"乐感文化"的艺术精神。我们看到近年的装帧，如《梅兰芳戏曲史料图画集》、《曹雪芹风筝艺术》、《王羲之十七帖》等画册的形式与制作充满了文化意蕴，让读者在翻阅画册的同时，产生几分"把玩"画册的感觉。

仔细一想，中国书籍装帧与西方的书籍装帧比较，有什么不同之处？我认为，由于"乐感文化"内涵表现出的"把玩"的趣味，与西方注重"实用"的文化精神，确实大相径庭。

三、中国装帧与庄子的天乐

当然，无论中国或西方的设计家，在思考一本书籍的装帧时，总是要站在“审美愉悦”的高度来确立他的创意，因为谁都清楚，审美愉悦是关系到设计成败的关键所在，否则，他的装帧就只能是图案与字体的枯燥无味的拼凑，肯定不堪入目。但是，中西文化显现出对“审美愉悦”的理解很不相同。

我国先秦时期的《乐记》中说：“乐者乐也。君子乐得其道，小人乐得其欲。以道制欲，则乐而不乱；以欲忘道，则惑而不乐。”讲的是艺术的美感能排除人的杂念，在审美的愉悦与满足中达到忘我状态，是一种“天人合一”、人与自然无限和谐的审美境界。而西方的美学家尼采讲：“艺术具有‘醉’与‘梦’两种功能。”他说，日神精神产生出塑造美的造型艺术，酒神精神产生出令人迷醉的音乐和舞蹈。酒神状态是一种迷狂的、忘我的状态，在迷狂中忘记人生的苦难，求得人生的解脱。尼采认为，人类的艺术就来源于日神和酒神的对立与冲突。西方似乎更注重审美的幻觉状态，通过幻觉达到悦耳、悦目、悦心、悦意的效果。

中国“乐感文化”讲的“天乐”，是庄子提倡的以一种“坐忘”精神追求的“逍遥”状态，它以人“堕肢体，黜聪明，离形去知”的境界，用一种超功利、超社会、超生死，也即超脱人世一切内在外在的欲望、利害、思虑，不受任何内在外在的好恶、是非、美丑以及形体、声色等等的限制、束缚和规范的态度，去享受心灵自由的无限快乐。中国文化中的这种“快乐”当然不是平常的“物欲”的快乐，它是超出一般喜怒哀乐、好恶爱憎之上的快乐，一言以蔽之：“天乐”。这种“天乐”排斥任何的“物欲”。庄子说：“失性有五：一曰五色乱目，使目不明；二曰五声乱耳，使耳不聪；三曰五臭熏鼻，困惾中颡；四曰五味浊口，使口厉爽；五曰趣舍滑心，使性飞扬。此五者，皆生之害也。”(庄子：《天地》)可见，这种“逍遥游”获得的“天乐”是以排除所有耳目心意的感受为前提，它是以“忘”为特点的：忘怀得失，忘己忘物。所以，庄子在《天道》中云：“与天和者，谓之天乐。”庄子的“天乐”，首先是一种对待人生的审美态度，它深刻地影响着中华民族的审美观。

如果按尼采的理解，一本精美的书籍装帧，要同时具有“醉”与“梦”

两种功能，当人们欣赏时，不由自主地进入忘我自弃的境界，酩酊陶醉，忘却一天的劳累与烦恼，得到精神的愉悦，这是任何物欲带来的快乐所不能比拟的。但是，如果按照中国哲人的主张，一本精美的书籍装帧，就要使鉴赏者在书籍装帧的“艺术性”中达到审美的和谐，这是一种人与人、人与自然的和谐，一种“天人合一”的“天乐”境界，由此实现“养吾浩然之气”的目的，同时以“坐忘”的状态达到一种无限逍遥的“天乐”。

尼采的“醉”与“梦”的审美愉悦，与“乐感文化”的“乐”虽有共同点，但是终归不完全相同。

中国“乐感文化”的“乐”，追求的是在艺术中“人”与“道”顺应之后“养吾浩然之气”的宁静，是超越于感官刺激的“形而上”的“直指人心”的享受，而西方的审美“愉悦”更多的是人的情感的快乐。这就造成了中国书籍装帧艺术与西方书籍装帧艺术审美趣味的不同。

四、为“乐感文化”的装帧注入新的生命

中国书籍装帧艺术中所包含的“乐感文化”的哲学精神，是中国的传统文化精神。正如许多学者指出的那样，中国的传统文化有着自己的缺陷，必然也要影响中国装帧艺术的设计形态。

中国的“乐感文化”与西方的“罪感文化”相比，可以看到：建立在中国“天人合一”思想之上的“乐感文化”，包含着顺应自然、避开风险、寻求稳定、追求和谐的哲学精神，所以，中国的艺术总是强调，在“人”与“道”的和谐中，求得宁静中的精神超越之“乐”。而西方的“罪感文化”，总是把痛苦视为“原罪的苦果”，把磨难看做入圣脱俗、获得解救的途径，认为“欢乐”只有通过世间的极度折磨与痛苦才能获得。因为西方的“罪感文化”中，充满了奋斗与牺牲、激烈冲突与积极进取的精神。西方写实主义绘画所具有的科学探索精神，与中国绘画的淡泊宁静形成明显的反差；西方艺术不断否定自己、进行革新的精神，与中国绘画在“天不变，道亦不变”的哲学影响下形成的保守的“程式化”形成了鲜明对照。

与中国的书籍装帧艺术比较，西方似乎更注重功能，他们的书籍封面大都简洁明快，主题鲜明，漂亮而实用。而中国的书籍装帧，似乎更注重“玩味无穷”的意韵，创造供人把玩的意趣。我有时在想，在“把玩”

思想的笼罩下，我们是否把书籍装帧趣味与创意看得过重了点？当然，我所指的是供大众阅读的普通书籍的装帧设计，而不是指一些珍藏本、特藏书的装帧设计，因为珍藏本、“特藏书”本身就是把供人“把玩”放在第一位，把阅读功能放在第二位的。不过个别书籍的装帧设计为了“玩味无穷”的理念，为了制造“把玩”的趣味，忽略书籍装帧的基本功能，这种为了“艺术”而破坏“功能”的现象，在西方的书籍装帧中是很少见到的。与中国的书籍装帧比较，西方的书籍装帧明显地更倾向于单纯、实用，更富于说明性、科学性。

鲁迅说，读中国书常常使人沉静下来。李泽厚说：“中国传统思想中的人生最高境界的审美也具有这方面的严重缺陷。它缺乏足够的冲突、惨厉和崇高，一切都被消融在静观平宁的超越之中。”我们要正视中国“乐感文化”中所掺杂着的消极东西，绝对不能抱着它津津乐道。

中国的“乐感文化”追求“天乐”，强调的是超越形态与色彩的“形而上”的美感。在艺术形态上，往往有意淡化甚至忽略形体与色彩对人的感官刺激，这种文化精神明显地影响了许多中国书籍装帧者对形体张力与色彩对比的追求，造成过于柔美，缺乏视觉冲击的震撼，更难从中找到强烈的色彩对比所包含的热烈激情，以及形体张力与浓烈色彩所形成的狂放动感。

深受中国“乐感文化”影响的书籍装帧艺术，需要西方“罪感文化”激发出的艺术精神的补充。

宁 静 阅 读

——朴素的装帧也浪漫

2008年《中国编辑》杂志编辑鲍莉炜约我写一篇文章，她说《中国编辑》刊登了一篇《图书装帧必须确立节约意识》的文章，严厉批评目前出版物超豪华装帧的现象。她准备继续组织一些文章，对这种过于奢侈的装帧现象进行批评，希望我也写一篇。我答应了之后，正巧，宁成春先生送给我一本他设计的《于丹〈庄子〉心得》。此书的装帧材料极为普通，但构思创意却超凡脱俗；工艺并不特殊，但印刷装订却精致无比。于是，我决定以《于丹〈庄子〉心得》的装帧为题，针对“超豪华”的“奢侈”装帧现象，写一篇短文。

我之所以将文章的副题确定为“朴素的装帧也浪漫”，是因为我认为：朴素的装帧设计，依然是美的；简约的装帧创意，同样浪漫。反之，奢侈的装帧不一定美，反而会给人低俗的感觉。

我又想到了西方现代自然主义美学家桑塔耶那的话：“初级的审美往往只注重材料的贵重，而对形式美的鉴赏则需要训练和修养的积累。”

一、宁静与浪漫的阅读

翻阅《于丹〈庄子〉心得》，无意间发现了在扉页前面，还特别加了一张卷首页。卷首页用的是暖灰色的特种纸，质朴而雅致。在卷首页的正面，镶嵌着一枚精致的藏书票，描绘着“庄生化蝶”的故事。精美的藏书票似乎有一种神秘的力量，借由它可以实现心神与物象的交流，在侃侃而谈的文字中“乘物以游心”，超越自我达到“物我两忘”的阅读境界。真妙！这种别出心裁的创意，肯定会为阅读带来许多的浪漫。

后来，我问此书的装帧设计者宁成春先生，哪里找的这么漂亮的藏书票，放在卷首，真是点睛之笔啊。宁先生笑着说，这张藏书票并非现成之物。他在接受《于丹〈庄子〉心得》的装帧任务之后，想了这个创意，从中国古籍《程氏墨苑》雕版印刷的木刻插图中，挑选了一幅庄子故事图画。原图是黑白线条造型，并无色彩，他细细为图上了颜色，并将嵌在画面周围的“庄生化蝶”四个行楷小字，设计成协调的灰褐色，镶上雅致的2007数字表明年代，即做成了这张“庄生化蝶”的藏书票。

《于丹〈庄子〉心得》装帧的动人之处，当然不仅这个小细节。它的美感还在于对《庄子》精神的把握，装帧形式与书稿内容的一致性，成就了书籍形而上的大美。

我想，它的大美精神，体现在以下三方面。

其一：美在超然与浪漫。

庄子《逍遥游》曰：“北冥有鱼，其名为鲲，鲲之大，不知其几千里也。化而为鸟，其名为鹏。鹏之背，不知其几千里也。怒而飞，其翼若垂天之云。”又云：“鹏之徙于南冥也，水击三千里，抟扶摇而上者九万里。”庄子对大鹏的描述，以无比的夸张与想象力，超越了一切尘世的束缚；以磅礴的气势，描写了大鹏高远超拔的大美。这种大美，让我们感受的是无限的“浪漫”。书封面上端的祥云、下端的山岳，封底中央的仙山琼阁，不正好是庄子放浪不羁的“超然”与飘逸旷达的“浪漫”精神的写照吗？

于丹以“境界有大小”、“感悟与超越”、“笑谈论生死”为题，对庄子的超然与浪漫进行了现代人的解读。本书封面设计以现代的书籍形态，用如幻如梦的“景”与“象”，营造了一个能体现庄子精神世界的视觉空间，让读者在读内文之前，就已在“景”与“象”的暗示中，朦胧地感悟到书籍内文的真意。

阅读的浪漫，它是有形的，更是无形的，它是心中一种神秘的内心体验。

其二：美在宁静与恬淡。

这本书的设计之美，还体现为内文版面的宁静。版心、字体、行距都经过设计者苦心的推敲，让人读起来眼睛感到赏心悦目。内文版面并没有华丽的装饰，有的仅仅是在一些关键词语、重点段落处，用双色印刷的办法加以区隔，使文字的叙述更加明晰，同时让阅读的过程富于节奏的美感。这种“一切为了阅读”的设计理念，与当下存在的“过度设计”的风气，形成了鲜明对照。

庄子崇尚“宁静”。版面的“宁静”与庄子的“宁静”相呼应，让读者在宁静的版面中感受着庄子宁静的审美方式。

你看，庄子说过：“古之治道者，以恬养知”，提倡以“恬静”来“涵养”智慧。《庄子·人间世》记录了一段孔子与学生颜回的精彩对话：

回曰：“敢问心斋。”仲尼曰：“若一志，无听之以耳而听之以心；无听之以心而听之以气。听止于耳，心止于符。气也者，虚而待物者也。唯道集虚。虚者，心斋也。”

庄子记录这段对话的目的，是为了表达自己的主张。他认为只有排除一切“功利”杂念的诱惑，才能让心境达到“宁静”，而只有“静心”“一志”，虚而待物，才是“天地之鉴也，万物之镜也”。

庄子讲的是以“静心”的方式，来观察宇宙自然之“道”。其实，读书也同样需要“静心”，也需以“静心”之态，观书籍内容之“道”。相信每个读书人都有这样的体会：只有以“静心”的方式，才能细细地品味文字的意义与内涵；只有“静心”阅读才能领会读书给我们带来的愉快。所以，书籍的版面设计能为读者开辟一个“静心”的阅读空间，十分重要。

学者们都说，“宁静”是庄子崇尚的一种美。这种“宁静”之美，体现在版面设计上，不在于耀眼的装饰，而在于对书籍文本内容视觉规律的推敲，注重阅读功能的朴质。庄子曾经提醒我们警惕“文灭质”。这里的“文”指的是“形式”，“质”指的是文本的“内容”。他认为“文灭质”是一切“惑乱”的根源。本书版面设计创造的“宁静”的阅读空间，正是庄子所倡导的“观道”方式。

其三：美在朴素与自然。

《图书装帧必须确立节约意识》的作者李景端先生认为当前的书籍装帧存在“过分追求豪华，滋长奢侈风气”的现象，指出“精装本、典藏本、豪华本、超级豪华本，不仅太多，简直太滥了”，甚至“不看作者，不问内容，哪怕是拼凑的书，都热衷出精装，而且互相攀比，越比越豪华”。他认为这种“奢侈”的装帧具有“消耗国家资源”和“忽视节约意识和环保”

两大危害，并呼吁“希望出版人特别是美编，既要考虑装帧美学和营销的需要，也要考虑节约资源和保护环境这项人人都要关注的社会责任”。我觉得文章提出了一个严肃的问题，应该引起出版界的高度重视。同时，李景端先生的文章也提出了一个值得深入探讨的课题，就是“豪华”与“奢侈”是装帧美学必不可少的需要吗？“豪华”与“奢侈”就等于美吗？

庄子云：“朴素而天下莫能与之争美。”这里的“朴”又可同“璞”，有“玉未治者”的意思，指玉石的自然而然之美。庄子认为未经人工雕琢的玉是天下最美的状态。在庄子看来，淡然无极的美，朴素自然的美，远远高于世俗人们所迷恋的“奢侈”。他反对刻意的雕琢，贬低过度的修饰，把“自然”奉为美的极致，更把仅仅满足人的世俗之乐的“奢侈”，视为对于自然本性之美的破坏。这使我想起了庄子另一句更为精彩的话。他在《刻意》篇中写道：“淡然无极，而众美从之。”

《于丹〈庄子〉心得》的装帧没有用“奢侈”的材料，没有烫金的工艺，也没有华丽的包装，与当前的一些“豪华本”比较起来，显得平实而朴素，但正是这份平实与朴素荡漾出了一种无言的大气。

至乐之中的浪漫，平淡之中的宁静，朴素之中的高雅，是这本装帧的真美所在。

二、从“金银热”看装帧审美的社会属性

简朴的装帧不一定不美，奢华的装帧也未必就美。

简朴与奢华，反映了社会不同阶层、不同文化背景、不同修养的人的不同的审美心理，也必然要对书籍装帧的风格与时尚产生影响。

20 世纪末，中国的书籍装帧艺术出现了一个“金银热”的高峰。

精装书籍封面上烫金不足为怪，但是值得注意的是，近来在平装书籍封面上出现了大量烫金烫银的现象，使原本四色印刷的平装封面增加几分富丽与奢侈，这在中国书籍装帧艺术史上可以说是空前的。

(一) 金银现象与审美心态

金银作为一种特殊的装饰材料，与一般颜料色彩的审美功能有很大的不同，二者以光彩夺目的色泽参与着美的创造。经典巨著的精装，书名、图案多采用烫金的方法烘托书籍的豪华气派；平装的精品用金色、

银色点缀，使封面增添绮丽的风采。

金银与其他颜色不同，具有独特的审美功能。马克思在《政治经济学批判》里对金银的“美学性质”有一段精彩的论述，他写道：“金银不只是消极意义上的剩余的、即没有也可以过得去的东西，而且它们的美学属性使它们成为满足奢侈、装饰、华丽、炫耀等需要的天然材料，总之，成为剩余和财富的积极形式。它们可以说表现为从地下世界发掘出来的天然的光芒，银反射出一切光线的自然的混合，金则专门反射出最强的色彩红色。而色彩的感觉是一般美感中最大众化的形式。”(《马克思恩格斯全集》，第13卷，第145页)马克思的这段话为我们揭示出以下几点：(1)“银反射出一切光线的自然的混合”，是赤橙黄绿青蓝紫七色混合而辉耀的白色，柔和而微茫的光泽完全符合美的规律。“金则专门反射出最强的色彩红色”，是阳光的温暖与光明的象征，使人联想到灿烂的红花、美丽的红霞。金银反射出的特有的光芒色彩，是金银本身固有的美的自然属性。(2)金银作为“剩余和财富的积极形式”，“成为满足奢侈、装饰、华丽、炫耀等需要的天然材料”，它们的审美属性是与人们的社会需要联系在一起的。(3)因为金银光泽的自然性质的美能引起美感，才具有社会意义。

正因为金银所具有的特殊美感，能够“满足奢侈、装饰、华丽、炫耀等需要”，所以在书籍装帧艺术中起着极为特殊的作用，为装帧增添了豪华的气派。所以，精装书籍的装帧往往都用烫金烫银的方法来酿造奢侈的气氛。但是，当前众多的平装书上大量使用金银色，不能不引起人们的关注，成为议论的话题。

我认为，对于眼下装帧中的这种“金银现象”，也不应就事论事孤立地评判褒贬，而应该从我国社会的发展，经济的高速起飞，文化的繁荣这些背景中去分析的社会心理根源。其实，在我国的艺术史中就不乏这种“金银现象”存在。从先秦器物上回环旋转的金线纹饰中所显示的社会生产力的发展和统治者的富足，到盛唐艺术品那镂金错彩、繁复工巧的艺术风格中展现的封建社会鼎盛时的时代精神；从宋代金碧山水中显现的奢华气派，到清代双勾金线、娇柔华丽的满足官僚贵族和商人市民需要的工艺品，这些艺术史上的“金银现象”实例，无疑都印证着它与社会的审美理想的必然联系。

近年来，我国装帧设计中出现的“金银现象”，反映了我国一批设计师在装帧艺术实践中对时代审美理想的追求与把握。“金银现象”从一个侧面说明，装帧不仅是艺术而且是一种文化，它的美感包含着广泛的社会内涵和深邃的时代精神，反映了装帧家对社会审美心态的敏感。

(二)金银用得巧，适当才有神

1993 年，我在《三希堂画宝》的封面设计中第一次尝试用金油墨做底色，然后在金上印唐寅的仕女、董其昌的山水、宋人的花鸟。起初，我只是朦胧地觉得垫金之后，古代绘画会显得厚重和含蓄一些，金底色也会使绘画显得更加珍贵。不过我也十分担心垫金的底色会不会改变这些名画的原貌，因为改变原作的面貌就等于失败。但我还是大胆地将计划付诸实践，印刷之后的效果让我惊喜万分！古代绘画在古朴高雅的格调中，显现出难得的富丽高贵的气派。我从这次垫金的实践中尝到了甜头。

近年来，许多装帧作品在金银的使用上有许多成功的尝试，取得了极佳的效果。如：有的作品将金银制成的肖像或风景印在或深或浅的底色上，使封面极富浪漫情调；有的把金银图案作为构成的要素点缀在封面一角，使封面增添了别样的情趣；有的书籍的内文插图用淡淡的银网印制图片，使内文版式显得风流淡雅；有的作品采用烫电化铝的方法，为充满书卷气的装帧多了几分清丽与绚烂。这些尝试为我们的书籍装帧的美感增添了独特的韵味。

如今，金银在装帧设计中的使用方法，归纳起来大致如下：

1. 精装的内封(又称硬封)和内封书脊烫金、烫银。一般用制好的锌版压在金银箔上，在硬封上烫书名字、图案。烫金银时，也可以在金银字下面垫各种颜色的粉片。

2. 在平装书籍封面、书脊上烫金、烫银，目的是为书籍增添几分高贵。

3. 在平装封面上烫金、烫银。方法很多，可以说是五花八门，但总的分为印在图的上面或垫在图的下面，在这两种方法中再求变化。

4. 在环衬、扉页上烫金、烫银。金银印在环扉的彩色纸上，产生韵味独特的效果。

5. 用金银印正文的插图、图片、图案、装饰，如果用得巧妙，能产生高贵典雅的效果。

(三)金银虽富丽，不当则生俗

1974年，我被借调到人民邮电出版社当美术编辑，有幸得到王卓倩老师的指导。记得有一次谈到封面设计如何使用金色时，王老师告诫我："用金色一定要慎重，搞不好就会像有的人镶金牙一样难看。"这个形象的比喻给我留下极深的印象。

西方现代自然主义美学家乔治·桑塔耶那，认为："初级的审美快感往往只注重材料的贵重，而对形式美的鉴赏则需要训练和修养的积累。""如果人们因为珠宝金银的光泽美丽夺目而喜爱它，还是一种初级的、幼稚的审美。如果是从金银珠宝经济价值的贵重喜爱它，就太庸俗了。"(朱狄：《当代西方美学》，人民出版社1984年版，45页)正因为如此，一个成熟的装帧家，总是刻意在形式意味的雕琢中去营造装帧的魅力，而不让欣赏者只停留在对金银的初级的审美层次之中；他们总是苦心地在形式表现中去寻觅能拨动人们心弦的意趣和韵味，而不是只靠往脸上"贴金"来炫耀自己的身价。有修养的装帧家总能把金银用得非常得体，巧妙地将富丽与绚烂融合在深邃的文化内涵之中，使金银在装帧的美感中产生巨大的心灵震撼，而不会使书籍像一个浑身饰满金银而毫无文化修养的富婆。正可谓：金银色泽富丽，用而不当则生俗。

我同意《图书装帧必须确立节约意识》一文中对于目前出版物超豪华装帧现象的批评，但也认为反对装帧的奢华，不等于反对装帧的精美。

我之所以将文章的题目确定为《宁静与浪漫的阅读》，是因为我认为：朴素的装帧设计，依然可以透过设计的魅力酿造美；简约的装帧创意，同样在"醉"与"梦"的形式中制造浪漫。反之，奢侈的装帧不一定美，反而会给人低俗的感觉，但是，装帧对于精美的追求，是不能被否定的。

欧洲巡游

——书籍装帧上的巴洛克

一、从凡尔赛宫的奢华看欧洲装帧上的巴洛克

你如果没有到过法国巴黎凡尔赛宫，你就不会理解法国图书的封面为什么是那种风格；如果你没有亲眼看见路易十四华贵的宫廷用品，你就不会明白欧洲书籍封面上有那么多烫金的曲线；当你参观完豪华的凡尔赛宫，再次走到巴黎的书店，看到无数烫金的书籍封面时，一定会感叹，原来如此！似乎找到的欧洲封面风格的源头。

从上学的时候起，就经常在《欧洲艺术史》上读到两个响亮的名词，一个是“巴洛克”，一个是“罗可可”。大概是我愚钝，一直想象不出二者的艺术风格到底是个什么样子。我只知道“巴洛克”与“罗可可”艺术是欧洲艺术史上非常重要的两个时期，但在内心深处并不真正明白什么是“巴洛克”与“罗可可”。

欧洲之行，使我真正感受到了什么是巴洛克风格的艺术，体味到了罗可可艺术样式为什么这样令人迷醉！当我真的明白之后，突然发现，当今的欧洲书籍装帧艺术中，同样洋溢着浓郁的巴洛克与罗可可的艺术精神，二者竟然与欧洲的书籍装帧艺术的关系这样密切。

面对当今欧洲的书籍装帧，深感巴洛克与罗可可的艺术精神的生命力之强大，而且无所不在，令人震惊！在欧洲书籍封面中普遍采用精美绝伦的工艺方面，在封面书名文字的烫金、烫银、烫各种颜色的电化铝的光泽上，在凸起的弧线上，我看到了当代欧洲人对金银的偏爱，以及他们对华丽的追寻。

在葡萄牙语中诞生的"巴洛克"一词，是指形状不规则的东方珍珠。然后，词义变宽，表示独特、个别、任意的概念，可以指物件，也可以指思想以及表达方式。巴洛克是16世纪末的文化现象，它也标志着直至1760年左右的欧洲文明。它深入到从文学至艺术的各个领域，包括城市规划建设、戏剧，甚至为演出节目而搭设的临时舞台。在近两个世纪中，全欧洲都流行巴洛克。作为一种艺术现象，我们可以说它不仅是一种风格，更是一种趣味。我们走在凡尔赛宫的大厅中，会为王宫内部装饰反映着皇家气派而感到震撼，闪耀的镜子把金器具、铜器、大理石柱映照得光彩夺目，让任何细节都与富丽成为浑然一体。巴洛克风格酷爱使用曲线和斜线，它总是以弧线的剧烈扭曲，展现出壮丽的游戏，让人得到享受，所以巴洛克尽其所能造就着一切人们惊奇赞叹的东西。18世纪，富丽堂皇的巴洛克风格风靡欧洲，渗透到各个不同的领域，直至影响到热情迸发的古典主义和鲁本斯、伦勃朗绘画，当然也影响到书籍装帧，我们从那个时代布满装饰纹样的书籍扉页上，也能充分感受到浓郁的巴洛克意味，可见这种艺术风格被欧洲人所宠爱的程度。

当今欧洲现代书籍装帧所表现出的独特艺术个性，依然继承了巴洛克的热情。封面充满琳琅满目的华丽，各种工艺制造出生机勃勃的装饰；依然闪耀着巴洛克式的各种各样令人眩晕的效果，依然使用巴洛克的复数组合形式，以繁复的美丽表达着喜庆与财富的含义；依然与16世纪开始的巴洛克艺术风格一样，利用各种物质力量，将材料与技术铸合在一起，充满了对于感官的诱惑。

今天欧洲的书籍装帧艺术，虽然是华贵的，但也是庄重的，这与巴洛克风格的高贵与严肃保持着高度的一致。当初，无论是凡尔赛宫，还是贝尼尼设计的圣马利亚·维托利亚教堂所体现的巴洛克风格，都得到了皇家和教皇的赏识。巴洛克之美的核心，是一种颂扬宗教信仰和为教皇精神权威服务的美学思想，严肃与高贵乃是巴洛克的主要特征与标志。

罗可可形式是从巴洛克背景中自然演变出来的，又不自觉地脱离了巴洛克，是欧洲18世纪出现的一种新的样式趣味。据说，罗可可风格的出现还是受到了中国宫廷艺术影响的结果，开始是被引入到欧洲宫廷和教堂的室内装饰上，最先出现于法国。它以一种新的装饰风格、异国情调，对着持续多年的巴洛克的庄严与神圣吹去一股柔媚的新空气。后来罗可可风格在英国、瑞典以至在欧洲很多国家都受到热情接纳。1759年，路易十六颁布敕令取消金银器作坊，瓷质餐具成为奢华用品，于是瓷器也就采取了金银器的罗可可形式。我们在凡尔赛宫的室内装饰上，发现在墙壁与立柱上方布满垂有花饰的线脚、纤秀繁复的卷草，达到了让人迷醉的程度；镶在墙壁上的大块镜子，装点着晶体珠子的吊灯，以及寝具、桌椅造型中表现出的奢靡与妖娆，都标志着罗可可已经摈弃了崇高而在追求欢娱，摈弃了庄严而在追求优雅，摒弃了尊贵而在追求舒适。罗可可的装饰使整个建筑结构都消失在华丽的后面，似乎一切都淹没在了温雅细腻、千娇百媚的香艳之中。这使我想到罗可可时期欧洲书籍的扉页设计，扉页上的图案扩张得简直要压盖了文字，这大概是设计者想让人们在读书时也尽情享受这种奢华的缘故吧。走出凡尔赛宫，我们在书店中立即看到了在当代欧洲书籍装帧艺术中依然闪耀着的罗可可艺术的影子。那种压抑不住的喜悦，充满活力、轻松与任性，那一泻而下的罗可可装饰式样，在封面的金银光泽、涡纹的变化中显示的喜庆气氛，至今依然荡漾在欧洲书籍的装饰趣味之中。

欧洲之行，使我终于搞懂了“巴洛克”与“罗可可”，而且发现了欧洲书籍装帧艺术与“巴洛克”和“罗可可”的关系。

二、在圣彼得大教堂中，感受欧洲封面的肃穆与崇高

2002年，我随中国国际图书贸易总公司组织的出版考察团到欧洲，这对于研究欧洲的书籍装帧艺术与欧洲文化的渊源关系，实在是一次难得的机会。只有亲自踏上这块过去只在画册中看到的欧洲大陆，漫步于过去在图片中欣赏的古罗马历史悠久的街道，站立在圣·彼得大教堂辉煌的大厅里仰望神秘而瑰丽的半圆穹顶，才真正体会到古罗马艺术及欧洲文艺复兴艺术对欧洲书籍装帧有着多么深刻的影响。

欧洲之行，我亲眼看到闻名世界的古罗马的广场、神庙、会堂和元老院的遗址，被古罗马建筑的结构与形式所表现出来的宏伟气魄所感动。这些两千多年前建造的建筑，笼罩着肃穆而伟大的精神，处处体现出实用功能与艺术魅力的完美结合，使我感悟到，原来这就是古罗马的文化艺术精神所在！我在古罗马神庙、剧院、竞技场所放射出的文化精神中，

隐约看到了欧洲书籍装帧艺术与之一脉相承的联系，体味到了欧洲的书籍装帧艺术所蕴含的文化精神的真谛。正是由于古罗马文明的影响，欧洲的书籍装帧与东方文化形成了巨大的差异。中国书籍装帧艺术中荡漾着的常常是温文尔雅的文人风采，而欧洲书籍装帧艺术中显现的却是自古希腊到古罗马艺术肃穆、宏伟的魅力以及“纪念性”与“实用性”融为一体的庄重之美。

在离我们下榻的“共和国宾馆”不远的街道上，我们发现了一家书店，门面样式古老而狭小，但是走进去后，却发现有三层营业大厅，店堂布置相当现代化，各种书籍应有尽有。为什么这样现代化的书店门面却这样古老？这样大的营业厅的门面却这样狭小？随行的翻译告诉我们，为保护罗马旧城，街道两边所有的建筑都不能翻盖，目的是要保存建筑的旧貌，因为这些建筑都有几百年的历史，而罗马的旧建筑的内部是可以改造的。在罗马期间，我几次到这个书店浏览，眼前展现的欧洲现代书籍的精美装帧，与年代悠久的古罗马的建筑形成强烈的对比，同时又能感到罗马的现代与传统之间千丝万缕的联系。我们搞了一辈子书籍装帧设计，今天才如梦初醒，原来我们对欧洲装帧艺术的了解实在太不够了。回想过去对欧洲书籍装帧艺术的了解，看来只能算是“坐井观天”了。不置身在欧洲文化的氛围中，不亲眼看一看欧洲的建筑、绘画、雕塑，不了解欧洲的社会与文化，不深入地考察欧洲的出版业，怎么可能对欧洲书籍装帧艺术有真正的了解呢？

到达罗马的第二天上午，我们来到圣彼得大教堂——这个被称为“文艺复兴时期建筑史上的骄傲”的圣地。如果说，我们瞻仰了古罗马的遗址，对欧洲装帧所表现出的“肃穆的伟大”和“实用功能与艺术魅力的完美结合”的文化精神有了进一步理解的话，那么，参观了圣彼得大教堂，才会明白欧洲的书籍装帧艺术与欧洲的雕塑、绘画一样，与欧洲的宗教有密不可分的关系。

身处宏伟的圣彼得大教堂内，看到米开朗基罗 71 岁时精心设计的大教堂如此辉煌，我惊叹不已！在信徒们洪亮而和谐的弥撒曲的旋律中，瞻仰米开朗基罗塑造的死去的耶稣躺在圣母摇篮般的双膝上的杰作《比埃塔》，才突然顿悟，原来西方传统文化艺术的一切答案，都蕴藏在了教堂的弥撒曲中，蕴藏在神圣而辉煌的教堂建筑中，蕴藏在达·芬奇、米开朗基罗、拉斐尔描绘的圣母、圣父、耶稣的宗教图画中。可以说，欧洲书籍的诞生是出于欧洲宗教传播的需要。欧洲的第一本书籍是《圣经》，开始是用于祈祷的手抄本，大约在12－16世纪，这种手抄本体积庞大而笨重，直到文艺复兴时期才演变成印刷清秀、便于阅读的书。

站在圣彼得大教堂富丽堂皇的穹顶之下，我想起了欧洲装帧艺术史中的记载："封面镶嵌珠宝的圣书，封面包着天鹅绒或软皮，并用金银制成的纽扣把书缚好，其装饰除金银外，还镶嵌了宝石和象牙。"评论家们都说，圣彼得大教堂的辉煌与圣书装帧镶嵌珠宝的豪华与奢侈，都是为了一个目的，那就是把信徒们引入无比神圣的幻境，让人们在徐缓悠扬的圣诗音乐所烘托的缥缈中，在《圣经》装帧酿造的豪华瑰丽的视觉氛围里，幻想着人与天国的对话。身临其境后我才真的明白了，圣书豪华的装帧与教堂辉煌的建筑都是为了宗教传播的需要。这也使我更加确信，一切艺术风格的存在，都有深刻的社会文化背景，书籍装帧艺术同样如此。由此想到，我们研究欧洲的书籍装帧艺术，不仅要研究欧洲书籍装帧艺术的形式特征与艺术表现手段，更要研究欧洲书籍装帧的形与色、风格与样态、趣味与流派所体现的时代背景，研究欧洲现代书籍装帧艺术与历史文化渊源的关系。任何艺术现象都是社会的文化现象，书籍装帧艺术也是如此。

时下，中国书籍装帧艺术进步相当快。当我们为了我国书籍装帧艺术的发展，向世界伸开臂膀，准备学习和吸收一切优秀外来文化的时候，多出去走一走十分必要。由于书籍装帧是一种直观的艺术形式，我们的设计家可以不了解人家的社会文化而直接模仿，但是表面的抄袭与借鉴比较容易，而理解形式背后的文化内涵则要困难得多，也重要得多。

三、逛法兰克福书店，感受欧洲装帧的"成熟"

在德国法兰克福的书店中，浏览陈列架上的书籍，欣赏他们的装帧，与在国内偶尔看几本优秀的欧洲书籍封面设计的感受完全不同。

第一点感受是，欧洲书籍装帧的整体水平高。过去看到的优秀的欧洲书籍装帧设计作品，一是数量太少，每次只是有限的几本，即使在北京国际图书展览会上看到的欧洲书籍也并不多；二是没有身临其境感受欧洲的文化氛围，所以，过去对欧洲装帧艺术的认识存在着很大的局限性。

这次随考察团到欧洲调研，时间虽然不长，但跑了不少书店，收获颇丰。面对着书架上陈列的上千种书籍，精美的装帧充满整个视野，我才真正感受到欧洲文学书籍装帧的整体面貌。哦！原来欧洲文学读物装帧的整体形象是这个样子，不到欧洲来，凭想象是想不出来的。面对眼前展现的一切，心灵真是感到一种震撼。的确，我国书籍装帧的整体水平与之相比还有相当的差距。

回到国内后，美术院校邀请我给学生开“欧洲书籍装帧的考察”的讲座。学生们问我对欧洲书籍装帧最深的印象是什么，我想，如果让我用一句话表达，概括起来归结为一点：欧洲书籍装帧的整体水平，充分表现出欧洲发达的工业文明在出版业上的“成熟”。这种“成熟”，首先表现在书籍整体印制水平的精湛。不像我国只是有部分所谓重点图书，印制才不惜工本，而在图书市场上销售的书籍，往往是装帧印制水平参差不齐。在欧洲的书店中，几乎每本书籍印制都很精美，欧洲书籍装帧的“整体素质”确实高！仅仅这一点，就足可以给我们上一课了！

第二点感受是，欧洲书籍装帧中普遍采用先进的工艺。在封面文字设计中，大量的烫金、烫银以及各种颜色的电化铝，印在起凸的书名上，漂亮极了！当代欧洲书籍装帧对金银的偏爱以及在书籍装帧艺术中对华丽的向往，使我理解了“巴洛克”及“罗可可”艺术对欧洲书籍装帧的影响。我粗略统计了一下，书名字采用起凸后烫金、烫银及电化铝特种工艺的封面，在出版物中几乎占一半以上。在大量烫金烫银的书名字的工艺中，我享受着先进生产力造就的欧洲书籍的美感。我想，他们似乎正是以这种特有的方式，向我们显示着欧洲工业文明的发达，炫耀着欧洲科学技术的领先。我看到了差距，这正是我们落后于人家的地方，也正是当代欧洲书籍装帧的现代美之所在。

第三点感受是，欧洲书籍表现出的既注重“美”又注重“实用”的文化精神。这次看到的欧洲书籍，绝大部分都采用“轻型纸”，极有利于读者携带与阅读。“轻型纸”的轻柔与封面的坚挺相互依托，与“一切为了读者”的人文关怀紧紧联系在一起。我想，经济的发达，必然推动书籍出版观念的提升，欧洲书籍之所以展现出今天这种“美感”而“实用”的形态，是与欧洲文艺复兴以来的“人文精神”分不开的。中国目前的书籍装帧，体现在书籍形态设计上的“以人为本”的人文精神，远远不如人家彻底。

第四点感受是，欧洲书籍装帧的设计风格也在变化。欧洲装帧表现出的“成熟”，不是停留在原有风格上的“凝固”，而是随着时代的前进“变化”。这种变化不仅表现在印制工艺的现代化，也不只体现在装帧材料的日益精美上，更重要的表现在设计观念有了明显的变化。我们从当代欧洲的封面创意中，明显地感受到了西方现代艺术和后现代艺术精神的影响，摆脱了“一幅照片、一个书名”的传统设计模式。今天的欧洲书籍装帧，明显地受到“超现实主义绘画”、“表现主义绘画”、“抽象主义绘画”和“观念艺术”的影响。任何艺术形式都要不断地寻求变化，只有变化才能为艺术注入新的生命，而欧洲的书籍装帧艺术也是如此。我在欧洲书籍装帧风格的变化中，感受到欧洲设计家们不断超越自我的激情。

回到北京，步入北京王府井新华书店，再次在书的海洋中感受着我们自己的书籍装帧。与欧洲相比，我们的装帧及印制水平参差不齐，书籍的纸张材料也优劣不等，明显地感到出版业的经济实力和读者的消费能力与欧洲发达国家存在差距。但我国书籍装帧设计的创意充满了探索精神，设计思想之活跃是在欧洲大陆看不到的，从中我强烈地感到中国的书籍装帧事业蒸蒸日上的发展态势。

海纳百川

——谈中国装帧的借鉴与吸收

对我国与西方的书籍装帧艺术，从文化精神的层面进行比较，具有极其重要的意义。

自1979年到20世纪80年代初期，随着国门的打开，中国的书籍装帧艺术面对迅猛吹入的外来之风，昔日淡雅和谐的弦音被一种狂飙似的轰鸣所淹没。这股飓风把封闭已久的中国书籍装帧艺术的死气沉沉的状况击得粉碎，人们以急切的心情吸收、借鉴“充满新鲜感”的国外书籍装帧的形式样态。

当时，也许是我们的装帧工作者的心情太急了，由于对外来书籍装帧的文化精神还缺乏深入的研究和分析，借鉴也就只是过多地抄袭人家表面的形式，一时“拿来”之风兴起。有人甚至提出“打倒‘书卷气’，中国装帧艺术才能发展”，“中国传统文化是阻碍我国书籍装帧艺术发展的绊脚石”等观点。

当时一些老专家忍不住了，指出：“近些年来的封面设计舶来品太多，在这些作品中，强烈的色彩背后潜藏着浅薄，在刺激的形式中流露出浮躁。”记得一位老教授语重心长地说：“吃人家的东西要消化，否则一定是会拉稀的。”一些学者还尖锐地指出：“外来的装帧形式正在消解着中国装帧艺术的民族精神。”

记得当时在中国美术家协会举办的书籍装帧艺术理论研讨会上，关于如何继承民族传统与吸收外来文化的问题，成了会议发言争论的焦点。

其实，如何对待民族传统与外国文化，是中国近百年来几代人争论不休的老问题。关于如何对待外来文化，历来就有几种态度：一种是拒绝与排斥，故步自封地拒绝一切外来文化，不加分析地指责一切对外来文化的吸收。第二种态度是，对外来文化不分青红皂白一齐照搬，认为中国艺术要走向现代化，就必须“以西方之今，来否中国之古”。区别于以上两种态度的，还有第三种态度，就是在吸收外来文化的同时，继承本民族的优秀文化传统，将人类一切优秀的文化成果都编织在自己的网络结构之中。

无疑，这第三种态度是正确的。因此，用当代的世界眼光，站在新的高度，把西方文化作为一个参照系，对中西文化精神作深入的比较，也就成了我们的一项极为重要的任务。

“比较学”是跨国界进行各个门类艺术研究的重要方法之一，对促进世界各民族艺术的发展起着十分重要的作用。因为只有比较，才能使我国装帧艺术在未来的创作和发展中，面对民族传统与外来文化，能有一个比较清醒的认识；因为只有比较，才能更好地认清外来文化和本民族固有文化两者各自的长处与不足，以便利用他山之石攻玉；因为只有比较，才能站在新的高度，对我国的民族文化精神进行再分析和再整理。中国的现代装帧艺术，如果想要利用当代世界优秀的文化精神来焕发本民族潜在的思维能力和创造能力，使我国装帧艺术不断发展，就要用“比较学”的研究方法，解决书籍装帧艺术的发展方向问题。

“比较学”虽不是装帧学本身的内容，但中国装帧艺术的不断发展需要“比较学”的研究方法。

一、比较——中西文化精神差异的凸现

近些年来，我国的许多学者对中西艺术的文化精神做了大量深入的研究，我把这些文化精神差异在书籍装帧上的表现初步做了一些归纳：

（一）西方艺术注重写实，中国艺术注重传神

古希腊伟大的哲学家亚里士多德说：“人从孩提时候就有摹仿的本能（人和禽兽的分别之一，就在于人最善于摹仿，他们最初的知识就是从摹仿得来的），人对于摹仿的作品总是感到快感。”古希腊另一位伟大的哲学家苏格拉底则说：“艺术不但摹仿美的形象，而且可以摹仿美的性格。”西方美学思想看重美与真的关系，把真不真看作美不美的前提。所以，我

们看到许多西方书籍的封面，大量使用了照片，逼真的形象与鲜明的书名字构成了封面主要的形式内容，简洁而明快。一些专家说：亚里士多德的“摹仿论”成了西方艺术思想的核心，奠定了西方美学理论的基础。

西方文化精神哺育下“逼真”的绘画，曾经让清代的官员惊叹。

清代康熙年间，当中国官员第一次看到北京天主教堂的壁画时，惊讶不已。一位耶稣会士这样描绘中国人在壁画面前发呆，感到不可思议的样子“中国人用手去摸墙，他们不相信那柱子是画出来的。”一个叫魏禧的散文家在自己的《魏叔子文集》中详细描绘了西洋宫画的写实逼真，表达了喜爱之意：“如见其平墀雕墙，高堂层阶，复室周轩曲巷，可出入游而居。见其人马起立，人可呼而至，马可骑也。”清朝许多的文人写诗赞叹“趋入忽若无纸障”或惊喜“令我拥身入图画”。可见当时的西方“逼真”的绘画对处于封闭状态的中国人的冲击。

现代西方书籍封面依然采用大量图片，延续了“逼真”的传统，加之精美的印刷装订，“逼真”的魅力与“现代印刷”的精湛结合在一起，造就了现代西方书籍的美。

然而，在中国文化中，人们往往更强调艺术作品中的“神”，而不是“逼真”的形。在中国古老的《易经》中就有“形而上者谓之道，形而下者谓之器”的说法，推崇“形而上”的“道”。也是古老的《易经》提出了“神”的概念。《系辞上》说：“阴阳不测之谓神”，《系辞下》说“精义入神”，“神而化之”，用“神”来形容万物不可名言之妙。后来，荀子提出了“形之君”的概念，他说：“心者，形之君也，而神明之主也。”荀子的“君之形”与庄子的“使其形者”都已经将“形”与“神”联系在一起了。孟子曰：“充实之谓美，充实而有光辉之谓大，大而化之之谓圣，圣而不可知之之谓神。”（《孟子·尽心下》）把“神”作为一种最高的境界。魏晋以降，画家顾恺之“画人，或数年不点目精。人问其故，顾曰：四体妍蚩本无妙处，传神写照，正在阿堵中。”提出了“以形写神”的论断。由顾恺之始，“性神论”就从先秦两汉的哲学范畴，进入到了中国的美学领域，并对中国艺术产生了深远的影响。

中华民族自魏晋开始的人物品藻，把人分成了“形”和“神”两部分，并以“类似性感受”的方式，以“目”感“神”。《世说新语》说：“世目李元礼：‘谡谡如劲松下风。’”“王公目太尉：‘岩岩清峙，壁立千仞’”就是“类似性感受”的方式“品藻”人物。由此形成了“以目品人”，“以物比人”的审美方式。在中国认为对“神”的表现高于对“形”的描写，由此为中华民族的审美方式奠定了基础。19 世纪末至 20 世纪初，中国近代书籍装帧刚一起步，一批装帧家就开始用花草图案而不是用直观的照片，设计了许多散文、杂文和小说的封面。陶元庆设计的《回家》封面，用似乎是写意变形的山石与绿草为图案，表达书籍内容的寓意，颇得神韵；《一坛酒》封面，在一轮满月上画了寥寥几笔枝叶，月亮图案用了凸版印刷的方法，颇有感怀人生的意味；《语丝》封面上的花草图案似乎与内容无关，但是却把握住了书籍的“神”。钱君匋的《丁宁》、《芥川龙之介集》、《两条血痕》、《结婚的幸福》的封面都是以花草为图案，用“类似性感受”的方式，在封面中营造出充满诗意、情趣、韵味的艺术境界；它们不是靠“再现”的逼真去征服读者，而是通过以“物”传“神”的方式，使“神”超越感性现象并在心灵中升华，于是，人们在心灵的无限自由中对书籍内容的“神”有了感悟。

西方与中国的文化背景不同，由此也造成了中国书籍装帧与西方书籍装帧不同的美感。

(二)西方艺术注重生理感官的刺激，中国艺术则注重韵味的内心体验

了解绘画的人都知道，中国画与西画比较，西画以浓烈的色彩和令人振奋的形式给人的感官以强烈的冲击，洋溢着生机勃勃的积极进取精神。正因如此，在国门打开之初，当我们看到当代西方装帧中那强烈的色彩和鲜明的形式时，曾激动不已。中国艺术则注重审美的内心体验，而内心体验的“内游”又是以“涤除玄览”(《老子》十章）观照万物的方式为前提的。

西方人马蒂斯从东方的绘画中受到启迪，他说：“如果线条是诉诸心灵的，色彩是诉诸感觉的，那你就应该先画线条，等到心灵得到磨练之后，它才能把色彩引向一条合乎理性的道路。”注重感官刺激的西方人马蒂斯终于明白了线条与心灵的关系。

学者普遍认为：中华民族传统的审美心理结构，表现在艺术作品上，线重于色，想象重于感知，喜欢意在言外，强调情调和谐，带着长期农业社会和儒道思想的痕迹。(李泽厚著：《李泽厚学术文化随笔》中国青年出版社，1998 年版，194 页)人们都说：中国人传统的审美心理并不像西方人那样特别注重“生理感官的刺激”，与之相反，“中华民族的审美心理是偏重于‘品味’形的”。

中国艺术讲究“味”。“味”本属于生理学的“味觉”范畴，但自从老子提出“味”的概念后，“味”便在中国文化的发展过程中，逐渐成为一个重要的审美范畴。南北朝时期钟嵘在《诗品》中又将“滋味”提升为最高的审美标准，要求作品“滋味流于字句”、“文已尽而意有余”，达到“味之者无极，闻之者动心”。这种注重内心体验的审美方式，与西方注重外在形象、强调感官刺激的直观审美方式，大异其趣。

中华民族“偏于品味型”的审美心理，在中国的装帧艺术中表现得十分明显。无论是20世纪30年代陶元庆设计的《朝花夕拾》，还是20世纪50年代曹辛之设计的《九叶集》，直到今天陆智昌设计的《金明馆丛稿二编》，都属于这种含有无限潜在之“味”、耐人细细品嚼的作品。

谈到“内心体验”，必然想到庄子。《人间世》和《大宗师》讲述的“心斋”和“坐忘”的故事：

回曰：“敢问心斋。”仲尼曰：“若一志，无听之以耳而听之以心；无听之以心而听之以气。听止于耳，心止于符。气也者，虚而待物者也。唯道集虚。虚者，心斋也。”

仲尼蹴然曰：“何谓坐忘?”颜回曰：“堕肢体，黜聪明，离形去知，同于大通，此为坐忘。”

“心斋”和“坐忘”是一种静心观道的方式，只有达到“心斋”的境界，才能挣脱个别具体形式的局限，用心灵“品味”艺术的真谛。

(三)西方艺术注重实体的表现，中国艺术则注重“气韵”的感悟

西方的书籍封面上，如果有一个人物的肖像背景是白的，那一定是“空间”；而在中国封面上，空白则是“空”与“无”。西方的“空间”是空气，是实体的物质，是可以“看”到的，而中国的“空”与“无”是“气”，“气”必须以“无听之以形而听之以气”的方式体会。

西方艺术的出发点是“有”，“有”即实体，因此极力表现物的可感的体积和深度的空间以及光影色彩的规律，并由此形成了重形式、重理性、重明晰的艺术掌握方式。而中国人则说：“太虚无形，气之本体，其聚其散，变化之客形尔。”(张载：《正蒙·太和》)中国艺术是从“无”出发，以气为本，由此展开对气的追求。这是一种在自我内心直觉体验中把握宇宙生命的审美方式。中国画把“气韵生动”放在“六法”之首，我们也可在中国古籍的装帧形式中观照到虚灵之气。当下的中国书籍装帧，也完全可以在设计中将虚与实、疏与密、曲与直、分与聚、起与伏等形式的运动变化，转化为生生不息的气韵，营造中国书籍装帧所独有的气韵之美。这种气韵之美是在西方装帧中寻觅不到的。

陆智昌设计《金明馆丛稿二编》封面的“虚空”让我感动，满版空空的，除了灰色纸张的肌理，什么也没有；书名字体不大，却聚集在封面的极上端，把整个封面的面积都放弃了；空无的一切……都可以感悟的“气”。

西方艺术的关注“实体”，中国文化关注“气韵”，还体现在封面设计时，设计师对于“面”与“线”使用上的观念不同。中国人对线条的认识与实践有着悠久的历史。从原始彩陶开始，经历了商周青铜器、汉代石刻、敦煌壁画、宋元的水墨画、明清的绘画，充满了线条的魅力，尤其中国的书法，线条笔法如此变化丰富，无处不昭示着中国人对线条天生的领悟与把握能力。中国人赋予“线条”以深奥的哲学内涵，因此，“线条”在中国人心中，往往意味着“形而上”的“道”。

所以，我们在今天的中国封面上，看到了无数的“线条”。百花文艺出版社《北京金粉的遗事》封面上的一条弧线，将诸多要素串联起来，为封面增添了生动的“气韵”。

在当代中国书籍中，用“线条”为封面添加文化“气韵”的例子举不胜举。

西方封面的“空白的空间”与“实体的面”是可以看到的，中国封面的“空灵”与“气韵”是靠心来体会的。

(四)西方焦点透视的“取景框”与中国散点鸟瞰的“要素组合”

西方绘画是焦点透视，中国绘画是散点透视。中国与西方绘画表现方法的不同，也影响了书籍装帧设计理念的差异。西方封面设计往往总让人感到有一个“取景框”，中国书籍封面的构成常常是“诸多要素”的多视点的组合。

1580 年来到中国的传教士利玛窦，在他的著作《译几何原本引》中，把西方的焦点透视原理介绍给了中国，书中写道：“其一察目视势，以远近正邪高下之差。”告诉中国人：西洋绘画严格遵循透视学原理，依照几何学测算构造一个三进的空间幻景，从画面四周边引诸线集合于一点，称为“焦点”或“消失点”，然后，景物按距离决定其大小，以衬出远近，便在二维平面上表现出了三维景物。西方的焦点透视的人是固定在一点上，不动的，观察景物的尺度范围也是固定的。于是，西方绘画一定要用“取景框”。

于是，西方书籍封面的图片，无论怎样的变化，总脱离不了“取景框”的意识。

中国绘画采用散点透视的方法，古代山水画家将这种方法称之为“鸟瞰”。善于“鸟瞰”的中国人不是站在一个固定点上看世界，而是“山近看如此，远数里看又如此，远十里看又如此，每远每异，所谓山形步步移也。山正面如此，侧面如此，背面又如此，每看每异，所谓山形面面看也。如此是一山而兼数十百山之状，可不悉乎?”中国人不但“步步移”观察景色，而且能够表现山的“三远”：“自山下而仰山巅谓之高远，自山前而窥山后谓之深远，自近山而望远山谓之平远。”(宋·郭熙《林泉高致》)

中国“鸟瞰”的散点透视，植根于中国农耕文明，伏羲“仰侧观象于天，俯视观法于地”观万物生长的循环之道的方式，也成为了中华民族“仰观俯察，远近游目”审美观照的典型方法。

“鸟瞰”的散点透视方法，深深植根于中国的一切艺术之中，书籍装帧艺术也不例外。现代的中国书籍封面，在设计构成中，经常采用诸多要素组合的方式，造就了中国封面的独特美感。

(五)西方艺术崇尚原欲与激情，中国艺术强调学识与修养

西方强调艺术的灵感来自人的本能原欲，中国的艺术创作则强调建立在修养、学识、功力的积累之上。中国与西方的书籍装帧艺术，也在各自的设计形式上体现出了不同的艺术精神。

西方人把艺术创作归结于“激情”和“原欲”。

柏拉图把艺术创作归结为“心灵的迷狂状态”，认为：艺术创作“不失去平常理智而陷入迷狂就没有能力创造”。

尼采提出了“日神”与“酒神”的概念，认为人都有两种本能，一种是迫使人“趋向幻想”的本能，一种是迫使人“趋向放纵”的本能，这两种本能表现在生理现象上就是“梦”和“醉”，而两者正是艺术冲动的原动力。在尼采看来“幻想”与“放纵”处于“激情亢奋”状态，才是艺术创作的源泉。

现代西方的弗洛伊德从人的生理“本能”及“无意识”的原欲中去找艺术创作的根源。弗洛伊德认为：性本能是一种原始的冲动，具有很大的能量和活力，这种能量只会转换形式但不会消失，但是，往往受到现实社会的压抑而得不到满足。他认为："艺术作品是艺术家在原欲支配下所制造的幻想""艺术之所以给人以愉快，也就是因为它能在幻想中为原欲提供一种替代性的满足"，并将其称之为"力比多转移"。

仅此，我们对于西方书籍封面上表现出的"激烈的形式"、"奔放的色彩"、"充满感官刺激的冲动"，就都会有所理解了。

中国艺术家总是说："人品既高矣，气韵不得不高，""人格不俗，画自不俗。"强调艺术作品是与人品、人格、修养密不可分的。宋代苏辙说："气可以养而致。"主张艺术的"才"与"气"是长期苦学，"读万卷书，行万里路，胸中脱去尘浊"的结果。

因此，我们喜欢一些书籍的装帧，认为设计得好，但并不是因为色彩多么强烈，而是因为"有格调"、"超凡脱俗"；我们夸奖一些设计师优秀，往往不是因为他的设计多么花哨，而是因为他的"修养高"、"有学识"。

出版界的领导近几年几次提到"反对装帧设计低俗之风"和"反对书籍装帧的奢靡之风"，就是因为这些"低俗"或"奢靡"的书籍装帧，无论色彩多么鲜艳、形式多么刺激，都丝毫掩盖不了设计者毫无修养的低俗人品和他们毫无学识的空虚与苍白。

中华民族重人格、重修养的审美心理。中国著名书籍装帧教育家邱陵先生曾多次讲过："作为一个装帧家必须读书、爱书，一个人不读书、不爱书，怎么能搞好装帧?"就是强调修养、学识在设计中的重要意义。

以上并不是对中西装帧文化精神差异及其根源的全面系统的分析阐述，只是我在设计实践和理论研究中的几点切身体会，如果能有抛砖引玉的效果，也就算是达到目的了。

当然，差异是相对的，如中国艺术也并非不主张写实，西方艺术也并非不讲传神。中西艺术以及中西装帧作为人类共同的文化形态，必然有很多共同的东西。但是，当文化跨国界、跨民族传播的时候，在彼此的冲撞中，其特征往往由于对比而产生意料之外的"放大"效应。当中西装帧艺术的文化精神差异在对比中凸现出来的时候，我们的装帧艺术在中西方文化的冲撞中，应该吸收什么或发扬什么，也就更加明确了。

二、吸收——“形而下”的抄袭与“形而上”的融合

我们之所以从文化精神上而不只是从形式表象上做比较，是因为前者更重要。装帧作为一种直观的世界性的艺术语言，我们可以不去了解外国书籍的内容，也不去了解外国装帧的美学内涵与文化精神，便可以根据直观感受去抄袭人家的形式。但是，这种抄袭必然是生硬的、不符合中华民族的气质与审美心理的，因此，必然不会被我国大众的民族感情所接受。

画家刘国松有这样一段话，讲述了他从崇拜西方艺术到回归中国传统的过程。他说，他曾“模仿了西洋现有的，而国内无人尝试过的新风格，就自认为自己思想比别人新，比别人具有现代感”，但是随着时间的推移，他开始意识到“一味地模仿西洋的新运动，并不是条正确的路”。他深有感触地说：“我渐渐觉得民族风格的重要，任何一位有创造性的画家，都离不开自己的传统，也无需特别排斥，这是我绘画思想的转折点，也是浪子回头的一年。”(郭甫：《刘国松——一位在传统与现代的结合上不断探索的艺术家》)经过反省，他的绘画回归于东方，将唐宋山水画中大气磅礴的艺术精神融入到了自己的绘画之中。林风眠也是在西方世界中认识了本国艺术的价值，得出了吸收外来文化必须“以固有文化为基础”的结论。

近年来，我国的装帧家们经过对西方装帧设计的学习，许多人有了这样的体会：一味模仿“洋货”，照搬、照抄国外的装帧形式，设计出来的书籍封面并不“现代”，反而显得不伦不类，像是东施效颦。

固然，对形式的借鉴是不可缺少的，但是，对优秀外来文化的吸收不应停留在表面形式的抄袭，而应该是更深更高层次的文化精神的融合。我们民族温文尔雅的“神人以和”的美，需要炽热、激烈、迷狂的精神相补充；我们有飘逸、超脱、虚静恬淡的审美方式，但不能拒绝情感波涛与本能欲望的火焰；我们时常在静观内守中追求审美的精神超越，但内在的“心理场”也需要寻求外在的视觉冲击力；在我们的阴柔、虚灵、清淡的静美中，更应添加辉煌的绚丽、磅礴的气势和令人振奋的动感；我们艺术上的模糊思维方式，也需要科学的思维来补充；我们在强调装帧艺术创作靠“学识”、“修养”的理性的同时，也应与非理性的情感力量相

沟通。显然，这种精神的吸收要比表面形式的吸收深刻得多、重要得多。

对于民族传统的继承，同样是继承其优秀精神比延续表面形式更重要，表面形式的延续只会使中国装帧走上“程式化”的老路。

总之，我们强调精神的吸收与融合，因为只有建立在哲学精神上的吸收与融合，才能实现审美意识上真正的融合；只有精神的吸收与融合，才能避免照搬别人的固定不变的模式，从而形我国装帧风格多元化和设计形式多样化的局面。

当然，中国书籍装帧艺术的发展，绝不是中西艺术精神的简单相加。而在比较中吸收、在比较中继承，将是我国书籍装帧艺术走向辉煌的一条必由之路。相信在不远的将来，中国的装帧艺术一定会以浓郁的民族风格和强烈的现代感让全世界注目。

三、启示——历史印迹的回顾

自19世纪中叶，西方的铅印技术及印刷设备输往东方，我国的一些书籍开始逐步采用了“西式装订”形式。装帧艺术面对新的书籍形态，开始了对“西式开本”装帧艺术形式的探索，走上了一条既继承民族传统文化又大胆吸收外来文化的创新之路。在20世纪的二三十年代，涌现了一批像陶元庆、孙福熙、司徒乔、陈之佛、丰子恺、钱君匋等有影响的装帧艺术家。他们面对与中国线装书完全不同的新式样态，进行着创造性的探索，并给后人留下了许多装帧佳作。这些作品至今依然对我们具有深刻的启迪作用。

首先，他们的作品表现出的是对外来文化如饥似渴的吸收精神。陶元庆为鲁迅小说《彷徨》设计的封面，单色变形人物的形象明显带有洋味；30年代《文艺月刊》的封面和陈之佛设计的《小说月刊》，则明显有欧洲比亚兹莱装饰风格的痕迹；叶灵凤为现代书局设计的许多封面，如《菊子夫人》、《红的天使》更是如鲁迅所说：“叶先生的画是从英国的比亚兹莱剥来的。”在《新青年》、《共产党》月刊杂志、小说《十月》等封面设计中，我们可以看到苏联十月革命后社会主义文化的影响；而在钱君匋设计的《绝望女》、《三姊妹》、《无妻之累》等封面的图案中，则“明显受到日本图案风格的影响。”(邱陵：《书籍装帧艺术简史》) 从这些作品中，我们可以明显地看到外来文化的引入，为中国 20 世纪二三十年代的中国装帧设计带来了多么大的活力。如今，在这些装帧史料的印迹中，我们虽然看到某些作品中表现出对外来文化的借鉴还有些生吞活剥、并未完全消化的痕迹，但是，谁都不能否认，自 19 世纪中叶以来，以“西式装订”形式出现的中国书籍，迫使中国的书籍装帧家从一起步就虚心向外来文明学习。正是那个时代的许多装帧家的大胆吸收与借鉴，才促进了中国近现代装帧艺术的发展。

另外，在 20 世纪二三十年代许多令人难忘的作品中，我们还清楚地看到，他们在对外来文化大胆借鉴的同时，从未忘记对本民族固有文化的继承。《彷徨》封面上的两条横线及金石味十足的书名字，使“西式装订”的封面显现出了一种中国特有的韵味。《艺文志》、《心的探险》等不少封面使用了汉画像砖图案，使新的书籍样态增添了中国气派。这也正是中华民族的审美情趣与审美精神，通过艺术家的心灵注入了装帧外在的形式之中，使物化的“西式装订”荡漾着虚灵高妙的中国美学精神。

我们从以上史实中可以清楚看到：自清末以来，中国近现代书籍装帧艺术的诞生和发展，是建立在对外来优秀文化的吸收并与本土文化相融合的基础之上的。在中国 20 世纪 30 年代的书籍装帧艺术中，可以看到四方面的影响：(一)中华民族本土文化精神的继承，(二)欧洲书籍装帧形式及欧洲绘画中的文化精神的影响，(三)日本书籍装帧艺术对中国书籍装帧的影响，(四)苏联及东欧社会主义国家美术对中国近代书籍装帧艺术的影响。这个时期的书籍装帧艺术家，大胆地吸收一切优秀的外来文化，以中华民族本土文化为基础，构建了中国书籍装帧艺术最初的样态。

鲁迅先生对书籍装帧非常重视，他为自己的书设计了不少封面。他在评论陶元庆的作品时说：“用的是新的形和新的色，又不是‘Yes’，‘No’，因为他究竟是中国人。”又说陶的作品“其中仍有中国向来的魂灵”。鲁迅的话正是那一代人面对外来文化与民族传统思考后得出的结论。把外来的一切优秀文化转化为“新的形和新的色”、“其中仍有中国向来的魂灵”，即那个时代的书籍装帧艺术家走过的这条道路，至今依然对我们有不小的启迪。

四、回归——装帧艺术新层次的神韵

出版家和艺术评论家都注意到，近年来越来越多的书籍装帧作品，在设计风格上正在向传统回归。

传统文化精神在装帧设计中的回归，不仅表现在对传统图案的简单引用，还升华为对中国文化艺术精神的继承。你可以在这些作品中，感悟到一种神韵、一种魅力、一种征服人心的力量，这就是中华民族特有的传统文化精神。这种融入到书籍装帧中的文化精神，是悠久的历史长河中积淀而成的中华民族特有的审美方式、审美趣味、审美理想在书籍装帧设计中的体现。

设计家们为 20 世纪 90 年代中国书籍装帧注入民族之魂，成为“第五届书籍装帧艺术展”引人注目的重要特色之一；显现在当代中国装帧艺术中的民族精神，似乎成了这次展览最打动参观者心灵的主旋律。

这次传统的回归，是建立在以西方文化艺术精神为参照系，对中华民族文化再认识的基础之上的；是在国门打开之后，如饥似渴地学习西方装帧艺术之后的再思考，是再思考之后进行的探索与实践。

因此，这次回归不是表面形式的回归，而是高层次的回归，是文化精神和哲学精神的回归，是“形而上”的中华民族文化灵魂的再现。

具体表现在以下几个方面：

其一，在充满回归精神的当代中国书籍装帧中，更加注重中国传统文化所提倡的神韵。不再像有一个时期那样，一味地仿效西方的形式，简单地追求浓烈的色彩或视觉冲击力，而是在吸收西方优秀文化精神的基础上，在形与色之间酿造书籍装帧的东方神韵。

这种对神韵的关注，不仅停留在封面设计上，而且灌注在整个书籍形态的整体之内，着眼于读者阅读过程中对神韵的整体感受。

其二，在充满回归精神的当代中国书籍装帧中，更加注重装帧设计的品位。这种对品位的追求不是传统“灰色”封面的回潮，更不是中庸、灰淡、死气沉沉书籍样态的死灰复燃，而是对中国艺术注重文化内涵与修养这一传统的继承。我们今天看到的许多设计，在形色之间既充满勃勃生机，又渗透着深邃的文化修养与人品格调。

其三，在充满回归精神的当代中国书籍装帧中，更加注重内心对气韵的感悟。今天设计家们对“气”的追求，不是回归到明、清装帧中的那种阴柔萎靡的“书卷气”，而是超越于书籍形色之上的气韵，这是在西方装帧艺术中根本看不到的。这种装帧中的气韵，随着设计观念的进步，日益整体化和深刻化，已经灌注在封面、环衬、扉页、内文、封底甚至腰封的每一个空间，并在翻阅书籍的过程中，随着视线的转移形成气韵的流动感。

其四，在充满回归精神的当代中国书籍装帧中，神韵、品位、气韵是建立在充分吸收优秀的西方装帧艺术形式和文化精神的基础之上的。扬弃了中国传统文化精神中消极、萎靡、保守的方面，融入了西方装帧艺术中强烈的、积极的文化精神，使中国现代装帧登上一个崭新的台阶。

其五，在 20 世纪 90 年代中国当代书籍装帧中，高科技的电脑与中国文化底蕴得到完美结合。电脑的使用，为中国装帧设计者追求神韵与气韵提供了高科技的手段，设计者可随心所欲地调动着各种设计要素。中国的新一代书籍装帧家在吸收国外优秀文化的基础上，利用现代的科技手段，为在中国现代书籍装帧作品中酿造新的东方神韵而不断探索。

五、创新——现代与传统的对立统一

中国当代的书籍装帧艺术，应该既是现代的，又是传统的、民族的。

现代与传统是一对矛盾，似乎是对立的、不可调和的。但是，从“第五届全国书籍装帧艺术展览”的作品中，我们看到了现代与传统的统一。装帧家把悠久的民族文化精神融入到现代的审美意识之中，并以丰富无比的多样化的形态奉献给广大读者。

中国的书籍装帧艺术要走向现代，离不开对国外优秀文化艺术的借鉴与吸收。

中国的书籍装帧艺术要走向现代，更离不开对本民族优秀文化艺术精神的继承与弘扬。

上　《史海流连》设计　邓中和 张瀚钦
中　《书林落叶》设计　邓中和
下　《新人间美学》设计 邓中和　于黎

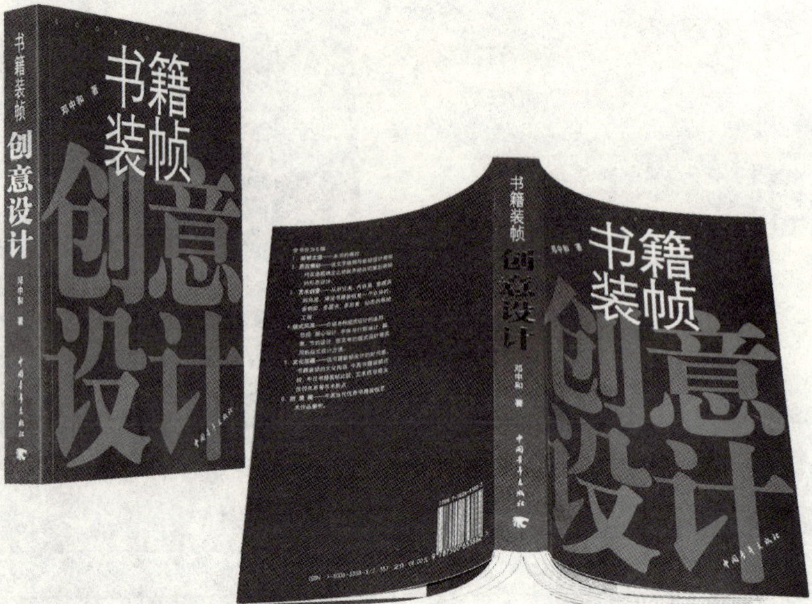

上 《书籍装帧创意设计》 设计 宁成春
下 《全国十所高等美术院校基础教学作品范例》 设计 八夕子工作室

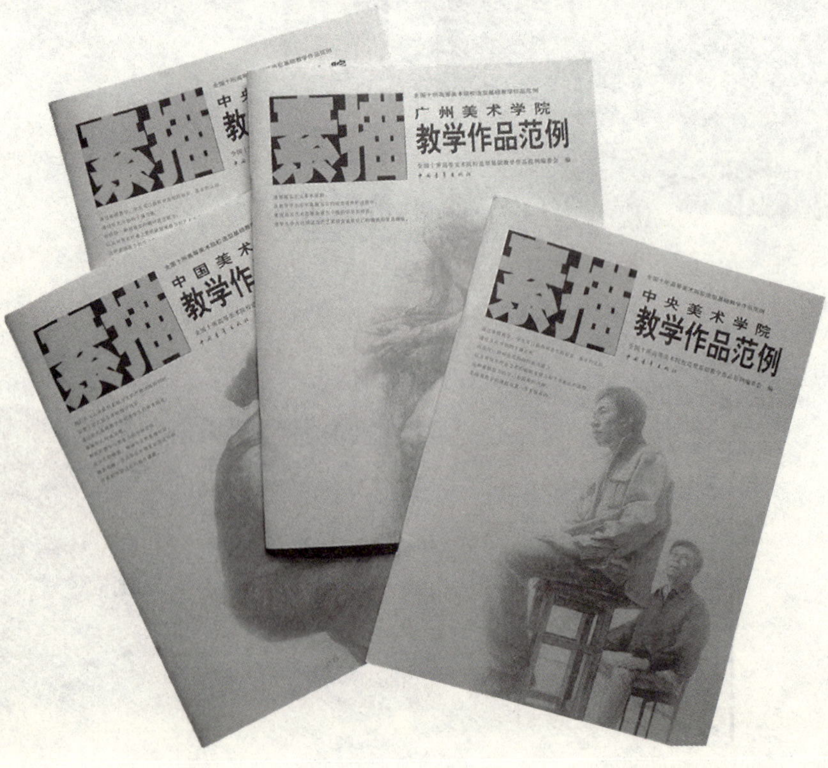

上　巴洛克与罗可可精神具有强大的生命力，在欧洲书籍装帧艺术中，处处洋溢着巴洛克和罗可可的艺术精神。

下　富丽奢华的巴黎凡尔赛宫

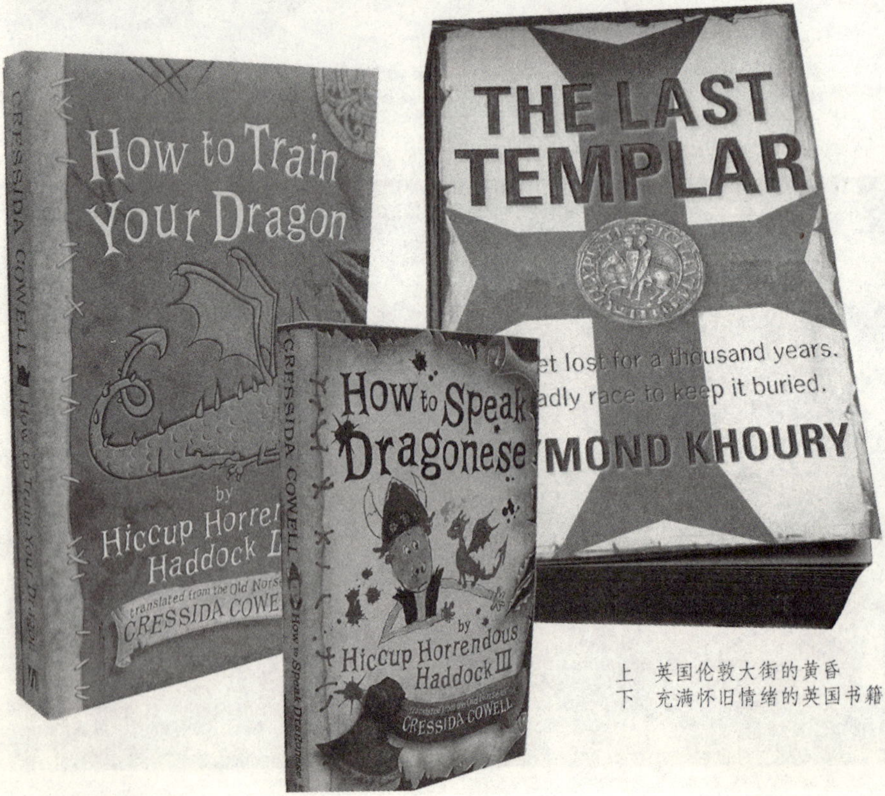

上　英国伦敦大街的黄昏
下　充满怀旧情绪的英国书籍装帧

西方书籍封面注重感官刺激，浓烈的色彩，令人振奋的形式构成，强大的视觉冲击力，充满生机勃勃的积极进取精神。

195

上 日本装帧受到幕府文化和浮世绘的影响，“菊与刀”的精神也渗透到了封面的内容，与中国的文人文化大相径庭。

下 昔日将军幕府的厅堂

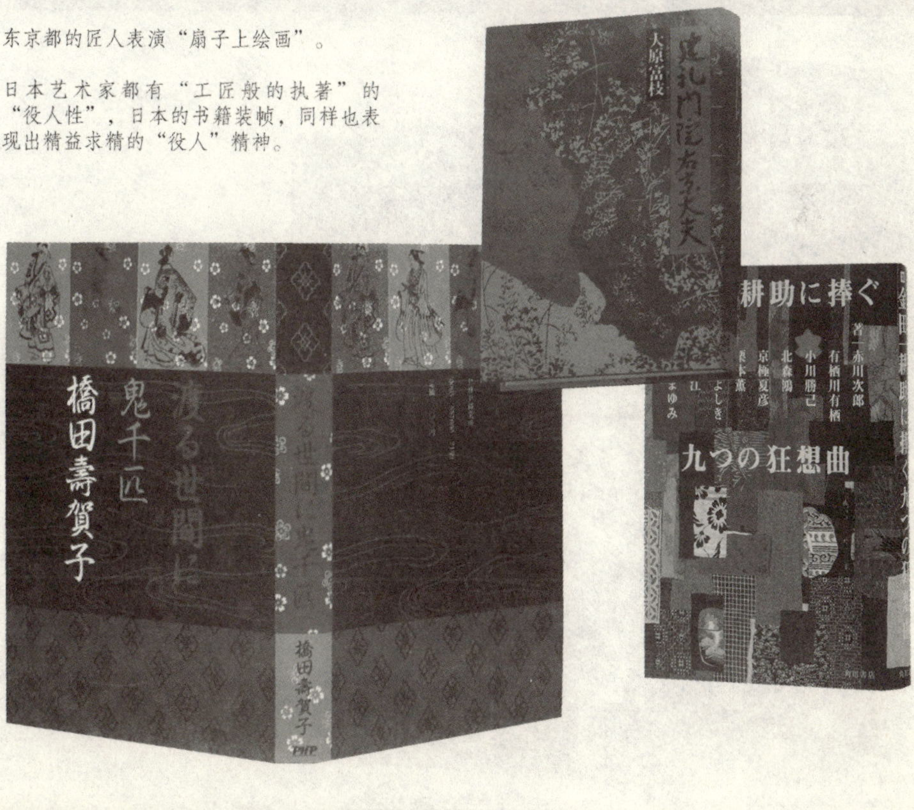

上　东京都的匠人表演“扇子上绘画”。

下　日本艺术家都有“工匠般的执著”的“役人性”，日本的书籍装帧，同样也表现出精益求精的“役人”精神。

上 静谧的园林，空寂的心灵

下 日本人以“幽玄”“空寂”的心境细腻的观察“自然界的花草”；以淡淡的伤感赞美樱花的坠落。日本人的“物之哀”情感，处处表现在日本的书籍装帧之中。

樱花之旅

——日本书籍装帧艺术考察

我对日本书籍装帧产生兴趣是在20世纪80年代末，在北京举办的国际书展上。每当走到日本展区，看到日本的书籍比当时我国的书籍漂亮得多，总要在那里浏览很长时间。一个同行以我说："日本封面的'书名字'也是方块形，因此我们借鉴起来比较容易。"那时，有不少设计同行，在设计形式上借鉴了日本装帧的一些要素。

在80年代末90年代初，中国青年出版社为了促进文化交流，曾经请日本装帧家杉浦康平、菊地信义到中国讲学，他们的学术讲座对我有许多启迪。

我1994年在中国艺术研究院读研究生时，美术研究所研究员刘晓路先生给我们讲"日本美术史"课，他从中日文化精神不同的角度，分析中国美术与日本美术的差异，精辟至极，对我启发很大。就是从听了刘晓路先生的课程之后，我开始了对于日本书籍装帧的研究。

一位长期研究日本文化的中国学者说："日本和中国是一衣带水的邻邦，日本人和中国人同属于黄色人种，无论从地域、种族或历史的渊源，日本人离我们很近很近；但同时日本离我们又很远很远，这不仅是指语言、传统、风俗、民情的殊异，还有那不能一览无余的心灵。"确实，中国书籍装帧与日本书籍装帧所体现出的各自民族的文化精神，正是如此。

中国的学者历来十分重视对日本文化的研究，著名美学家李泽厚说："日本很值得我们好好研究，这是一个大问题。"

为了比较深入的了解日本书籍装帧艺术，我终于得到机会到日本进行了我的"樱花之旅"。我知道，如果能够直接身处日本的土地，接触日本的社会，观察日本的风土人情，考察日本文化与装帧的关系，虽然不能特别深入，但是也一定会有许多直接的感触。

杉浦康平、菊地信义这两位日本书籍装帧艺术家，在中国出版界具有很高的知名度。尤其是杉浦康平三次来华举办学术讲座、阐述其学术思想的录像带《书籍的生命——杉浦康平的装帧艺术》在我国出版界广泛传播，产生了很大的影响。杉浦康平等日本装帧家的作品和充满东方理念的设计思想，给正在苦苦探索中的中国书籍装帧工作者带来了许多可贵的启示。

与此同时，如何看待和分析他们的装帧作品及其艺术思想，这也给中国装帧艺术工作者提出了挑战。

专门研究日本美术的专家刘晓路曾这样说："过去一些学者经常强调中日文化的一致性，认为都是东方文化，其实，如果深入分析，这种观点并不符合事实。"他曾深入分析中日美术的种种差异，很有洞察力。我赞同刘晓路先生的观点。因此，我认为进一步分析中日两国的文化差异及其在装帧艺术上的表现，同样是必要的。

经过初步归纳，我认为日本的装帧艺术在文化精神上有以下特点，正是在这些方面与中国的文化精神存在着较大差异。

一、"役人性"与"工匠精神"的日本装帧

日本人天生带有一种工匠精神，日本把这种工匠精神称之为"役人性"，用我们中国词汇表达，类似于"敬业精神"。"役人性"要求日本人都具有"工匠精神"，把事情做得细而又细，精而又精，无论绘画还是其他艺术门类，日本的艺术家都有一种"工匠般的执著"。刘晓路先生在分析日本美术的特征时，说："因为日本人的'役人'性，因此日本很少有西方那种'纯艺术'，它的建筑、雕塑、绘画、书法往往都带有工艺美术的装饰色彩，以至在西方人的眼中，日本是工艺美术之国。'漆器'居然成为日本的代名词——英语中，它们是一个词，只是大小写不同：japan 指漆器，Japan 指日本。"如果说日本的书籍装帧也充满着"工匠般的执著"精神的话，是一点也不过分的。

我在日本考察时，看了日本漆器工匠的表演，虽然他们知道是在为游客表演，依然一丝不苟，耐心雕琢每个微小的细节，从他们脸上看到的那种特别执著的神态，使我感受到日本人“役人性”就是这个样子。

日本书籍装帧作品最大的魅力，也正是将日本“工匠般的执著”精神注入了书籍形态之中。日本装帧家以日本民族特有的“役人性”的思维方式，精益求精的工艺制作，赢得了世人赞誉。

而在中国文化中，几乎所有的艺术家都主张“艺术要摈弃匠气”，把“匠气”视为一切艺术的大忌。中国古代的《易经》中说：“形而上者谓之道，形而下者谓之器。”认为形象之上的抽象精神“道”，高于形象之下的东西“器”，也就是推崇超越“器物”之上的精神“道”，贬低无“精神”的“器”。因此，庄子《养生主》中讲了庖丁解牛的故事，庖丁对文惠君说：“臣之所好者道也，进乎技矣。”就是提倡无论什么事情都要“超乎技”而“进乎道”，达到“庖丁解牛”中所说的“以神遇而不以目视，官知止而神欲行”的境界。中国人把“道”高高地放在“技”之 上，认为艺术只要表达了“天人合一”的“道”，任何刻意雕琢和斧凿的“制作”都是多余的。庄子还描述了一幅“至德之世”自然天为的景象，提倡朴素自然的美，反对过度修饰取悦于人。在中国文化精神中，艺术家关注的不是艺术形式和艺术技巧本身，而是超越形式与技巧之上的“神韵”与“意象”。因此，中国的书籍装帧往往表达的是书籍之“道”，而不是炫耀装帧之“技”。把中日两国的书籍装帧摆在一起，就会发现这种反差十分明显。

二、日本装帧“以小为美”的审美趣味

德国的一位叫施马哈的思想家，对日本美学进行了考察之后，得出了日本“小为美”的观点。他说：“在日本的美学思想中，对‘小’的特殊爱好，与西方形成强烈对照。而在西方传统美学中，美总是与‘大’联系在一起的，美本身必须具有一定的‘量’，因此西方的传统建筑、雕塑、绘画都像历史丰碑一样。”“日本则有从小的事物中发现美学价值的传统。”

旅居日本的中国学者毛丹青写了一本叫做《发现日本虫》的书，他在书中评论日本文化说：“日本的艺术品以‘精巧于小’享誉，而非以‘万全于大’著名于世。”此言概括得十分贴切。毛丹青在书中十分形象地写道：

"这样的习惯和心理，犹如蚂蚁、蜜蜂那种社会性的小昆虫。"他游历日本小镇后，深有感触地说："日本式的景致对我来说是不寻常的，它那么小巧，又那么精细，而不像中国那么辽阔、粗放。"他举例说："日本城镇的铁道线两旁经常是拥挤的房屋，可中国铁道线边上是宽阔的、疏散的空间。这一小一大，一细一粗，一挤一松的区别都说明了我们观照事物的背景不一样，或叫它'成像'不同。"又举例说，如日本料理"每一碟子里摆的菜很少，很可怜，吃饭的时候调动人的视觉，成为一种享受；要是异想天开在装日本料理的碟子里摆上中国菜，拿一个小碟放三片青椒肉丝，就像是胡闹。因为中国菜有中国的讲究、中国的排场、中国的摆式，色香味与日本不一样，这是传统，世上没有比传统更难改的东西了"。他研究发现"日本人自小从饮食开始，就接受了一种对精制、对细致的熏陶，有时精细得连针眼儿大的事都会像对待火箭一样琢磨"。他得出结论："日本是一个工匠国家，手艺讲究精、细、专这三个字。"正因为如此，在日本的艺术品中绝少过分夸张的豪迈气魄，而以一丝不苟的工巧让世人惊愕。

日本的书籍装帧，同样可以让我们强烈地感受到"以小为美"的艺术特征。日本的书籍封面不仅常常以一片树叶、一朵小花、一颗小石为内容，表达日本人"以小为美"的趣味，更体现在对一些"微小的设计要素"的格外关注。日本书籍装帧作品中充满了各种精湛的"小符号"，并把这些"小符号"、"小要素"视为制造书的"宇宙"、"书籍生命活力"的根本手段。所以说"精巧于小"的艺术观，酿造了樱花之国书籍装帧的美。

与此相反，中国艺术以"大美"为时尚。无论是汉代雕塑的雄浑，还是唐代建筑的辉煌，都闪耀着中华民族的"大美"精神。孔子说："大哉！尧之为君也。巍巍乎，唯天为大，唯尧则之。"庄子也说："夫天地者，古之所大也，而黄帝尧舜之共美也。"孔子和庄子都以"巍巍乎"的"大"形容尧舜的"共美"。中国的"大美"更体现在庄子的一句"天地有大美而不言"上，《逍遥游》中"怒而飞，其翼若垂天之云"，"水击三千里，抟扶摇而上者九万里"的大鹏之美，以豪迈刚健的姿态与激荡磅礴的气势，勾勒出潜埋在中华民族心灵深处的"大美"之梦。另一位中国古代先哲老子的"大音希声，大象无形"，则精辟地表达了中国人"以虚灵求大美"的艺术主张。

纵览从古至今的中国书籍，其装帧多"大美"而空灵，可见中华民族文化底蕴渗透之深。在虚灵与淡泊中求“大象”，在潇洒与飘逸中求“大美”，成为传统的中国书籍装帧的一个特征。

三、“非功利性”与“纯审美”的日本装帧

日本装帧家菊地信义设计的《凤仙花》、《白蔷薇之声》、《俳句徒然草》、《槿》等书籍的封面，均是以花草的纯自然美做点缀的。

日本温润的海岛气候，四季分明的景致，培养了日本人对自然的敏感，还培养了日本人以“幽玄”、“空寂”的心境细腻地观察“自然界的花草”。不难发现，日本书籍封面中充满了花花草草，除了表达日本人对装饰的特殊情趣之外，并没有太多地赋予人格化的寓意，只是凝聚着日本人对自然的崇尚。虽然，日本人也用一些花草寓意吉祥，但只是简单的象征，而不包含教化人格的用意。这就是日本封面“非功利的纯欣赏性”，酿造出了日本审美的独特趣味。

中国书籍装帧如果以梅、兰、竹、菊的图案做封面，则绝不仅仅是为了装饰或只是意味着对自然的欣赏，因为梅、兰、竹、菊在中国文化中被称为“四君子”，用梅之高洁，赞美坚贞不屈的精神；用兰之清幽，寓意超凡脱俗的品格；用竹之坚贞气节，来歌颂威武不屈、富贵不淫的情操，用菊之傲骨，赞誉不畏强暴、敢于抗拒的浩然正气。中国文化将梅、兰、竹、菊“人格化”的目的，就是突出它们的教化功能。《论语·子罕》中：“子曰：岁寒，然后知松柏之后凋也”。寓意道德内省于自然的感受之中，将自然形式的感受升华为明确的道德意义的感悟。历代的诗人和画家们，在中国书籍的封面中，用花草、石竹、青松、巨岩寓意某种精神以“教化”读者的作品数不胜数。

而中国历来重视艺术的教化作用，在先秦时期的儒家思想里就已经把审美与道德的完善紧密联系在一起。据《论语》记载：“子曰：兴于《诗》，立于礼，成于乐。”孔子认为音乐甚至可以取代天命神权成为讴歌昭彰的工具，使人们在对乐的追求中走向人格修养的自我完善。唐代画论《历代名画记》开头的话就是：“夫画者，成教化，助人伦。”将此二者视为中国绘画的首要宗旨。因此，我们看到中国青年出版社在20世纪60年代出版的陶铸著《理想·情操·精神·生活》的封面上，以挺拔的青松

比喻理想与精神的崇高；《红岩》封面高耸的松树比喻革命者为了人民的解放事业敢于斗争和勇于献身的高贵品质。这两个封面的松树，典型地体现了中国艺术中“成教化”的传统。

由于日本列岛气候温润，四季分明，培养了日本人对自然的敏感，对花草细腻的“自然主义”情感，因此在日本艺术中，艺术家总是倾心于一芥小草、一片树叶、一朵无名小花、一颗碎石，静静地欣赏自然的美。因此，在日本的书籍封面上的花，就是花，荡漾着纯一的装饰美，而不是为了教化道德；中国封面中的花，不仅是花，而是以花比人，赋予花草以伦理、道德、情操的含义；日本的书籍封面常常显现出的是“非功利”的纯欣赏趣味，而中国书籍封面的花草，经常呈现出明确的“成教化，助人伦”的目的。

日本书籍装帧表现出的“纯欣赏性”、“非功利审美”与中国装帧表现出的“成教化，助人伦”不同的文化精神，使中日书籍装帧艺术的审美内涵形成了明显差异。

四、伤感的“物之哀”与日本装帧的美

日本装帧充分表现出了日本文化中典型的“人化的自然主义”。日本是一个多火山、多地震、多台风的国家，日本人无法与不可抗拒的自然力量抗争，使得生活在气候温润、四季分明环境中的日本人，在对自然的关注中，总隐含着一种对人生的无限眷恋和对死亡的伤感。这种精神状态，对日本的书籍装帧也产生了深刻的影响。我们看一看《风姿花传》、《旅店之花》、《手和拇指的记录》、《热绢》的封面，就会感到在日本书籍装帧作品中几乎处处流露着对于自然的感动以及人生的感叹。

日本人为昆虫的死亡而感动，为樱花在最美的刹那间坠落而伤感。

人们把日本的这种情感称之为“物之哀”。

日本人的“物之哀”与汉语的“哀伤”有一定的差异，除了悲哀、悲伤、悲惨的含义之外，还包含了怜悯、同情和感动，甚至包含了壮美的意义。

日本画家东山魁夷，秋天要在家中接待访客。为了迎接客人，在客人到来之前把院子里的落叶打扫干净，然后摇动树枝，使树叶轻轻落在清洁的庭院里，形成人工的自然景象，为的是让客人欣赏。这种“人化的

自然主义”的审美趣味，反映在日本文化中对一棵小草、一片树叶、一朵无名小花、一颗卵石的特别关注。

东山魁夷在《一片树叶》中生动地描述了这种情感：

“倘若樱花常开，我们的生命常在，那么两者的巧合不会引起任何感动。花儿由于其可能凋谢，才更显示出生命的光辉。在感到花儿美好的心灵深处，我们一定会在无意识中不由得彼此珍惜自己的生命，感到在这茫茫世界的短暂生存期间能有缘的喜悦。”

他感叹人生：

我活着，与野草一样，也与路旁的小石一样。

我时而来了，时而去了，没有应具的常居之世、常住之地、常安之家。只有流转无常，才是生存的标志。

东山魁夷画的是风景，景中没有人，但实际上是有人存在的，一个是画家自己，一个是观画的人，所以他是在画“物与人同”的心境。日本作家川端康成一语道破了天机，说：“日本人感到东山的画将日本的自然融化其间，见出民族心情。”

日本书籍装帧的内容，不乏这种“物之哀”的心境。

日本书籍装帧常常流露出一种淡淡伤感的“物之哀”的美。

中国人的自然观与日本人的自然观大相径庭。中国地大物博和超稳定的农业社会形成了“天人合一”的哲学思想。孔子说“未知生焉知死；未知事人，焉知事鬼。”认为应该懂得“生”的价值。孔子认为“发奋忘食，乐以忘忧，不知老之将至云耳”才是人生的态度。因此“学而时习之不亦悦乎，有朋自远方来不亦乐乎”才是中国的民族性格。孔子“仁者乐山，智者乐水”，一个“乐”字概括了中国“天人合一”的审美境界。

我们看一看中国的书籍装帧，无论是曹辛之先生《九叶集》中的叶子、《寥寥集》中的兰草，还是张守义先生《中国思想家评传丛书》封面中的老油灯，都在封面的花草与景物之中，荡漾着中国人对“物”的爱，在花草与景物中表达着中华民族“乐山”、“乐水”、“物之乐”的生活态度。

中国文化关注自然的“乐”，是人与自然的无限和谐之乐，并因此形成了“乐”与“和谐”密不可分的审美理想，成为中国人“物之乐”的审美观。

这种“物之哀”与“物之乐”两种不同的自然观，以及表现出的情感差异，在两国的书籍装帧艺术中表现得十分明显。

五、日本书籍装帧受“幕府文化”的影响

在日本历史上没有真正意义的文人士大夫阶层，而只有与之相对应的幕府和武士阶层，这对中日两国艺术风格的不同也产生了很大影响。

中国的艺术，长期以来受到文人士大夫思想的影响。中国文人深受儒家思想与道家思想的影响，“儒道互补”往往成为中国古代文人的行为方式，“达则兼济天下，穷则独善其身”，在传统绘画中，有非常多的题材都是表现士大夫“归隐山林”的“隐退”生活，我们能够在这些绘画中，看到中国文人的这种心灵的自由。

而在日本，历史上长期的幕府制，中国文人地位相似的是武士。武士分为将军、大名、旗本、御家人、蕃士等等级，世代相袭，不得僭越，鼓吹名分等级，言行受到严格限制。武士不可以兼做农民、工匠或商人，如果丢掉了名分只能沦为浪人。因此，他们不可能具有像中国文人那样的“心灵自由”。

研究日本绘画的专家指出：即使在日本历史上学习所谓“汉画”的时期，出现的“江户文人”实际也是武士，还有一部分是商人或工匠，日本没有中国式的文人，也没有真正意义的“文人画”。他们的作品缺少中国文人绘画的儒雅、飘逸、洒脱。

日本著名画家雪舟的绘画是一个例子：

日本历史上的德川幕府时期，曾经学习中国以儒教为基本的文治政策，并在当时广泛的社会阶层中兴起了尊崇中国文化的热潮，这在武士阶层中尤甚。当时的日本，出于对中国文化的崇拜，“汉画”盛行一时。雪舟在日本美术史上被称为“汉画”大师，15 世纪随幕府的遣明使节到中国，潜心学习中国绘画。他追慕南宋名家，崇拜大唐绘画，甚至“对中国的山水人物都大加赞赏”，虔诚地称大唐“是我最好的老师”。但是，回到日本后，他依然脱离不了日本人的文化观。他写生走遍日本各地，描绘日本的山川景色，创造了适宜表现日本风土的画风，完成了中国水墨画的“日本化”。他在《自赞》中表示：“历览中国和日本名画，还是更敬仰前辈日本画家之高妙。”终于坦率言明了对本土文化的崇尚。他在 81 岁时的一句“存命于末世浊乱之时，无念之极”，最终说出了绘画时与日本武士一致的心境。

美国人鲁思·本尼迪克特 1946 年出版了一本研究日本文化的书《菊花与刀》。在书中有这样一段话："菊花与刀，菊花代表日本皇室家徽，代表着美，刀，武士道的象征，代表着勇气、征伐、忠义和名誉。二者象征着日本人的矛盾性格……"菊花与刀，是日本幕府文化审美的典型代表。

中国的书籍装帧艺术，尽管不断吸收国外优秀文化精神，但仍然继承和延续了"文人文化"的精神。由于民族文化的积淀，许多中国装帧家在设计中念念不忘追求饱含学识修养的"文人气质"。所谓"文人气质"，总是包含着博大精深的孔、孟、老、庄……儒家的文质彬彬，老庄的虚静自然，佛禅的空灵。

中日两国不同的社会、历史形成的不同传统文化，对两国书籍装帧艺术的影响根深蒂固。尽管世界各个民族的文化要不断地相互吸收与借鉴，但依然会保持民族文化的相对独立性。

六、浮世绘对日本书籍装帧艺术的影响

浮世绘是日本江户时代最具平民色彩的画种。"浮世"一词原为佛教用语，指短暂、虚假、无常的人世。从这个意义上说，广义的浮世绘，是指那些描绘人世间日常生活的作品；狭义的浮士绘，主要指江户宽永年间(1624—1643 年)出现的以描绘青楼女子、戏剧演员和自然风光为表现内容的版画作品。鉴于浮世绘绘画在日本社会中的广泛影响以及浮世绘在日本美术中的特殊地位，日本的书籍以浮世绘的绘画作封面的屡见不鲜。

浮世绘绘画中的形象，或直接成为书籍封面的内容，或它的装饰风格成为了日本书籍装帧的审美情趣，日本装帧在许多方面都深深地刻上了浮世绘的烙印。

浮世绘是日本在世界美术史上知名度最大的画派，产生于与中国清朝相对应的日本江户时代。江户作为一个开放的渔港，商品经济得到发展，浮世绘随着江户的繁荣而兴盛起来。曾经服务于朝廷和幕府的浮世绘，逐渐成了服务于市民阶层的画派。

如果说日本浮世绘影响了日本的书籍装帧，中国的民间年画影响了

中国的书籍装帧，那么不妨拿日本浮世绘与中国的民间年画作一个比较：

1. 日本浮世绘服务对象与中国年画服务对象不同，中国年画的服务对象是农民，浮士绘的服务对象是贵族、富商和新兴的市民阶层。

2. 日本浮世绘中描绘的武士形象，总是显露出征伐之气；中国民间年画上的门神，是对邪恶的震慑，显现的是对于善良农家的忠诚，目的是辟邪祈福，护佑百姓平安。

3. 日本浮世绘描绘的妇女是歌伎、舞女，都非良家妇女，取材于日本的色情小说，充满赤裸裸的享乐主义和色情官能主义刺激，是为了满足贵族、富商和新兴市民阶层的需求；中国年画中的妇女，表现的是农家劳动妇女的耕织、良家农妇的子孙满堂。

4. 中国年画内容都是“吉庆祥和”、“五谷丰登”、“连年有余”、“五子登科”“麻姑献寿”等对于美好生活的寓意；日本浮世绘的内容，一部分在描绘富士山和海水风光的景色中寄托“自然主义”的情调，另外则是在描绘武士形象和征伐场面。

如果说，日本的浮世绘对书籍装帧艺术也产生了一定的影响的话，那么，这种影响主要表现在三方面：

1. 浮世绘的绘画中的武士形象和征伐场面，经常在日本书籍封面上使用；浮世绘中的歌伎、舞女经常成为日本封面的内容。

2. 浮世绘的绘画的装饰风格，经常渗透在日本的书籍装帧艺术中；浮世绘艳丽的色彩和唯美的风格，在日本的书籍装帧中也得到了继承。

3. 浮世绘出现于江户时期，由于商品经济的发展而兴盛，具有“市民文化”特征，因此具有新兴的“商品意识”，“商品意识”与“装饰特征”的结合，对日本装帧艺术也产生了影响。

相比之下，中国书籍装帧艺术受封建“文人士大夫”文化的影响比较大。中国书籍的“市民化”、“商品化”真正进入市场的时间也比日本晚了许多。中国年画的题材也经常在书籍封面上出现，浓烈的色彩、大胆而夸张的形象，为中国书籍当代的装帧突破文人的书卷气，增添喜庆与吉祥，提供了难得的好素材。

七、日本装帧具有突出的“追赶性”特征

这种“追赶性”集中表现在对中国文化的追赶和对现代西方文化的追赶。“追赶性”也成为日本书籍装帧艺术的一大特点。

研究日本文化的学者们认为，日本的地理环境有两个特点：第一，日本是一个海岛国家；第二，日本是一个海洋国家。这两个特点使得它既不同于西方文化的发源地欧洲，也不同于东方文化的发源地之一中国。海岛与海洋的地理环境，使它有了阻挡外来侵略和骚扰的天然屏障，又为它对外学习、对外扩张、对外贸易提供了便利条件。这种独特的地理条件，使日本美术既能保持自身的本土特色，又能随时融入世界大潮，获得好处。

日本人天生好学，因此，无论是奈良时代的全盘唐化，还是明治时代的脱亚入欧，都说明“追赶性”为日本文化艺术的一大特征。尽管这种“追赶性”有时表现为“不消化”和有些“生硬”，但却为日本的书籍装帧艺术不断注入新的生命。

与日本文化的“追赶性”相比，中国文化则表现出泱泱大国容纳百川的胸怀。自古以来，中华民族的文化就呈现出“包容性”特征。尽管中国文化中“天不变道亦不变”的思想反映出一定的保守性，在鸦片战争后，面对西方列强枪炮的优势、经济的优势，时而又表现出自卑，但是，从历史发展的长河中我们看到，中华民族博大精深的传统文化面对外来文化的冲撞，总是以容纳四海的精神，吸收和融合外来的优秀文化，并对本民族的文化充满了自信。

以上是中日两国书籍装帧艺术在文化精神上的七个方面的差异，在比较之后，我们会感到书籍装帧“日本趣味”与中国书籍装帧艺术精神的不同。

任何民族的文化艺术的发展都要不断地吸收优秀的外来文化的营养，中国的装帧艺术也应如此。但是，民族的文化艺术都有相对的独立性，任何对外来文化的吸收与借鉴，都要建立在尊重中华民族审美心理的基础之上，无视民族的审美心理，就不会被人民所接受。况且，在现实生

活中，人们的审美心理还受到当代社会政治因素和经济因素的影响。

面对以杉浦康平为代表的日本的装帧艺术家的理论及其实践，我们应向人家学些什么？中国的装帧艺术应该如何走自己的路？这确实是我国装帧工作者在设计实践中要探索解决的一个重要课题。可喜的是，近年来我国派出许多书籍装帧艺术工作者赴日本，他们留学期间认真向日本书籍装帧艺术家学习，归国之后，在设计实践中很好地借鉴与吸收了日本书籍装帧艺术的长处，立足中国大地，创作出了许多颇具影响的书籍装帧作品。

雕　琢

——编辑对书籍内文版式的把握

序幕点题
——扉页简单学问大

即将艺术院校毕业到出版社实习的大学生，在设计的扉页时不放著作者的署名，也不放出版社的社名。责任编辑找到他，让在扉页上加上著作人和出版社的名字，得到的答复是：“这是艺术设计，再放上作者名字、出版社名，就破坏了我的创意了!”这些毕业实习的学生不了解，在扉页上不仅要放上书名，还必须放著作人的名字、出版社的名字，这是出版行业的规矩。书籍如果有副书名，也要放在扉页的书名的下面。新闻出版署专门为“扉页问题”颁发过文件，规定“扉页必须要有书名、副书名、著作人名、出版社名”。他们不知道，只有双扉页，大扉页与小扉页连续使用时，才可以在扉页之前的“小扉页”中只印书名字，而在没有正式扉页的情况下，仅有“小扉页”是不可以的。后来，一些艺术院校请我做兼职教授，看到很多学生设计的扉页作业，也都只放书名，不放作者和出版社的名字，才知道，学生不知道国家对于规范的出版行为做过许多规定，学校也没有告诉这些出版行业的规定是必须遵守的。他们更不了解，国家对于扉页的这些规定，也是出于书籍阅读功能的需要。

扉页，对于编辑来说似乎是件太简单的事情，其实，在扉页里面是有许多大学问的。

扉页也称“书名页”或“书籍的门页”，是指封面或环衬页后的那一页。扉页处于封面与正文之间，是从封面到书芯的一个过渡。中国古代将书的书名称为“大题”，扉页上的书名字，在内文开始之前起到了“点题”的作用。扉页“点题”不仅是要标明书名、副书名(副题)，还必须有著作者名、出版社名等。扉页上的文字信息。

许力以主编的《中国出版百科全书》这样界定："扉页亦称'书名页''内封'(扉页系习称，喻为书籍的门扉)。是指封面或衬页后的一页，上面所载文字与封面类似，但比封面详尽。""扉页设计以文字为主，可适当加上装饰和有关插图，一般以留出足够的空白为宜，使之舒适、平稳，多为一色，也有两色套印的。"

扉页设计，一般是对书名、作者名、出版社名字体、字号、排列位置的设计，一般的扉页不需要有太多的图案出现，但也有人喜欢适当加一点图案作装饰，点缀一下，为扉页增添些趣味。

扉页的背面，也称为"扉背"，可以空白，也可以印有书籍的版权记录等内容。

一、中国古代书名页的演变

扉页(书名页)在我国书籍中出现，有一个发展和演变的过程。据考证，在元代以前，我国的简册装、卷轴装、经折装、蝴蝶装等书籍没有明确的书名页，那时的书籍往往在书的首页卷端标明书名、撰写者，向阅读者点明这本是什么书，作者是谁。这种首页，一般在首页边框内界栏的第一行，上端题署篇名(旧称"小题")，书名(旧称"大题")刻在下端，第二行的下方，刻写撰写者的名衔。这种排版形式，可以让人在阅读开始一瞬，就一眼看见书名，也知道了作者是谁。当时中国古籍的这种排版形式，还没有出现"书名页"。

你如果有机会亲眼看一看古代的简册装、卷轴装、经折装、蝴蝶装的书籍，就会明白，没有"书名页"存在的物质形态条件。譬如，拿卷轴装来说，卷轴为基本形态，没有页码可言，因此，在卷首的界栏中书写书名(大题)和篇名(小题)，就是顺理成章的事情了。卷轴装版面的这种"书名"题署形式，影响到了旋风装、经折装、蝴蝶装等的版面编排。因此，早期的中国古籍没有"书名页"与中国古代装帧的形式有着密切的关系。

研究古籍的专家认为：中国古籍的扉页，始见于元代，当时称为"书名页"。但当时并未普及，直到明末"书名页"才开始盛行。由于"书名页"

在中国古籍雕版印刷的出现，使得雕版印刷的书籍编排更加得体，书名页也逐渐形成了比较固定的格式。如果浏览一下线装古籍你一定就会发现，所有的“书名页”基本上是在书芯的首页面上，在版心的四边框内，由界栏竖分三格：正中一格放大字的书名，右边偏上的栏中放著作者职衔、姓名，左栏下方一般放题字者的名字或刊印书坊堂号。

中国古籍书名页虽然形成了一种基本格式，但是，在大量古籍扉页上，可以看到对于这种“格式”的灵活运用，还在一些书名页上看到了插图。因此，书名页基本格式的白色特征，成为了中国古籍版式中最具有风采的形式符号。

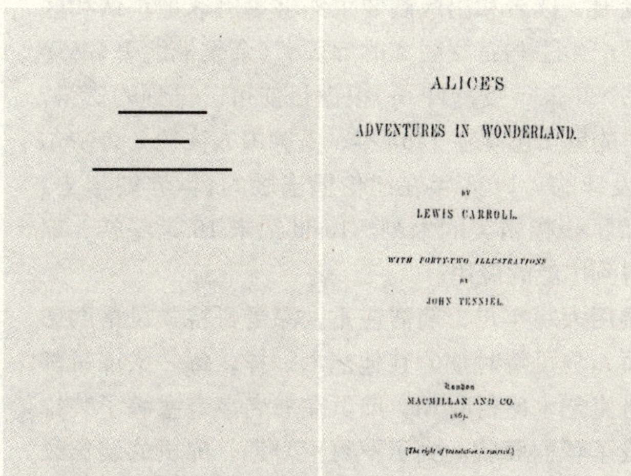

19世纪末，由德国莱比锡“扉页委员会”推广的“三行构成法”，让处于比较盲目的、无序的、无一定规则的扉页设计，有了一个规范的法则。它对后来的书籍扉页设计产生了深远的影响。 215

二、欧洲扉页的产生与发展

公元前5世纪，埃及“纸草卷”书写的书籍传入欧洲，形态类似中国的“卷轴装”。后来欧洲人用羊皮做书，把羊皮浸入到石灰水中，取出后擦上白粉，再打磨光，经过处理便可以做成光滑、半透明的黄色羊皮纸。欧洲人把整张的羊皮纸裁成4开、8开、16开等形式，散页合订，后人把它称之为“羊皮书”。当时的羊皮书也还没有扉页。

据专家介绍：“从前，欧洲的僧侣和职业抄书者，常常在抄写的书籍末尾写上作者、书名、完成日期和地点。这个做法后来被许多印刷工人采用。随着书籍生产的发展，读者和出版商要求能够更迅速地辨认和区别不同内容的书籍，于是产生了与正文脱离的扉页。”(余秉楠编著《书籍设计》，湖北美术出版社，2001年版，41页)根据目前可以见到的资料，大家普遍认为，欧洲最早的扉页出现在1463年，是德国人彼德·舍费尔为国王查理四世的赦书设计的。1493年在纽伦堡出版的《世界编年史》中，科贝格尔在扉页上印了一幅精美的木刻。15世纪末16世纪初，扉页在欧洲的书籍中逐步得到广泛的应用。

欧洲早期的扉页强调用大写字母，简洁庄重，深受哥特式风格的影响。这个时期书籍的扉页，与哥特时期的其他艺术一样，每一张扉页都显得肃穆而崇高。在巴洛克艺术盛行时期，扉页在书名字旁塞满了装饰纹样和曲线与斜线，形成了华丽面貌。到了罗可可时期，扉页的装饰纹样和斑斓的图案扩张得简直要淹没书名的文字。罗可可时期书籍的扉页，与当时欧洲艺术一样，强调繁复的装饰，甚至掩盖过了扉页功能作用的本身。到了18世纪，欧洲书籍的扉页又回到了比较简洁端庄的样式。19世纪末，由德国莱比锡“扉页委员会”推广的“三行构成法”，让处于比较盲目的、无序的、无一定规则的扉页设计，有了一个规范的法则。这个“三行构成法”对后来的书籍扉页设计产生了深远的影响。20世纪德国设计师约翰·契肖特提倡“新客观主义”推广“均衡”的构成，进而使欧洲的扉页设计走向了强调实用功能，不使用过多的装饰纹样，突出主题的时代。

“三行构成法”与“新客观主义”的设计理念，对于书籍扉页设计风格产生了深远广泛的影响，为现代书籍扉页设计的形式构成奠定了基础。

今天全世界的图书，很多扉页依然在遵循“三行构成法”与约翰·契肖特“均衡”的设计理念。

当然，世界出版事业发展到今天，书籍扉页设计的构成形式已经非常丰富。我们现在的书籍扉页，有依据“三行构成法”与约翰·契肖特“均衡”理念的设计；也有在此基础上，又融入现代意识的扉页编排方式；甚至，还出现了在后现代主义影响下的扉页设计。

三、当今扉页设计的各种形式

当今书籍扉页设计的形式构成，已经非常多样化了。但是，扉页的构成形式无论怎样变化，如何创新，我粗略归纳了一下，可以大致分为几种模式：

(一)“三行构成法”扉页

按“三行构成法”与约翰·契肖特“均衡”方式设计扉页，是一种最普遍的扉页格式，至今，我国的很多书籍扉页依旧采用这种“三行构成法”。由于这种模式在简洁的页面上，书名、副书名等文字居中排列，书题突出，显得十分庄重、大方；书名、副书名、著作者、出版社的文字排列，层次分明，表述得十分清楚；各种文字在版心中心左右居中，每行文字长短的节奏变化，形成了均衡的美感。所以，至今中外许多书籍扉页依然采用这种传统构成。

(二)按中国古籍传统的竖排方式设计扉页

在我国的出版物中，有关传统文化的书籍，往往采用中国古籍雕版印刷“书名页”的传统格式。不过，我国当今出版的古籍的扉页，一般都在传统竖排“书名页”格式的基础上，融入了一些现代设计意识。

(三)按西方现代思想设计的扉页

现代西方设计打破了“左右居中”和“构成均衡”的“三行构成法”，而将设计要素集中在扉页的一个局部区域，使其他大片面积成为空白。有些现代意识设计的扉页，还包含了一些后现代主义的意识，其创意的核心思想就是颠覆传统，打破均衡，寻求对视觉的新冲击。

(四)中国传统竖排与西方横排方式的结合

近年来，我国书籍装帧设计家在吸收西方现代设计思想的基础上，对于我国传统民族文化在设计上的价值，越来越注意挖掘，并在扉页设计实践中尝试着运用。这种尝试取得了可喜的成果。创造出了许多既具现代意识，又具中华民族传统文化形式的扉页形式。

四、狭义的扉页与广义的系列扉页

我们在出版工作中经常说的扉页，其实是狭义的扉页。

狭义的扉页所指的仅仅是“书名页”。狭义的扉页仅仅占一个页码，上面印有书名、副书名、著作者名、出版社名。

但是，至今许多刚刚从事出版工作的编辑不了解，还存在一种“广义概念”的扉页。在“广义扉页”的基础上，还存在一种“双扉”形式。

（一）广义的扉页——系列扉页

那么何谓“广义的扉页”呢？

所谓广义的扉页，是指一种“系列扉页”体系，源于欧洲书籍扉页设计的一种比较常见的形式。“系列扉页”通常由以下8个页码组成：(1)护页；(2)空白页(或卷首插图页)；(3)书名页(正扉页)；(4)版权页；(5)赠献页(赠献辞、感谢语、题词)；(6)空白页；(7)目录页；(8)目录续页或空白页。这种系列扉页在西方的书籍中经常可以见到，尤其西方的一些高档艺术图书中可以经常见到“系列扉页”。随着我国经济的发展和人民文化需求的增长，对书籍的美感的渴望也与日俱增，因此我在编辑工作中也开始经常使用“系列扉页”，尤其是我在编辑一些比较重点的图书或一些高档图册时，广义的“系列扉页”的使用会使书籍显得比较考究。

（二）双扉

所谓“双扉”是指在正式的扉页前面，再增加一张扉页。增加的扉页通常只印小字书名，极为简洁。一些出版专家说：“扉页前还设小扉，也叫前扉，只印小字书名，极为讲究。”

“双扉”是“系列扉页”的浓缩，适用于文雅的、考究的书籍。我们在设计工作中，常常把扉页前面的增加扉页，习惯称之为“小扉”或“前扉”，把原来不但载有书名，而且有著作者名字、出版社名字的扉页，称为“正式的扉页”简称“正扉页”或相对于“小扉”的“大扉”。

(三)扉页与护页

所谓“护页”，与“小扉”十分类似，都是放在“正式扉页”前面，区别在于“小扉”只印小字书名，“护页”上不放书名，而是放一段简单的文字，如《马克思恩格斯选集》的“护页”上印“全世界无产者联合起来!”一行横排的小字，有的“护页”放出版社标志，有些“护页”印上小巧的图案或作者签名。还有人在“护页”上印上献辞，替代“赠献页”。

“护页”的原意是为了保护书芯，但后来，保护功能逐渐弱化，装饰的作用反而越发突出。

(四)扉页与卷首插图页

在欧洲早期出版的书籍，我们经常看到在扉页的对面页上，印有一幅精彩的插图。我们称之为“扉前插图页”或“卷首插图页”。因为“卷首插图”与扉页关系相连，因此，讲到扉页也必然要讲到“卷首插图页”的存在。

五、扉背设计

扉页背面可以是白页，即扉页的背白。扉页的背面也可以用来印一些必要的文字，如：印上该书撰写者的姓名，或丛书编委会名单等内容；又可做版权页，其内容和排列格式、顺序均有严格的规定，顺序为：“图书在版编目(CIP)数据”(黑体)字样，然后是著录数据、检索数据、其他附记四个大段组合，每个大段之间空一行。下面再排：版本记录、印刷发行记录，以及开本、印张、印数、版次、书号、定价等内容的记录。

现在，许多书籍的版权页处理得很草率，认为只要按规定把该排的文字排上就可以了，根本不考虑是否美观，结果影响了书籍的美感，使人们看了感觉书籍做得不到位。所以，书籍扉页背面的版权页也是需要认真设计的。

六、扉页——既是阅读的需要，也是审美的需要

当今书籍扉页设计，已经引起编辑和装帧设计师的高度重视，设计的越来越精彩，而且扉页的设计风格样式，也越来越多样化了。但是，

扉页的构成形式无论怎样变化，如何创新，总要依据两个原则：一个原则是阅读功能需要的原则，一个是审美需要的原则。

书籍之所以必须有扉页，首先是书籍阅读功能的需要。读者翻开书籍之后，看到书芯的第一面即是扉页，扉页再一次告诉人们这本书的书名、副书名，告诉人们这本书的著作人的名字，是哪个出版社出版了这本书籍。让读者在阅读正文之前，在安静雅致的氛围中，做好阅读的思想准备。如果扉页设计“为了艺术创意”忽略了应该放的著作者的署名，也不了解如果不在扉页上放出版社的社名，是违背出版行规的，也是违反新闻出版总署关于“扉页问题”颁发的文件规定的。书籍的“小扉页”，可能很漂亮，但是，不能因为“小扉页”显得考究，而忘记后面的“正式扉页”的重要性。国家之所以规范出版行为，是为了统一扉页的格式，更是扉页功能的需要。关于扉页的功能，还有另外的作用，就是扉页可以保护书芯正文，由于扉页的出现，使得在正文与封面之间存在一页纸张，使书芯不易磨损，得以缓冲。所以，无论从中外书籍发展史看扉页产生的过程分析，还是从现代人类书籍阅读的视觉过程考察，都充分证明，扉页的出现乃是阅读功能的必然需要与书籍形态的必然需要。

扉页的存在也是书籍审美功能的需要。今天，扉页已经成为书籍结构中不可缺少的重要组成部分。扉页存在于封面与书芯之间，因此酿造了，阅读的节奏之美。读者的视线刚刚享受了封面浓厚的美丽之后，在准备迎接书芯中大量的文字信息之前，得到了扉页一面清馨宁静的空间，在这个静谧的小环境中，读者在空灵中感受了书籍翻阅时产生的节奏之美。这种扉页在封面与书芯之间的节奏之美，还来自于扉页与封面、书芯间的和谐关系。扉页的风格与封面、书芯版式风格的相互呼应，会使读者在读书的快乐中陶醉。

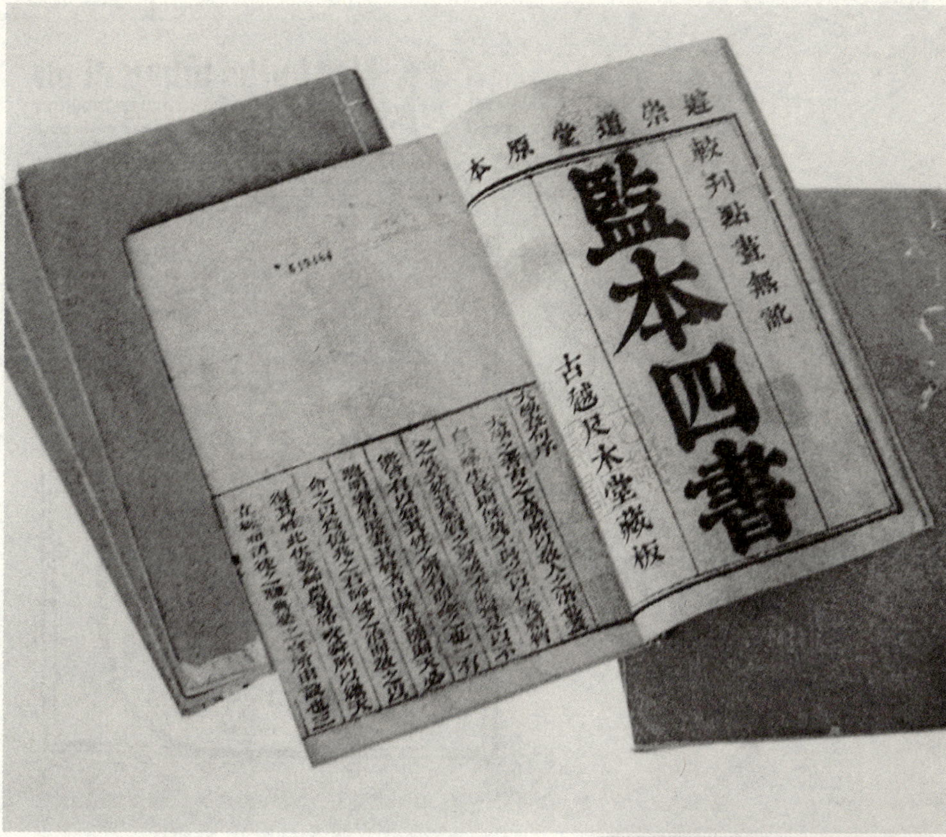

上 中国古籍《四书章句集注》书名页
下左 清康熙刻本《二程先生全书》书名页
下右 中国元代建安虞氏刻印的有插图的书名页

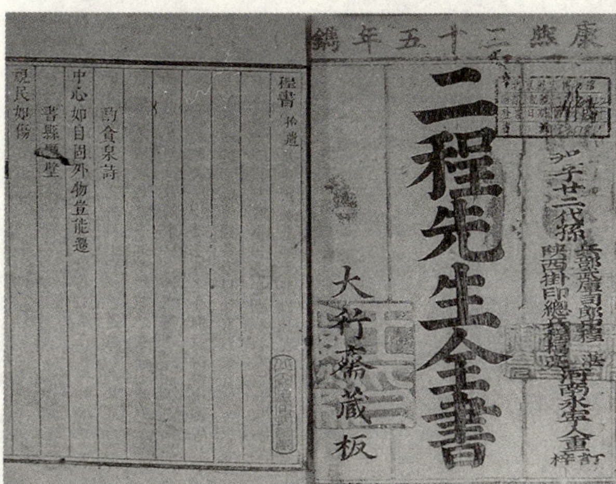

A JOURNEY INTO ENGLAND. BY PAUL HENTZNER, IN THE YEAR M.D.XC.VIII.

PRINTED AT STRAWBERRY-HILL.

MDCCLVII.

Dises buchs inhalt ist die gulden Bulle kaiser Friderichs reformation

上左 1757年出版的《伦敦之旅》扉页
上右 1463年欧洲书籍最早的扉页

下左 1601年英国出版的《世界史》扉页
下中 1638年欧洲古籍扉页
下右 1857年英国《传教士的南美之旅》扉页

THE HISTORIE OF THE WORLD. Commonly called, THE NATVRALL HISTORIE OF C. PLINIVS SECVNDVS.

The first Tome.

LONDON, Printed by Adam Islip. 1601.

DISCORSI E DIMOSTRAZIONI MATEMATICHE, intorno à due nuove scienze Attenenti alla MECANICA & i MOVIMENTI LOCALI, del Signor GALILEO GALILEI LINCEO, Filosofo e Matematico primario del Serenissimo Grand Duca di Toscana.

Con una Appendice del centro di gravità d'alcuni Solidi.

IN LEIDA, Appresso gli Elsevirii. M. D. C. XXXVIII.

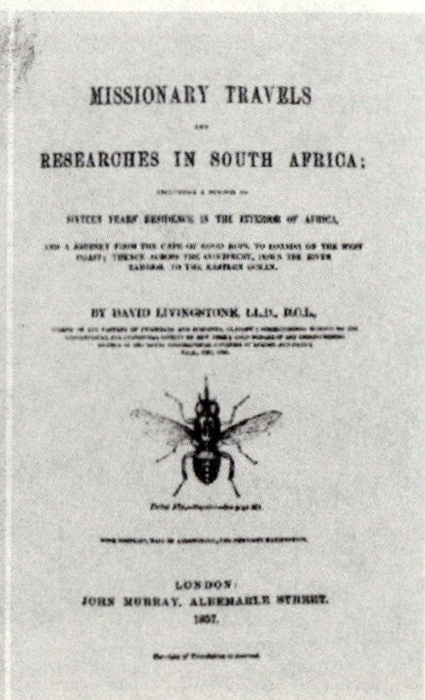

MISSIONARY TRAVELS AND RESEARCHES IN SOUTH AFRICA;

BY DAVID LIVINGSTONE, LL.D., D.C.L.

LONDON: JOHN MURRAY, ALBEMARLE STREET. 1857.

文质相依

——版式设计的理性与感性

20世纪70年代之前，我国书籍的内文版式比较单调。无论是小说、科普读物、教材课本，基本都是32开，内文版式也几乎一成不变。那时，版式的变化，仅仅是在一行里多一两个字，或者少一两个字；版心上下多排一两行，或者少排一两行的小调整。

改革开放之后，书籍内文的版式设计的变化才逐渐丰富起来。装帧设计师们突破了原来的沉闷，尤其是随着开本的多样化，版式设计的样式也越来越形式多样。版式设计的形式的各种探索与实践，为我国书籍版式设计增添了新的活力。

但是，近些年在充满活力的版式设计实践中，也出现了书籍内文的版式设计过于“花哨”的倾向。一本文静的书籍，内文的版面被装饰得“眼花缭乱”，读起来“心烦意乱”；“设计家”为了在版式设计上展示“艺术才华”而自鸣得意，结果适得其反，版面的文字被搅得看了“眼晕”；由于“设计”与文字内容争夺读者的视线，使文本反而成为了陪衬。这种现象，引起了许多资深编辑的议论。我想，这种现象的出现也不难解释，应该是对于过去长期“过于死板的版式”的一种反悖；或者，是急于改变固有版式面貌的一种“不成熟”的探索。但是，随着出版事业的发展，人们也开始了对内文版式设计进行深入的思考。

一、内文版式的静谧与悦目

一位老书籍装帧家说得好：“书籍正文版式的好坏，是会直接影响人们读书心情的。版式设计要考虑读者阅读时的心情。”

书籍的版式设计，虽然也属于艺术创作，但与绘画等所谓的“纯艺术”不同，它属于实用美术范畴，强调设计为了阅读的功能性任务。版式设计，既然是为阅读书籍的人服务的，所以在设计版式时，一定要体会读书人阅读时的感觉。

许多人都很推崇《我的藏书票之旅》的版式设计，一方面是因为该书版式设计的艺术之美，但更让我们钦佩的是，版式中的字体、行距、版心的设计以及空白中填补的尾花的处理方式，让我们体会到了文雅的书卷气息。《我的藏书票之旅》是位中国台湾的作者，他拿到刚出版的新书时，惊讶地说“没想到大陆的设计家把书编排得这样好！”

我曾经问设计者，在设计这本书时是怎么想的。他对我说了这样一句话：“版式设计时应该要考虑到读者阅读时的心情！”我觉得讲的十分贴切，可以说是“一句道破了天机”。

读者阅读时的“心情”指什么？我以为“心情”包含两个方面：一是，版式设计的艺术形式的感染力，为读者带来情感的愉悦；二是，版式文字、图片的清晰易读，为给读者带来情感的愉悦。营造这两种愉悦“心情”的视觉环境，是版式设计者的神圣使命。

二、版式的理性设计与感性设计

版式设计，既然也被称之为是一种艺术设计，就是因为它不仅仅是出于阅读功能目的，而且要通过形式设计唤起读者美好的联想。这种“美好的联想”是一种审美状态。版式需要美感，版式的审美是“人在对象实践中直观自身所产生的精神愉悦”(杨辛、甘霖、刘荣凯《美学原理纲要》，北京大学出版社 1989 年版，258 页)我喜欢《清代云南民族竹枝词诗笺》内文的版式设计，因为它具有一种感染力。我们为某本书版式设计得精彩所打动，究竟是什么让我们感到了欣喜？往往是版面上版心、字体、图片与文字的关系所展示出的形式，而版式中的各种文字与文字之间、文字与图片之间的排列组合，构成了版式的“形式”，正是这种“形式”唤起了审美的情感。英国人克莱恩·贝尔在 1914 年著的《艺术》中指出：“按照某种不为人知的神秘理解排列和组合的形式，会以某种特殊的方式感动我们，而艺术家的工作按照这种理解去排列，组合出能够感动我们的形式。”他说，“有意味的形式是对某种特殊的现实之感情的表现”，并强调这种“纯形式”的审美“情感”不同于“现实的社会情感”，也不同于“世俗的、功利的情感”，是一种“高级领域”超凡脱俗的情感。

我们说版式设计是艺术设计，还因为版式设计包容着丰富的文化内涵。张守义先生的《老油灯》版式设计中荡漾着的韵味，改变了画册设计一成不变的套路。艺术归根结底是一种文化，《老油灯》版式设计之所以让人心动，正是因为设计者在现代版式中注入了深邃的文化底蕴。

我们看了张守义先生的版式设计，觉得很有味道，有“味道”也就意味着有了艺术的生命。中华民族审美的最高理想之一就是“味”，苏轼说“韵味”之美“在咸酸之外，可以一唱而三叹也”。老子最早提出了“味”的概念，最后成为中国文化中最高的审美境界和审美价值判断的重要标准之一，甚至提出“至味”的概念。《老油灯》版式设计中的“味”，就包含着文化精神及设计的艺术之美。

因此我们说：版式设计需要理性，也需要感性。

文质相随寄深情

关于形式与内容的关系《论语·雍也》中的概括最著名：“子曰：质胜文则野，文胜质则史，文质彬彬，然后君子。”孔子关于“文”与“质”的言论，指的是“内容与形式”，形式与内容的关系根本上是文与质的关系，认为“文”与“质”的统一才能够达到“文质彬彬，然后君子”。孔子的“文”作为形式的表述，可以说是美的外观，美的外观有两个特点：修饰性和规定性。修饰性即颜色、声音、线条、形体、饮食、宫室都以美的法则来造型和配合；规定性即赋予色、声、味、形以社会的神圣意义，使外观成为礼的符号和象征。孔子说：“言之无文，行而不远。”孔子之所以重视形式的审美意义，完全是因为它有助于内容的表达，离开这一点而谈形式的审美价值，孔子认为不足取。因此，孔子说：“朴实多于文采，就未免粗俗；文采多于朴实，又未免虚浮。文采和朴实，配合适当，这才是个君子。”

1. 何谓版式的“艺术设计”？

版式的“艺术设计”指通过艺术语言，版面装饰，使内文版面呈现特有的形式，为读者烘托出温馨的阅读范围，或通过艺术语言，使读者在版式中感受文化意蕴。

举例：

2004 年我策划出版了一本《名家鉴画探要》的书，此书由美术史学家、中央美术学院教授薛永年先生主编，汇集了张衍、谢稚柳、徐邦达、启功、刘九庵、杨仁恺等 10 位书画鉴定大家的关于书画鉴定的数十篇著述，在每位鉴定家著述的前面，都附有介绍该鉴定家学术研究的概貌的文章。书籍既具有学术深度，又具有普及大众化的特征。因此，要求装帧设计要贴近读者的兴趣。

《名家鉴画探要》的内文版式设计是成功的，它使读者的阅读成为了一种文化的享受。

考究的内文版式设计，让读者读起来应该是愉快的；漂亮的版面在读者的视线中，应该是流畅的；版式的形式充满艺术感染力，使阅读氛围变得温馨，由此产生读书的快乐。因此，书籍的版式设计既是技术设计，也是艺术设计。

我喜欢《名家鉴画探要》的版式设计，因为该书不仅文字排得清晰流畅，读起来非常舒服，更重要的是通过符号与形象要素的组合，在版面中营造了一种温馨的阅读氛围。页面临书口上方的鱼尾图形，在鱼尾下方雕版的书名字，书名字内侧印有各个文章的题目，既方便读者查阅，又与古籍版面形式遥相呼应。这种书口的设计方法，以一种用传统符号与古籍版面要素浓缩的手法，烘托出了书籍浓郁的文化气息，它不仅为版面增添了几分清丽，而且营造了高雅的书卷韵味。版面的边框，双线将文字与图片归纳在版心之内，文字虽然是横排，但是，双栏的方式 17 个字回行，使得文字排列显得挺拔，不但读起来方便，而且挺拔的版面构成，隐约显现出中华民族的审美趣味。依然在边框出中国古籍雕版印刷的意蕴。书中每篇文章的标题，横放在文字的上方，是中国古籍“题签”的延伸，设计者将“题签”作为一种艺术符号，在边框内重复的出现，是为了让读者感悟其中的文化意义。《名家鉴画探要》是一部辑张衍、谢稚柳、徐邦达、启功、刘九庵、杨仁恺等 10 位书画鉴定大家著述的文集，这种充满中国文化底蕴的设计与现代印刷方式的结合，向读者暗喻，这是一本新出版的、具有深邃的文化内容的著作。

在这里，我特别要提到一次改动，在设计章、节标题文字时，设计师建议将原稿中的“一、二、三、四、五、六……”改为了大写的汉字“壹、贰、叁、肆、伍、陆……”我也觉得应该。当我们替换成大写的汉字之后，顿时，版面为之一震，浓郁的传统文化的范围跃然纸上。

总之，《名家鉴画探要》的版式设计之所以产生如此魅力，是因为它的版面充满传统文化的韵味；版面上诸多要素为读者营造了一种阅读的意境。我想，意境大概可以算是艺术的最高境界了。我国著名学者王国维在《人间词话》中说：“言气质，言神韵，不如言境界。有境界，本也。”他说，“泪眼问花花不语，乱红飞过秋千去”，是一种“有我之境”；“寒波淡淡起，白鸟悠悠下”，是一种“无我之境”，而境界是靠“造”和“写”营造出来的。古人诗词的境界，是由词汇的描写创造而出，而书籍版面的境界，则是由点、线、面等文化符号组合而构成，通过视觉敲击人们的心灵，再升华为“境界”的。王国维认为“有境界则自成高格”，因此，正因为有了“境界”，《名家鉴画探要》内文版式才显现出了超凡脱俗的高格调。我想，如果我们书籍的版式设计，都能够通过艺术设计“造”和“写”出诗词一样超乎形式的“境界”，那么大家的阅读便都可以成为一种享受了。

关于如何理解版式的艺术设计，我们还可以从西方现代思想家恩斯特·卡西勒的《人论》中得到启示。前些年《人论》在文化界十分流行，许多人以读此书为时尚。《人论》中最主要的论述就是：艺术是“情感的符号”，“艺术不是生活的再现，是一种可以感知的情感的形式符号；艺术是情感的形象，而不是情感本身”。我想，成功的版式设计之所以感人，关键是在版式设计中通过“情感形象”的运用，注入了设计者的情感。《名家鉴画探要》的版式中充满形式意味的点、线、面，独具匠心地巧妙营造了篇、章页首的标题、文字、年代的组合排列，表达了设计者的一种无言的情感。这种情感，设计者将视觉要素转化为与读者共有的情感体验，让读者在咀嚼不尽、回味无穷的艺术氛围中浏览书中的内容。所以，版式设计不是冰冷无情的“纯科学”文字排列，而是以“情感形象”打动人的艺术，是设计者与读者情感交流的载体。

2. 何谓版式的技术设计呢？

版式的“技术设计”是依据科学的阅读规律，进行设计。即研究版式设计的科学性——阅读时视线流动的客观规律。

因此，我们强调版式设计艺术性的同时，并不是否定它的技术设计成分。我一向认为版式设计包含着两种设计：一是技术设计，一是艺术设计，版式设计具有二重性。成功的版式设计，将技术设计与艺术设计相辅相成地融合在一起，构成了版式设计的全部内容。

“技术设计”是设计者对阅读规律的尊重，重视“技术设计”的版式，让读者在阅读时视线流动自如而轻松。拿文字排列为例，如，字距、行距太小密不透风，则太紧，紧则造成视觉堵塞，精神压抑憋闷；字距、行距太大，疏得似能跑马，则读起来则断气，视线到处搜索，目光游离而不得要领，眼睛感到累得很。因此，如何排行距也存在着客观规律。我们的前辈在铅排的年代，就为此总结了许多经验，如：为了规范行距，规定了不同型号的铅条。铅条的宽窄常依字号的大小来决定：五号字的行距分为对开条、三分条、四分条，小五号字常用对开条，六号字常用全身条等等，这是长期排版实践对阅读视觉规律的科学总结。今天的电脑中文排版系统，依然可以参照这些铅排的行距规律，把它换算成新的数据，结合电脑软件的特点使用。无论排版技术今后发展到何种地步，阅读的视觉规律都是必需依循的，若是违背阅读的视觉规律，就要受到“惩罚”。但是，对阅读的视觉规律的认识是不断发展的，没有一个僵死的规定，在出版实践中，人们发现了许多规律。例如，在儿童读物中，我们经常看到疏排法，字与字之间衬四分的铅空，行距也较大，制造了阅读的慢节奏，让孩子在缓慢的阅读中细细地理解文字的内容，这同样是对另一种阅读视觉规律的总结。在艺术读物的版式中，我们也常常看到打破字距、行距一般规律的现象。不过版式排列的变化再“艺术”，也不能造成阅读视线的障碍，否则就是失败的设计。当然，版心设计也是如此。所以我们说版式的技术设计，就是研究阅读的视觉规律的科学性。

我曾拜访清华大学美术学院教授、著名设计家陈汉民，他很健谈。我们谈到版式设计，他说：目前个别报纸的标题设计，怪得让人读不下来。“我老了，可能保守了，但是，报纸应该让人看清标题，设计家心中要有读者。”我想，陈汉民教授并不保守，他是在强调版式设计不能违背阅读中的视觉科学规律。

三、文质相依与真善美

版式中形式与内容的统一，就是孔子讲的“文与质”的统一。

版式设计，只有遵循“文”与“质”相互依存，才是最美的版式。

在中国的传统文化中，儒家注重形式与内容的统一。既反对只有内容而不顾形式，也反对脱离内容的形式，没有内容的形式。孔子主张的本性在于社会性，因此提倡与质符合的文。所谓“质与文的统一”就是形式与内容的统一。

庄子极力反对过度的“文”。他觉得一切社会性的装饰，一切文，都是对人的自然本性的束缚。庄子看来，最重要的是质，过分加在“质”上的“文”是多余的，有害的。他在《人间世》、《德充符》中，批评那些自以为自己容貌好，或穿戴打扮好而自鸣得意的人，恰恰忘掉了什么是自己的自然之质。庄子认为这是“有饰无德”根本就谈不上美。孔子之文与庄子之质，虽然强调的方面有所不同，但是，都坚持“文”与“质”必须相符。

内文版式设计，艺术与技术的统一，是“文”与“质”的统一；版式的“过度设计”就难免显得有些像庄子批评的“文灭质”了。为什么？因为“过度装饰”缺少了对读者阅读的人文关怀。

刘勰在他的著作《文心雕龙》中说：“繁采寡情，味之必厌。”他的话说得十分中肯。

人们经常说“真、善、美”，版式设计同样离不开这三个字。所谓“真”，是指客观规律的真实存在及对其的严格遵循，即科学性。而版式设计的科学性，则体现在版式设计中对阅读视觉规律的尊重。所谓“美”，是指版式设计的艺术性，体现在版式设计中形式意味所酿造的艺术情感。所谓“善”，属于人的伦理关系范畴，是意志和实践目的的体现，是达到“真”与“美”所必须持有的态度。一本成功的版式设计必然是“真、善、美”的综合体。

版 心 设 置

——介绍版心设置的几种模式

书籍内文的版式的版心设置，大有学问。然而，不少在出版社工作了很长时间的编辑，至今对于如何设置内文版心，依然存在着很大的盲目性。

我刚刚到出版社工作的时候，编辑室主任让我批几本书籍内文的版式。记得我很茫然。当时，找了几本名牌出版社出版的书籍作参考，翻看了几本之后，就发现这几本书籍的内文版心设置各不相同，并无规律。书籍的版心的大小与位置也各式各样，有的版面“天头”多，“地脚”少；有的“天头”少，“地脚”多。我拿着这几本样本，左看右看，反复琢磨，还是不知所措。

那么，版心的设置有没有规矩可依呢?

多年的实践，使我对书籍内文的版心设置的规律，逐渐有了许多了解。我在版心设置实践中，也从盲目性逐渐走向自觉。

版心设置，是书籍内文版面设计的一项首要的任务。编辑批字体、字号、行距之前，首先要确定版心。

一、设置版心的重要性

什么是版心?

一般认为，书籍内文版面中被印刷文字与图片所占据的面积，这部分面积基本处于内文版面的中心位置，我们把这部分的面积称之为版心。

但是，版面中的页码占据的位置，不包括在版心之内；书眉(眉线、眉题)所占据的位置，也不包括在版心之内。

版心周围白边有何称谓？

版心四周与订口、切口之间留有空白。版心上方的空白，叫做上白边，也称为“天头”；版心下方的空白，叫做下白边，也称之为“地脚”；版心与订口之间的空白，叫做内白边；与内白边相对的，版心与切口之间的空白，叫做外白边。

版心设置的功能作用：

1. 版心设置，可以把版面分割为印刷部分与空白部分，两个不同的区域，有利于读者的视线寻找要阅读的信息；

2. 版心处于版面的中间部位，四周留有白边，有利于读者的视线集中于版心的信息；

3. 版心处于版面中央部分，被四周的空白衬托，于是，版心内的文字或图片的内容得到了衬托；

4. 版心的设置，使文字与图片信息，由于有白边的间隔，排除了版面以外的环境的干扰，保护了读者的阅读空间；

5. 版心的设置，避免了手持书籍或翻阅书籍时，手指遮蔽到版心中的文字；

6. 版心四周的白边，读者可以利用这个空间来书写文字批注、读书心得、文章摘要。

7. 由于书籍长期翻阅后容易造成书页纸张的破损，因此，版心的设置使文字、图片处于版面中心部分，可以防止由于书边的磨损而造成的对书籍的文字内容的伤害。

版心设置的审美意义：

1. 首先它的美感来源于它的阅读功能，设计美学普遍认为：“功能结构”是产品存在前提，功能本身虽然并不等于审美，但它实用的“功能结构”却是构成“功能美”的不可缺少的要素之一。

2. 版心设置产生的美感，还来源于版心与空白之间的视觉节奏。版心内密集的文字与四周空白的对比，及由此而产生的节奏，是给人造成美感的又一个原因，因为，节奏感是人类在长期实践中形成的最重要的美感要素之一。

3. 另外，根据书籍内容的需要，版心位置的变化是版心艺术处理的重要手段。我们在阅读时经常看到各不相同的版心设置，有的版心偏上，有的偏下，有的偏左，有的偏右。这些不同的版心设计，都会给读者不同的审美感受。

4. 由于版心设置形成的全本书内文版心规格的统一，保证了全书内文版心的协调与一致，为书籍装帧的整体美提供了重要条件。

二、版心设置的原则与根据

有出版实践经验的编辑都知道：如果，版心在版面中占据的面积太大，会给读者在阅读中造成“太满”的感觉，文字排版膨胀到整个视野，读起来非常不舒服，会造成阅读的困难。但是如果相反，版心在版面中占据的面积太小，会使版面有一种“缺失”的茫然之感，在阅读心理上造成“空白”，同时，由于版心小，一定会造成文字容量的减少，增加书籍的页码，使成本不必要地上涨。

因此，版心设置是存在一些规矩的。这些规矩是长期从事编辑出版工作的前辈，根据版面的阅读规律，根据我国文字与字体特征，不断探索后逐渐总结出的经验。

前辈总结出的版心设置的规律，基于两个出发点：一个出发点，是从如何有利于读者的阅读出发，总结出的一些规律；另一个出发点，是从艺术的角度，审美的感受，总结出的一些规律。正是由于从这两点出发，编辑在出版实践中对于版心的大小、位置、宽窄等，各种各样的处理方式，总结出了许多经验。

1. 根据书籍内容的性质确定版心

书籍内容的性质不同，版心的处理办法也不同。比如学术著作、理论经典、教科书方面的书籍内文版心，不宜过大。可以多留一些白边供读者批注、摘记、书写心得之用。信息量大的资料性质的图书、工具书、图文混排的书籍，版心一般不宜过小，以免由于每面少排了文字，而造成增加页码，增加书籍的厚度，造成使用不便，加重读者的经济负担。

另外，抒情的散文、作家的随笔，版心不宜大，版心小些显得清秀；文献资料、科学考察成果、版心可以大一些，因为大版心可以增加文字的容量，使书籍也显得敦厚。

2. 根据阅读方式确定版心

便于携带的所谓"口袋书"、杂志、漫画书、画报，读者对它们的阅读是在快节奏的生活方式中，抽时间享用的"快餐"。我们也把这种阅读方式称为"快餐式"的阅读方式。因此，"快餐式"的阅读方式，决定了它们的版心，不宜太小。学术著作、理论经典、教科书的版心，之所以可以排得比较小一些，也是因为这些图书具有特定的阅读方式，这些书籍一般会在一个相对安静的环境中阅读。这种"静心研究式"的阅读方式，眼睛的视线可以比较集中，稍微小一些的版心，读起来精神也会感到愉悦。

3. 根据书籍的使用场合确定版心

书籍的内容不同，使用的场合也有所不同。比如，近些年出版了不少"旅游指南"一类的图书，采用图文混排的方式，版式也比较活泼，是为了在旅途中阅读的，因此，版心就不宜小，甚至可以采用版心出血的方式。有一些漫画图书、杂志、画报，版心也应该设置得大一些，人们即便在乘坐地铁时阅读，眼睛也可以适应。相反，用于学术研究的书籍，是为了学者在书房中潜心静读的，版心可以稍微小一些，以便读者集中精神阅读，版心如果太大，就会让版面显得很浮躁。

4. 根据开本设置版心

开本对于版心的设置也具有影响。由于开本的大小不同，读者眼睛与书籍内文版面的距离会有所不同。我们可以把读者眼睛与书籍内文版面的距离，命名为"阅读合适距离"。这个"阅读合适距离"由于开本大小不同，"阅读合适距离"的数值也不同，我们也可以把"阅读合适距离"的数值称为"阅读合适距离值"。因此，开本大小不同，读者的"阅读合适距离值"也就不同，因此，版心的设置也要根据"阅读合适距离值"的变化而变化。

首先，开本大小、宽窄不同，版心的大小、宽窄也不同。一般的规律是：开本小，版心小；开本大，版心大；开本宽，版心宽；开本窄，版心窄。

开本的大小对于版心大小还有什么影响呢？我的体会是，如果我们把 32 开书籍版面的版心作为一个适中的标准，把 4 开、8 开称为大开本，把 64 开称为小开本，那么，与此相对较小的开本，版心一般也小一些，要考虑留一定的空白，不然显得既闷又堵。相反，相对较大开本，版心一般可以稍微大一些，白边可以小一些。建议大家用各种开本做一些试验，体会一下不同开本选择不同版心的感觉。

版心的宽窄，也受到开本的影响。比如，正方型的开本、过于修长形状的开本、各种异型开本，对于文字的版心的设置都有不同的影响，遇到这种情况，要根据版面的形状、尺寸以及书籍的性质，通过综合考虑给予定夺。

另外，在同样开本的版面中，版心的大小也可以根据不同的阅读需要，选择稍微大一些的版心，或者选择稍微小一些的版心。遇到这种情况如何把握呢？我们就可以根据书的性质、阅读方式，使用场合等条件，给以确定了。

5. 根据字体、字号确定版心

如果是同一种开本，由于正文的字体、字号不同，对于版心设置也有一定影响。一般正文比较清秀的字体、字号比较小，版心相对可以小一些；如果正文的字体粗壮、字号比较大，版心则可以考虑相对大一些。

当然，字体、字号对版心设置的影响不是绝对的，要根据书稿性质与开本类型等差异，给予综合考虑。

6. 根据是纯文字书还是图文书来设置版心

现在流行的图文书籍与单纯文字的书籍，在版心设置上也有很大的不同。如果是纯文字的书籍，版心设置相对比图文书要小一些；如果是图文混排的图书，版心肯定要比较大一些，有些图文书籍的版心中的图片可以出血。

当前的许多图文书籍的内文版面，常常采用双版心的方式。什么是双版心呢？即，在同一版面上，文字占据的版心比较小，图片占据的版心比较大。这种双版心的方式，既充分照顾了对文字内容的阅读，也照顾了读者阅览图片必需的视觉空间。

7. 根据横排与竖排来设置版心

我国目前的图书，虽然绝大部分都采取了文字横排的方式，但是，依然有不少书籍的内文采取了文字竖排的方式。而文字竖排方式的版心，一般采取“天头”多，“地脚”少的模式。

这种“天头”多，“地脚”少的模式，来源于中国的古代线装书籍内文版式。在中国古代线装书籍的内文版式中，文字竖排在四边框的界栏之内，“天头”多，“地脚”少。古代的文人在阅读书籍的过程中，总是把批注、感言书写在内文版面的“天头”处。中国线装古籍内文的书口，也与现代书籍的书口不同，分为黑口与白口两种形式。

西方从 11 世纪到现代，书籍内文版心的基本模式，是“天头”少，“地脚”多，西方的书籍版面的文字全部是横排。

对于中西方书籍内文版心“天头”与“地脚”设置的不同，我们的编辑一定要有所了解。概括起来讲，就是中国竖排的传统版心“天头”多，“地脚”少；西方书籍内文版心“天头”少，“地脚”多。二者相反。

因此，我们在出版工作中，会遇到横排或竖排两种不同情况。我们在确定版心的时候，可以根据不同的情况分别处理。

讲到这里，也必须指出一点，新中国成立后我国文字横排的书籍，内文版心也存在着“天头”多，“地脚”少，与“天头”少，“地脚”多，这样两种不同的模式。究竟采取哪种模式，还要根据实际情况来选择。

总体讲来，版心设置是这样一种思路：根据书的性质、阅读的方式、使用的场合、开本大小和宽窄，结合所选用字体的大小，排版方式(行距、字距、行宽、分栏情况)，来决定版心大小、版心的长宽比例以及“天头”、“地脚”的多少。

三、版心——秩序之美、合度之美、约束之美

版心设置之美，是“整齐”之美，是“统一”之美，也是“约束”之美，是“纪律”之美。这种美，是阅读功能的“需要”，更是人类出版文化不断进步的一种“自觉”。

我们强调，在排版的过程中，无论是文字、还是图片，必须排放在限定的区域之内，不容许任何的“自由”与“放任”。只有严格地遵守“纪律”，才是版心“美”的保证。这是设置版心的另一个原则。

版心之美，也是一种“秩序”之美。古希腊伟大思想家亚里士多德说，“美的重要形式是秩序、均称和明确”，(亚里士多德：《形而上学》，商务印书馆 1959 年版，第 134 页)精辟地指出了“秩序、均称、明确”所形成的“各个组成部分之间的有机和谐统一”是美感的重要因素。版心的设置，

正是为了读者在阅读中感受到“秩序”。文字排列的“秩序”，极大地保证了读者顺利阅读，同时，让读者在阅读中享受形式之美。

版心的美，还是一种“适中”与“合度”的美。

亚里士多德在他的著作《诗学》中还有一段精彩论述，在书中写道：“一个美的事物，——一个活的东西或由某些部分组成之物——不但它的各个部分应有一定的安排，一个非常小的活的东西不能美，因为我的观察处于不可感知的时间内，以致模糊不清；一个非常大的活东西，也不能美，因为不能一览而尽，看不出它的整一性。”这段话的核心是在强调：人的视线与审美客体(如，书籍)有特定的距离，在特定的距离条件下，审美的面积不能太小，也不可太大，太小则看不清楚，太大则不能一览而尽。他指出，“过大，过小，都是一种不良状态”，从而阐述了审美对象在人的审美活动中“适中”、“合度”的重要性。其实，版心的设置的道理也是如此。由于书籍开本的大小不同，读者阅读与书的距离也有所不同，因此，也需要不同大小、宽窄的版心面积。但是，无论开本与版心的设置怎样变化，都必须遵循“适中”与“合度”的规律。

因此，版心设置之美，即包含着“整齐”、“统一”的“规范”之美，也包含着“纪律”、“约束”的“秩序”之美，还包含了“适中”、“合度”的“适度”之美。版心的美感，是多种审美要素融合在一起，同时为阅读功能服务的综合性的美感。

四、西方的版心模式简介

今天图书的内文版心设计的模式，是人类出版实践经验的不断总结，对阅读的科学规律不断探索的成果。

欧洲中世纪时，基督教盛行，手抄本《圣经》的开本大而笨重。虽然当时哥特式的艺术风格对书籍的版式设计产生着潜移默化的影响，但从理性上说，版心设计还处于一种混沌状态。直到文艺复兴时期，由于人文主义兴起，人们的思想冲破了中世纪宗教的桎梏，版心设置的思维才注入了人文思想的雨露。

文艺复兴时期书籍版心设计的特点是：在原版心设置样式的基础上，特别关注版式的阅读功能，为版心设置更多地注入了“人文关怀”。当时，欧洲的出版业，虽然还没有归纳出书籍版心设置的各种规范模式，但是，已经为西方书籍内文版心设置的“规范化”和版心设计理念的“明晰化”奠定了思想基础。

西方版心设置各种模式的形成，以及不断进化的过程，归根结底，是基于西方的哲学精神。西方的哲学思想对欧洲书籍内文的版心设计，产生的影响是绝对的、根本性的。

大家知道，西方文化起源于古希腊，当古希腊哲人毕达哥拉斯把宇宙的本源归结为“数”的时候，就已经为西方文化对世界的形式化奠定了基础。在毕达哥拉斯学派看来，事物的最后本质是一种数量关系。“数是一切事物的本质，整个有规定的宇宙的组织，就是数以及数的关系的和谐系统”。他们认为，长短、宽窄、大小、曲直都可以数量化，而数量的对比形成对称、均匀、节奏，体现了美，甚至计算出了人体美的比例。他们认为美是可以看到的，是可以明晰地计算的，然后给予形式化。所谓形式化，就是事物明晰的可分性；所谓数，就是各个部分的大小的量；所谓比例，就是各个部分之间的尺度关系；最终，各个部分的大小和相互比例构成完美和谐的整体。美就是和谐，和谐就是秩序。

西方书籍的版心设计各种模式的发明，就是西方人在“数学模式”基础上，使版心设置“明晰化”的实践结果。西方的种种版心设计的模式，也是在“数学模式”的基础上逐步地发展完善起来的。

下面谈谈西方书籍版心的主要模式。

(一)等距离模式

19 世纪时，由于欧洲资本主义工业的兴起，机械印刷的诞生，书籍的印刷摆脱了落后的手工制作。机械文明的大生产，为书籍的出版印刷带来了一场深刻的革命。当时为了便于印刷，版心往往设计在版面中央，天头、地脚、内白边与外白边都是等距离。这种有规律的安排，使书籍版心设计第一次出现了可依据的法则，我们称之为“等距离的版心设计模式”。

这种“等距离模式”与中国古籍版心设置无一定数据的“模糊”方式不同，充分体现了西方文化中的“数学模式”和“明晰”的宇宙观。

(二)约翰·契肖特模式

19 世纪末 20 世纪初，欧洲的出版家们对“等距离模式”的版心设计方法，开始感到厌烦，认为它过于单调，缺乏视觉节奏的美感。这时出版家们发现，在中世纪书籍的版式中，版心四周的白边似乎隐藏着一种数值的比例。于是，他们对中世纪书籍版心的尺寸进行计算，发现中世纪书籍版心的比例所形成的规律似乎确实存在着一种“数学模式”，虽然这种隐约存在的“数学模式”并不规范。这时，出现了一位装帧艺术家约翰·契肖特，他对中世纪《圣经》的版心作了大量的研究，认为形式比例构成的节奏与和谐的美感，其本质确实是一种“数学”的秩序。他经过反复计算，认为开本比例为2∶3最美，版心的高度应该等于开本的宽度，版心的内、上、外、下四边比例为2∶3∶4∶6最适宜。

另一位装帧设计家罗尔·罗塞利奥，在约翰·契肖特研究的基础上，又计算出开本宽度的尺寸：一个1/9宽度作为内白边；两个1/9宽度作为外白边；开本高度的尺寸：一个1/9作为天头，两个1/9高度作为地脚。罗尔·罗塞利奥的版心设计法则，是约翰·契肖特的版式设计法则的进一步量化，这种方法也被称为“九等分划分法”。

这种“约翰·契肖特模式”对于今天的书籍版心设计，依然有着深刻的影响。

（三）蛇腹式划分法

1946年，欧洲一位叫德·格拉夫的设计家，又在罗尔·罗塞利奥“九等分划分法”的基础上，发明了“蛇腹式划分法”。他借用13世纪建筑师菲拉特所发现的矩形的对角线和中线对角线相交，渐次数列的分割法，将一段线任意划分为许多同样的等份，这种方法称为“蛇腹式划分法”，能在任何一个长方形开本中使用，随心所欲地获得一个自己认为理想的、比例谐调的版心。

“蛇腹式划分法”突破了“九等分划分法”的局限。如果希望版心大些，可用“蛇腹式划分法”，将版面演化为12等份；如果希望版心小些，可以用“蛇腹式划分法”，将矩形版面划分为6等份。依此类推，“蛇腹式划分法”为自由地确定版心大小提供了理性的方法。

所谓“蛇腹式划分法”，并没有改变“约翰·契肖特模式”设计理念的本质，只是“约翰·契肖特模式”的深化与出新。

（四）西方现代版心设计

西方进入发达的工业社会后，工业文明给出版业带来了巨大影响，西方现代版心设计的思维方式、设计观念也随之发生了很大变化。这种变化，从根本上讲就是从传统版式布局的框框中解放出来，冲破桎梏，不再被传统的和谐所约束，强调版式的视觉冲击力，关注形、色所具有的张力，使版面产生强烈的对比，给读者的视觉造成强烈的感受。

所谓现代版心设计，不是一种方法，而是一种设计思维方式。因此，我们把西方书籍版心设计突破传统后的种种设计现象，称之为版心设计的“现代思维”。

这种思维方式的最大特点，是在设计的形式意味上强调人的意志的觉醒。

在此也必须指出，西方现代版式设计，虽然不再严格依循传统规矩，大胆地突破了“约翰·契肖特模式”的禁锢，但并非“胡乱地打破一切规律”。相反，“现代思维”更加尊重阅读的科学规律；更加注重对于版面“视知觉”的研究；更加关注版面中版心与“视觉‘场’”的关系，以及通过“实验美学”验证版心位置变化给人们视知觉带来怎样的刺激。西方现代版心设计强调视觉规律在版式设计中的心理作用，强调各种形与色以及点、线、面所造成的视觉效果。总之，西方现代版心设计潮流，既大胆突破，又尊重传统；既推崇变化，又关注统一；既讲究对比，又把握均衡；既注重生理感官的视知觉，又关注版心设计的审美心理，因此，版心的创意经常令人兴奋不已，激动万分。

但是，我必须指出：西方版心设计“现代思维”的诞生，并没有替代传统的“约翰·契肖特模式”的应用。近几年，我去了三次欧洲，逛书店，参加图书版权贸易谈判，也到几个欧洲的出版公司进行过业务交流。我特别留意了一下他们现在书籍的版心设计。在我浏览过的书籍中，大部分依然遵循的是类似“约翰·契肖特模式”的传统理念，“现代思维”的设计，多是在美术画册、图文混排的艺术图书上得到表现，而普通读者阅读的文学著作、小说、传记、经营管理读物等书籍的版心，依然非常“传统”。所以，我得出的结论是：当代西方书籍的版心设计，是“现代思维”与“传统模式”并存的时代，也是版心设计多样化的时代。

(五)后现代版式设计思维

西方艺术的后现代思潮，对西方书籍的版式设计以及版心设置也产生了一定的影响。

什么是“后现代艺术”呢？在西方后现代工业社会中出现的后现代主义艺术，其根本特征是：彻底地反传统、反规律、反技巧、反艺术、反美学。如，西方绘画中的达达主义、表现主义、新客观主义等流派，而杜桑是一个最典型的代表。他在 1917 年纽约独立艺术家举办展览的时候，送去了一个小便器，并命名为“泉”，遭到拒绝。从此“泉”与杜桑的名字，就与“后现代”连接在了一起。后来，杜桑在达·芬奇“蒙娜丽莎”的照片上涂上山羊胡子，“恶搞”了一把。评论家们都说他们是“后现代”艺术。学者们认为“后现代”不能称其为一种艺术流派，只能说是一种思维方式。

西方的“后现代”艺术思潮也潜移默化地渗透到当代西方的版式设计中来。我们在西方平面设计作品中，经常可以看到一些带有“后现代”意识的作品。在这些“后现代”思维作品中，他们在版式设计中追求绝对的“反审美”，“反阅读”的“混乱”。以不对称、不等同、不均衡、无秩序、无规律、混乱的版面效果，达到“反传统”的目的。“后现代”思维甚至以反视觉规律、反美学、反设计的思维，采取破坏视觉规律的手段，表达西方后工业化时代艺术家压抑的情感。同时，由于“后现代”的思维鄙弃传统的艺术规则，以“否定一切”的动力，开辟艺术视觉的新领域，具有明显的“试验”性质，因此，在版式设计中也常常表现出这种“试验”。

近几年，我特别留心对欧洲书籍的版式设计和版心设置进行了一些考察。发现在西方当代版式设计中，绝大多数的书籍的版式设计和版心设置，依然十分“传统”。如果问我：当下欧洲书籍版心给我最强烈的印象是什么？我的回答是，他们书籍的版心的设置无论是“现代思维”，还是“传统模式”，都十分注重“版心设置的科学性”以及“版式设计如何更符合读者阅读”。最让我感动的是，渗透在欧洲书籍的版心设计中的字体、行距等等无处不在的、对读者阅读的“人文关怀”。

考察欧洲书籍版式后给我的另一个印象是，所谓“后现代”版式设计，在以“传统模式”或“现代思维”为主流的欧洲版式设计中，仅仅表现在版面中的一些隐约的“后现代”设计的元素，而所谓“后现代”思维“颠覆阅读”的版面设计，在欧洲图书市场上并不多见。所以，我得出这样的结论：我们在国内看到的许多欧洲画册中的所谓“后现代”设计作品，多是一些艺术家的充满“试验性”的“纯艺术”设计，或是艺术院校中的“实验性”教学训练。欧洲书籍版面的主流是非常“注重阅读规律”的，是充满对读者阅读的“人文关怀”的。

五、关于中式竖排版心

现代图书的中式版式法则，是从中国古籍木雕版书页的样式发展而来的。

中国古籍木雕版线装书页面的样式，版心偏下，天头大而地脚小。线装书籍的版面与西式书籍版面不同，由于先将文字印在纸张的一面，再按中间缝折叠成为两个半页，中间折叠的缝称为“口”。中国古籍版面外侧的书口，有“黑口”或“白口”之分。在书口上，一般有象鼻、鱼尾。构成了中国版式的独特形式。文字自上而下竖排，竖排的文字居于界栏之中，行序自右向左，与古代的书写顺序保持一致；版心四周单边或文武边，将界栏中的文字聚拢在版框之内。

光绪末年中国近代的图书开始了由线装书籍向西式开本的转化，在当时的出版物中的版面虽然没有了“边框”、“界栏”，但版面中的文字依然是竖排。新中国成立后，国家文字改革委员会提出，在出版物中应该提倡“横排”，但一些书籍依然采用了“竖排”的方式，如人民出版社出版的《毛泽东选集》(1951 年版)、中华书局出版的《老子注译及评介》(1953 年版)、中国青年出版社出版的《历代文选》(1962 年版)，都是采取中式竖排(也称为中式直排)的形式。

中式版式法则区别于西式版式法则的主要特征是：(一) 文字竖排，而西式版式的文字是横排；(二)版心的天头空白多，地脚空白少，而西式版式的版心天头空白少，地脚空白多；(三)书口在左，书脊在右，而西式版式的书口在右，书脊在左。就是说，竖排与横排由于书口左右不同，因此，中式竖排的图书的翻阅方式，与西式横排的书籍相反。西式是右翻，中式是左翻。

六、图文混排的双版心法则

所谓双版心，是指为文字规定一个版心，再为图片规定一个版心，图的版心大于文字版心。之所以称为双版心法则，是为了区别单一的版心设计方法。

在同一版面上，同时出现两个版心，大的为图片版心，小的为文字版心。

双版心设计法则的优越性，是图片在版面中获得更大的面积，使图片的可视内容得到充分展示。双版心法则与单版心设计法则相比：单版心相对文静，双版心比较活泼；单版心的文字比较突出，双版心的图片相对比较突出。

双版心法则在图文混排的版式设计中是一种最常用的方法，使用起来十分方便，版面效果既端庄清丽，又稳重大方。

读图时代

——谈书籍插图与图文书的制作

1978年我刚刚到中国青年出版社美术编辑室工作时，编辑室主任秦耘生就告诉我："我们是青年出版社，读者对象是青年，所以我们的书要多放一些插图。"随后，我就承担了《春秋史话》、《战国史话》等书的插图组稿工作。由于当时的印刷条件所限，所有插图都要请中国历史博物馆的专家们将文物图片勾勒成白描画，然后制成锌版印刷。图书出版后，受到读者极大的欢迎。从此我开始逐渐明白了插图在书籍中的意义。

插图在书籍中的作用是文字所不能替代的。一个编辑不了解插图在书籍中的作用，不能不说是一种缺憾。这样的编辑，是一个思维有局限、业务不全面的编辑。我们看到不少内容很好的书，常常因为缺少插图而显得不够完美。

一、插图为书籍增添新的生命力

1982年《红岩》的作者之一杨益言又为中国青年出版社写了一本描写抗日战争的小说《大后方》，为了配插图，我随秦耘生主任到四川美术家协会拜访李少言等一批四川的版画家，大家谈到了当初为小说《红岩》创作插图时的一些"花絮"，至今记忆犹新。他们告诉我说，那时他们在为《红岩》插图创作的过程中，作家与画家的合作是多么亲密，相互沟通得好，甚至可以说是一项作家与画家的共同创作。据说小说《红岩》的初稿并没有写小萝卜头放飞蝴蝶的情节，由于书中需要一幅刻画小萝卜头形象的插图，于是画家宋广训经过反复思考，创作了这个今天被人们认为是经典的小萝卜头放飞蝴蝶的画面。画家以特具的形象思维，以浪漫手段表达出了被监禁在黑暗魔窟中的天真的孩子对自由的渴望。当罗广斌、杨益言及编辑们看到这幅木刻插图之后，兴奋不已，马上对小说的故事内容做了修改和补充。要知道，这幅插图不仅影响到小说本身的创作，而且一直影响到后来同题材的电影、电视剧都少不了小萝卜头放飞蝴蝶的情节。出版社的编辑回忆了这样一个生动的故事：作者罗广斌收到《红岩》最初的样本后，通读了一遍，对书中的一幅插图发生了兴趣。版画家吴强年在插图上，刻画了渣滓洞的新年联欢会，许云峰、余新江、孙明霞和“监狱之花”站立在一起的这幅插图，深深打动了《红岩》的作者罗广斌。但是，当时小说中并没有这段文字。由于插图作者的创作启发了小说作者。在作品出版之后，罗广斌又写信告诉出版社，又补了一个新的段落：

年轻的孙明霞，怀抱着“监狱之花”，站在女室门边，欢乐地微笑着，殷切的目光，一再望着楼上。

“老许，孙明霞在招呼你。”于新江轻声说。

“我们去看看‘监狱之花’。”许云峰亲切地说着，很有兴致地提起脚镣，迈步向楼下走去。余新江紧跟着他，下完楼梯，来到战友们联欢的地坝里。

孙明霞迎上前来，满面淳朴的欢笑，她什么话也没有说，伸出双手，把“监狱之花”抱给老许。

许云峰接过“监狱之花”，搂在怀里，仔细瞧着，又伸手拂弄着孩子娇嫩的脸蛋。

“她笑了。”余新江在老许耳边说。

“叫我。”许云峰凝视着孩子的笑脸。

“叫许伯伯，你叫嘛！你怎么不讲话呢？”

孙明霞忍不住笑了，悄声说：“她才几个月，还不会说话呀！”

从这个故事中，我们看到插图创作的魅力多么巨大。《红岩》插图中，版画家们用锋利的刻刀塑造的许云峰、江姐等英雄形象，不但在读者心中留驻了一个个视觉上真实可信的英雄，甚至到后来，根据《红岩》拍的电影、电视剧、戏剧，也要参照插图的形象找演员。可以说，四川美术家群体当年为《红岩》创作的木刻插图，在中国几代读者的心灵中产生了巨大的影响。

1982 年，我社出版了中央党校哲学家韩树英主编《通俗哲学》。在编辑过程中，无论文字编辑还是美术编辑都想把这本书编得活泼一些，在图书的编辑方式上有所突破，所以都提出最好能为这部哲学著作配插图。我们先请了一位画家，他画了一些很写实的插图，我们看后觉得不理想，不对味，主要问题是太像图解了，缺乏趣味。后来决定找漫画家来为这部哲学著作画插图。我找到方成，与他进行了沟通。他非常高兴，花了几个月时间为每一个章节都画了富于哲理的漫画。《通俗哲学》出版之后，《人民日报》、《光明日报》、《中国青年报》等全国各大报纸纷纷发表文章，介绍该书内容以及书中的漫画插图，很快就发行了几百万册。这个例子说明，插图不仅在文学书籍中是重要的，就是在哲学社会科学读物中，依然能产生意想不到的效果，让读者产生一种惊喜。

由此可见，精美的插图不但可以丰富书籍的文化内涵和审美品位，还可以增添读者的阅读情趣；不但可以补充文字的内容，而且可以让文字内容所产生的联想得到延伸。在中国古籍中，如陈老莲画的《水浒》、《西厢记》插图是传世之作，这些插图所创造的形象，与书中的文字相得益彰。新中国成立后，《红旗谱》、《创业史》、《红岩》、《阿诗玛》、《林海雪原》等文学作品，都配有精彩的插图。小说《红旗谱》插图所描绘的春兰、《林海雪原》插图塑造的杨子荣、《阿诗玛》插图刻画的阿诗玛，都深深地留在人们的心中。反之，如果《红岩》、《阿诗玛》中没有插图，那是绝对不可想象的。它们成为这些名著不可缺少的一部分，并与名著一起成为不朽。

二、文学插图的低谷与“读图时代”的到来

20 世纪 60 年代，是新中国文学书籍插图的繁荣时期，创作了《红岩》、《阿诗玛》、《红旗谱》、《林海雪原》、《创业史》等一批优秀的文学插图作品。但是以后，文学书籍放插图的越来越少了，许多专家呼吁尽快结束这种不景气的局面。

2002 年初，在中国美协专门为中国书籍的插图问题举办的一次研讨

会上，著名画家冯法祀说："我本人学画是受到插图的影响。我国插图具有很深厚、优良的传统，小时看的很多章回小说《聊斋》、《水浒》、《红楼梦》等书，都是先看插图，它们都是我学画的最初范本。还有国外的像《安徒生》、《死魂灵》、《十日谈》等名著，也都有很高水平的插图。我的老师徐悲鸿非常提倡画插图，他说：'清末的插图画家吴有如就是我最初的老师。'"著名画家潘世勋也说："我在没学画前看的第一本画册就是插图本《浮士德百三十图》，特别精彩，对我学画有很大影响。鲁迅就很重视插图，说：'画插图也能成著名的画家。'"老作家江峻风深有体会地说："我从小爱看书，爱看木刻、石印的各种各样的插图。我特别想对出版界的同志说，现在是插图的低谷，是不是由于出版社考虑成本问题太多了点？我写的一本书，由两个出版社出了五个版本，第一个版本请画家画了彩色插图，没用，不就是成本高一点嘛！读者买书前先翻一翻，如果插图很好，能促进读者的购买欲，为书籍增添阅读情趣！我写一个人物，眉毛鼻子写了很多，是不是就能把这个人物写出来了？不一定。但好的插图一看就看到人物的特点、性格、气质，非常直观。所以好插图既有艺术价值和欣赏价值，又有商业价值。建议出版界的领导同志好好研究如何更好地为读者服务，不要忽视插图这个重要手段。虽然增加了一点成本，但能得到更大的效益。"文学插图既然这么重要，那么，如今为什么会陷入低谷呢？

一些出版工作者曾多次分析过文学插图陷入低谷的原因。刘辉煌先生深有体会地说："我是从事出版社工作的，也经常为文学作品画插图。我个人认为插图的低谷状况原因是多方面的，但主要责任在出版社。第一，现在市场对出版社领导人的经济压力过大，考虑第一位的问题都是生存问题。现在任命的许多出版社领导对书籍插图缺乏热情。第二，现在缺乏真正打动画家的好的文学作品，这是令很多画家没有热情的重要原因之一。第三，现在出版竞争激烈，好多作品要短时间推出，短时间内很难创作出好的插图作品。第四，稿费低。这是造成低谷的四大因素。"所以，要振兴文学插图不能只靠画家方面的积极性，最终还要依靠出版社的积极性。

正当大家都因书籍插图陷入低谷而感叹的时候，殊不知一个空前的"读图时代"已经到来。现在人们说的"插图的低谷"，主要是指文学插图越来越少了。但是，正如黑格尔说的："凡是现实的都是合理的。"目前文学书籍插图的低谷状态，有它的合理性。黑格尔又说："凡是现存的都是应该灭亡的。"恩格斯把黑格尔的这个哲学命题，称为黑格尔辩证法的合理内核。新中国成立以来，造就了五六十年代的书籍插图的辉煌，这是历史存在的必然。今天插图的低迷状况同样有其存在的合理性。另外，我觉得一个时代有一个时代的艺术，插图艺术不能永远停留在一种固定的样态上，我们没必要为不能再出现以前那样的文学插图而哀叹。随着我国经济的发展和文化的繁荣，插图艺术的低迷状态也会结束，书籍插图事业一定会再度繁荣。但要多长时间，以什么形式出现，现在还很难说清楚，相信时间不会太久。但将来的插图一定不会重复 20 世纪 60 年代的那种形态、风格，未来的插图可能是一种完全崭新的形态，由新的一代画家和出版家共同创造出中国书籍插图的新辉煌。

随着出版事业的繁荣，一个崭新的、令人鼓舞的"读图时代"已经来临了！

三、图文的互补作用

我们说"图文书"的流行适应了现代社会阅读的需要，主要是由于插图的视觉功能与文字的阅读功能在阅读中的互补，造就了轻松、快捷、直观、比较平面化的阅读方式。

"图"与"文字"在视觉功能与阅读方式上是有差异的，其主要表现是：

(一)间接联想与直诉感官

"文字"是语言的符号。语言艺术与其他艺术在性质上的重大区别，就是："文学是用于感觉、知觉富有联系的、理解性与情绪性相统一的词语来唤起人们的表象、联想和想象，而不像其他艺术那样直接诉之于感觉。"(李泽厚：《略论艺术种类》)可见"文字"是通过"词汇"把事件、情景、色彩、声音、气味、感觉、心理状态……的描述，以文字符号的方式唤起人们对过去的经验的回忆、经历的体会、情感的想象。而"图"是直诉人们的视觉感官的。科学家巴甫洛夫也对人对文字的阅读过程做了研究，他认为："词，由于成年人过去的全部生活是与那些达到大脑半球的一切外来刺激或内起的刺激物相联系着……因而词也能随时引起那些刺激制约的机体的行为或反应。”也就是说，作为文字符号的“词”所联系的是人的感性经验，“图”则是直接的可视形象。如：文字“牛”这个词，读者看到之后产生的是过去曾经见到过的牛的样子，而图中的“牛”，却可以让没有见过牛的城市里的孩子知道牛的样子。所以文字与图在阅读过程中的最大不同就是：对文字的阅读需要间接的经验和联想，对图的阅读是眼睛直接感受视觉的信息。

(二)模糊性与直观性

作家用文字描写故事和人物，理解或欣赏这种文字描写要靠读者阅读后的想象，而想象往往是模糊的，表现出很大的不确定性。人们常说，有一千个《红楼梦》读者，就有一千个读者心中的林黛玉。其原因是：文字只与读者的感性经验产生间接联系，由于读者的生活经历、文化修养不同，因此对林黛玉形象的想象也就不同。而插图描绘的林黛玉，是画家把心中的林黛玉具体化了，将文字符号转化为视觉的直接感性对象。插图中的林黛玉包含着画家对林黛玉的理解和艺术修养。画家笔下的林黛玉以直诉读者感官的方式，给读者视觉上造就了一个活生生的林黛玉。人们常说：千言万语描述一个人，远不及一张画使人感知得那么生动鲜明。所以，人们总不满足于文学的刻画，而要求它变为直接可感的艺术形象。正是这种需要，使得文学与绘画发生了内在的必然联系，而插图的意义就在于将文学的虚拟性转化成视觉的现实性。

图片在书籍中的出现，突破了单一文字描述的局限性。文字在描述事物时的局限，在介绍风光、建筑、考古文物的书籍中暴露得再明显不过了。“若把西湖比西子，淡妆浓抹总相宜”的诗句再美，没有到过杭州的读者很难想象出西湖是个什么样子，而图片则可以把西湖的美丽再现在读者面前。又如介绍安徽明代民居的《老房子》，任凭书中的文字把这些建筑的特征描述得多么详细，大多数读者也依然想象不出那里的建筑究竟是什么样子，而图片就可以把这些建筑的风格韵味再现得淋漓尽致。因此，图文互补的编排方式对于许多介绍建筑风光、历史文物、科技知识的书籍，是一种完美的阅读样态。

(三)主动的与被动的

文字，往往需要人们主动地去阅读，否则是读不进去的。图片，人们常常是被动地接受，它的优势就在于无论人们想不想主动去看，它也要刺激人的感官，给人留下难忘的印象。

反过来说，图对人的视觉感官具有主动刺激的性质，而文字往往是被动地等待读者去阅读。正因为图具有主动性的特征，所以被商家们利用，使商业广告在人们的生活中无所不在，各种视觉图像铺天盖地地闪烁在社会的每一处。现代社会的人们轻松地接受视觉图像已经成为习惯，图文互补的快捷阅读方式自然受到人们的欢迎，读图时代的到来正是顺应了现代社会人们阅读的需要。

四、“图文书”的策划

如今，“图文书”的畅销引起出版界的关注，“图文书”已经成为出版时尚。但是，现在出版的“图文书”并不都是成功的。例如，最近我的一位朋友在书店买了一本文艺理论的“图文书”，读后很失望。他告诉我：“该书做得看似有图有文，原以为很不错。但是买回家一读，才发现该书的图与文居然毫无联系，插图多是一些与内容无关的世界名画，边看边感到有一种被愚弄的味道，只能大呼‘上当’。”他还说：“我本想静下心来读一读，但是由于该书的文字被风马牛不相及的图片所间隔，影响了阅读的流畅，读起来很不连贯，本来平静的心情也受到了干扰。”为什么出现这种粗制滥造的“图文书”呢？主要还是由于商业利益的驱动。一些所谓的“图文书”只是表面地套用图文混排的形式，其目的不是为了读者阅读，而是浮躁的商业炒作。这种急功近利的“图文书”，败坏了“图文书”的名声。

策划“图文书”实在是一件苦差事，来不得半点投机取巧。一部“图文书”要花费的心血往往是一般纯文字书的几倍，这是没有做过“图文书”编辑的人体会不到的。可以这样说：一本“图文书”的问世是对一个出版社的出版观念、编辑能力、装帧设计水平、印制工艺、管理体制甚至出版社领导才能的全方位的考核，最能体现一个出版社的综合素质。

为什么说编辑出版“图文书”最能考核一个出版社的综合素质呢？

(一)一本“图文书”的诞生，凝聚着编辑智慧

据我了解，现在许多成功的“图文书”，当初在收到书稿时，多是以文字为主，只配有一些零散插图，或是作者送来的是几百幅图片，仅有少量文字说明，距编一本“图文书”的要求相差很远，是编辑在这些稿件中发现了“图文书”的要素，于是耐心地说服作者，建议以原稿为基础加工成“图文书”。所以，一本成功的“图文书”，往往浸透着编辑的智慧与心血，不仅是原作者的成果，更是编辑的杰作。

(二)“图文书”往往能反映一个出版社的出版能力

“图文书”的制作成本往往比一般图书高得多，因而，一些出版社面对“高额”的成本，就望而却步了。所以，一本优秀“图文书”的出版，不仅体现着责任编辑的策划能力，更表现了一个出版社领导的胆略与素质。

(三)在“图文书”中往往最能体现出编辑的敬业精神

“图文书”的编辑工作，不仅仅对稿件的文字内容负责，而且需要对图进行加工，梳理图与文的关系，根据版面删剪图和文的内容。我甚至看见一些有责任感的编辑为了做好“图文书”，不辞辛苦帮助作者找图片资料；为了让一些低劣的图片在制版时效果好一些，不惜花大量时间在电脑上调图。“图文书”的编辑之所以心甘情愿地干这些不为人知的、无形的工作，是因为有很好的职业道德与敬业精神。

(四)“图文书”的版式设计，是书籍成败的重要条件之一

可是，不少出版社一般只重视封面而忽视版式设计，欠缺图文混排的版式设计的素养；许多编辑缺乏策划“图文书”版式设计的能力，没有与设计家一起运作“图文书”版式排版的经验。应该说，“图文书”的版式设计与排版工作，不但需要编辑与设计者都具有很高的艺术修养，还需要投入比做普通图书大得多的精力。

(五)“图文书” 校对工作要比单纯文字的书籍复杂得多

“图文书”不但要对照原稿校对文字，还要校对图片是否张冠李戴或上下、左右、正反面颠倒；不但要对照设计稿校对文字在版式设计中的尺寸位置是否得当，还要校对图片的黑白色彩效果是否偏离原稿；不但要校对文字的各种字号、字体是否正确，而且要校对版式中的图文关系是否符合设计要求……所以，“图文书”的校对难度大，其要求与普通校对也有很大不同。所以在“图文书”的校对工作中，除了纯文字部分外，大量繁重的校对工作往往是由编辑自己默默地来完成的。

我敬佩“图文书”的编辑，敬佩“图文书”的设计者。我所敬佩的不仅仅是他们的编辑功力和才华，更敬佩他们为书籍艺术献身的精神。只有一心献身于出版事业的人，才愿意不计报酬地付出如此的劳动。对于出版社的领导来讲，做“图文书”不仅要求他们具备高品位的出版素质和高瞻远瞩的眼光，更要求他们具备推进出版事业的勇气与魄力。

我们并不是主张所有的选题都一定要做成“图文书”，也不是要求所有的书籍都必须有插图。本文阐释的主要观点有两个：一是“图文书”具有特殊魅力，正成为时尚；二是强调插图的重要性，认为该插图的书就一定要尽量配有插图。读图时代来得如此迅猛，不但有其浓厚的社会背景，如经济迅速发展、人们生活节奏加快、现代信息社会里电影、电视、广告多种视觉媒体的冲击，使画面成为人类获得信息的最快捷方式，图的作用被极度拓展扩延，达到无所不至的程度。由于图与文字相比，在视觉功能与阅读方式上具有的优势，因此，正适合了当今人们的阅读需求；由于“图”与“文字”在阅读中起到了融洽的互补作用，因此，“图文书”为读者的阅读增添了情趣；由于“图文书”可以让读者在阅读文字的同时，呈现出具象的图片，为读者创造一个与文字相关联的美丽的视觉空间，因此，“图文书”赢得了读者空前的青睐。

巧用网格

——一种简单、快捷的图文编排方式

我想举一个例子，来说明编辑了解网格编排方法的重要性。

有一次，社长交给一位编辑和美术编辑一起编一本画册，时间很紧。他们面对上千幅图片，和几万字的图片注释，感到如一团乱麻，不知从何处下手，十分焦急。

我安慰他不必着急，向他介绍了“网格编排法”。并根据图片内容的性质和文字的情况，帮助他们设计了一种网格，并告诉了他们网格使用的方法。于是，他们一下子心里就有了底，很快完成了编排任务，按领导要求的时间出版了画册。

如今，图文书的出版数量越来越多，编辑了解一些“网格编排法”的知识十分必要，如果编辑也能掌握“网格编排”的基本规律，就更好了。

网格(GRID)编排设计法，是编排画册、杂志、图文混排书籍时经常使用的方法。这种方法给设计者带来的好处是“规范”和“速度”，是一种有规律的、快捷的设计方式，为版式设计带来了形式美感。网格编排法的应用，终止了版式设计中的无序状态。

如果要了解什么是网格编排法，我们要从网格编排的由来讲起。

一、网格编排法的由来

网格编排法的诞生与西方杂志的创新有着密不可分的关系。

1931 年英国人艾德华·卡夫出版了一本名为《绅士》的杂志，供当时人们休闲时阅读。后来这种杂志也刊登杂文、故事、新闻、小说，定期出版。1936 年美国的《生活》(LIFE)杂志、《展望》(LOOK)杂志的版面上，开始使用照片。照片在杂志版面上的出现极大地调动了读者的阅读兴趣，为版面增添了无限的情趣。这种图文相配的杂志、画报受到读者的喜爱，发行数量不断增加，杂志、画报的种类也多了起来。

随着杂志、画报的兴起，版面的编排任务日益繁重，人们对版面编排质量的要求也越来越高。于是，引发了人们对杂志画报编排方式的研究。

"网格编排法"的出现是与"自由设计"相对应的。所谓"自由设计"是在版面设计时没有一定的规范，图片的大小、位置不要任何约束，可以完全自由地摆放。而"网格编排法"则是把版面分割成为若干格子，图片与文字在版面中必须依照网格的规定，摆放在不同的网格之内。

据记载，最早明确提出"网格编排法"的，是瑞士著名设计家约瑟夫·米勒·勃洛克曼提出来的。他从 1961 年开始推广网格编排法，他认为这种方法在版式设计中具有非常明显的优越性，是将"秩序"引入到了版面设计中。他认为，"网格编排法" 的最大的特点就是：通过网格把杂乱无章的图片秩序化，使版面的图片、文字相互谐调，既统一又有变化。另一位为创造图片网格编排法做出贡献的设计家是马西莫·维涅利，他运用这种方法把图片、文字在版面上编排得井井有条，产生一种秩序感。由于"网格编排法"在版面设计时，运用起来简便快捷，又富于美感，所以很快得到了推广。

版面的"网格编排法"有很多种，下面介绍几种最常用的方法：

(1)12 等份网格法。由威尔·霍布久斯发明。他把版面竖向分为 8 等份，横向分为 12 等份，每一等份之间留一定的间隔，然后按图片的大小、多少，纳入网格之中。一面可以依照网格的规矩，放 1～4 张图片。

(2)58 等份网格法，由卡尔·戛斯托奈尔创立，适用于正方形的版面，可将正方形版面分割组成 1 幅、2 幅、4 幅、9 幅、16 幅、25 幅、36 幅画面，并按照网格的分割方式，把图片与文字安排得井井有条。此网格法在版面设计中简便易行，效果很好。

(3)尼霍森分割原理，或称"整体中的各个部分的配置"原理。尼霍森分割方法讲究版面分割要主次有序、层次分明、彼此呼应、和谐得体。

尼霍森分割原理对版式设计的最大贡献，就是提出了“版面的视觉中心区”的概念，并首次将视觉与心理学结合在一起，应用在版式设计中。

尼霍森研究了版面的不同分割会造成不同的视觉心理，他举例作了说明：1. 若A、B、C、D、E组成有相连效果的画面；2. 画面B遮盖于A、C、D之上；3. 画面E为圆形，用来协调A、B、C、D方形的单调；4. A、B、C、E为面积不等、比例不等的矩形，而形成大小不同的版面安排；5. 各分割的矩形均接近中心点“O”，而造成向心感。

西方的“网格编排法”为书籍、画册、杂志的版面设计提供了一个明晰、理性的操作方法。这种明晰、理性的操作方法，可以追溯到古希腊毕达哥拉斯学派对世界的把握方式。古希腊的毕达哥拉斯学派认为：世界的本原是“数”，“数”统治着一切，任何事物和现象都体现着某种数学关系，没有“数”便不能解释和认识一切。亚里士多德在《形而上学》中指出，毕达哥拉斯学派的基本哲学命题是：“数学是一切事物的本质，整个有规定的宇宙的组织，就是数以及数的关系和数的和谐系统。”毕达哥拉斯学派还把“数”的理念进一步应用到了绘画、雕塑、建筑等艺术领域，认为“美”存在于“要依靠许多数的关系”（《西方美学家论美和美感》，商务印书馆，1980年版，第13页）。古希腊雕塑家波里克勒特就曾遵循“数”的理念，写了一本《法规》专著，书中规定了事物的美，必须遵循的按数学比例分析的精确标准。他还为此做了一个人体雕塑《执矛者》，规定全身高度应该是头的7倍，这个比例被同时代雕塑家称之为“美”的“范型”（迟轲《西方美术史话》，中国青年出版社，2004年版，第34页）。古希腊毕达哥拉斯学派把宇宙的本原归结为“数”的时候，标志着西方文化对世界的形式化的开始。而到了欧洲20世纪60年代初使用的“网格编排法”，版面按数量分割的编排方式，所形成的均衡、对称、节奏，将“数”明确地形式化了。

“网格编排法”以“数”为基础，在“数”的基础上，创造着版面的“秩序、安排”，既为设计创造了简便、快捷的版面编排方法，为阅读提供了舒服的视觉空间，也创造了版面设计的艺术之美。

二、网格编排法的应用与创意

“网格编排法”以“数”为基础，创造的版面的“秩序与安排”，并不存在固定的模式。这是我随着版面设计实践逐渐认识到的。

我在最初看到威尔·霍布久斯的“12 等份网格法”的时候，面对版面竖向的 8 等份与横向的 12 等份交织形成的“方格”，真的不知道如何使用，总觉得自己要编排的图片放在网格之内，并不如意。后来，我看到有人用坐标纸画版式，也试着用，密密麻麻的淡蓝色小格，虽然可以规范图片的精确尺寸，但是并没有真正悟到如何使用“网格编排法”的真谛。

后来，我终于明白，西方人发明的那几种“网格编排法”基本模式，不能简单地套用。我们设计版面时，一定要根据画册与杂志内容的实际情况，自己设计出一种符合内容需要的“网格”。后来，我把这个根据不同图稿内容，创造不同的网格形式的工作，叫“网格创意”。

例如，我近几年策划出版的《全国十所高等美术院校造型基础教学作品范例》(素描卷、色彩卷)、《中央美术学院附中 50 周年经典》、《中国青年社存文物精品集》、《美术高考辅导·速写》等书籍，我们都根据每本画册书稿文字、图片的情况不同，创意了不同形式的网格。

为什么要根据书稿文字、图片情况不同，创造不同形式的网格？

1. 各种画册、杂志的文字内容、图片内容不同。如，新闻图片的画册、历史图片的画册、古代文物的画册、西方绘画的画册、时尚杂志、旅游杂志、新闻杂志，内容的风格差异很大。因此，版式需要展现出不同的风格：米开朗基罗的画册版式风格，需要庄重而高雅；旅游杂志版式风格则需要轻松而活泼。最基础的原始网格模式，不能满足版式设计的编排需要。

2. 各种画册、杂志对于图片与文字的处理方式不同。有一些画册、杂志强调以图片为主，文字量比较少；另一些画册、杂志文字内容相对比较多，而图片仅仅是辅助对文字的形象补充。版式的“网格编排”肯定要大相径庭。

3. 各种画册、杂志的版面图片的数量与组合方式不同。网格的设置与版面要放图片的数量有关系，如，有的画册每页版面只放 1 幅或 2 幅图片，网格是一种编排形式；有的画册每页版面要求放 3 至 5 幅，甚至更多图片，网格就要根据多幅图片的组织需要，设计一种网格形式。

4. 各种画册、杂志内容的体例不同。由于每一本画册、杂志都有不同的体例，篇、章、节的设置，或者一级标题、二级标题、三级标题、四级标题的设置情况不同，都会影响网格形式的变化。另外，不同的画册、杂志图片的注释也有区别。在版面设计时，会遇到这种情况，有的画册图片的注释文字简约，有的图片的注释文字很多；有的画册图片的注释仅仅几个字，有的注释则包含了许多层次的内容，也必然影响我们对于网格形式的决策。

本书中的几个例子，可以清楚地看出编辑是怎样根据图片的不同情况，创意了不同的网格编排形式。

过去，还没有电脑的时候，网格编排一般都使用网格纸。网格纸设计好之后，按所需要页码数量印刷若干张，供画版时使用。如今，电脑已经在版面设计中得到广泛应用。因此，网格可以在电脑的排版软件中设置。我们在排版的过程中，往往先设计一个网格排版方案。这个方案作为“蒙版”，也称为“母版”，作为基础页。“蒙版”在版面编排中，使用起来十分方便。

三、中西结合的网格编排法

“网格编排法”发明于欧洲，无疑，它更适合西方的文字与图片的编排。而中国汉字的字体与西方文字的字体，有很大差异。所以，欧洲人发明的“网格编排法”必须与中国文字的编排方式相结合，创造出适合中国文字的、中国式的“网格编排法”，才能适应我国图书、画册、杂志版式设计的要求。

1. 中式“版式纸”与电脑“版式蒙版”

何谓中式“版式纸”？

凡是 20 世纪 70 年代就进入出版行业的编辑，一定都使用过印有蓝色(或绿色)小格的“版式纸”。版式纸又称“格幅”。这种发稿用的版式纸，最常见的有大 32 开、小 32 开、16 开(双栏)三种。版式纸的版心印有蓝色(或绿色)小方格，方框格代表字体的大小与位置，如，方框格子与老 5 号字或新 4 号字体大小等同，横排 28 个代表每行 28 个字，上下 28 行，构成了版面的版心。编辑常常用这种“版式纸”批版式，比较方便，也比较直观。那时，把这种批版式的方法叫“定版设计”，编辑都非常熟悉这种“定版设计”的方法。

后来，出现了照相排字，编辑们就逐渐远离了“版式纸”批版式的方法。再后来，电脑排版的出现，编辑便彻底告别了“版式纸”批版式发稿的时代。

正当人们为电脑排版的快捷而庆幸的时候，逐渐发现了电脑排版的自由、无拘束、任意排列的方式，对于没有受过排版基础训练的年轻电脑操作人员来说，几乎是一种灾难。因为年轻的电脑操作人员没有受到过出版专业的严格训练，他们对于字距、行距、字体的许多规矩几乎一无所知。因此，电脑排版的快速普及，以及大批无经验的电脑操作人员进入排版行业，给书籍的版面带来了许多不可避免的混乱。于是，许多资深的出版家开始怀念过去的“版式纸”的优点。因为，用“版式纸”批版式，虽然比较死板，但字体、字距、行距都有据可依，不会在字体、字距、行距、版心等方面出现太多的笑话。

于是，一种中式“版式纸”的“蒙版”被我们在电脑中制作出来。经过实际的排版操作，非常好用。

电脑中“版式纸”的“蒙版”的制作方法：(1)在排版软件中设定版面尺寸，再在版面中设定版心尺寸；(2)确定版面中的字体、字号、字距、行距；(3)在软件中找出与字号相同的方形符号，按文字的字距、行距在版心中排列；(4)按行数标出，1、5、10、15、20 等数字，以方便在编排的过程中，统计字数；(5)“蒙版”中字框的颜色，与排版软件中辅助线的蓝色一样；(6)编排的过程中，蒙在每一页版面，以严格规范文字的位置。

运用“蒙版”编排的书稿，一定会显得十分严谨、规矩。

2. 中式“版式纸”与西式“网格编排法”结合

我们在编排图文书、画册、杂志的时候，应用了一种中式“版式纸”与西式“网格编排法”相结合的方法。2001 年，我与装帧设计家宁成春先生合作，编排中国青年出版社的艺术图书，当时，看见他用“网格编排法”设计版式，非常熟练，其中，他还应用了类似中式“版式纸”一样的“蒙版”，使每一页文字排列得非常严谨，整个书籍的内文版面显得非常有素养。我们在制作书籍版式的过程中，还经常把西式“网格编排法”与中式“版式纸”结合在一起，制作出一种两者功能兼顾的“蒙版”，使用起来非常方便。后来，我也经常把这些方法运用到书稿的排版工作中，并指导工厂的排版人员在电脑中使用这种方法，收到很好的效果。

这种方法具有两个优势：

第一、电脑排版人员严格按照“蒙版”执行，使版面素质明显提高。

最初我把这种中西结合的“网格编排法”应用到工厂的排版时，电脑操作人员不太习惯，他们往往依旧脱离“蒙版”，不按照“蒙版”规定的范围排版。他们盲目地觉得脱离“蒙版”电脑也会把文字图片排齐。我们发现之后，毫不犹豫地让他们把“蒙版”调出来，一页一页地对照。他们会立刻发现，脱离“蒙版”排的文字、图片明显散乱，与“蒙版”的规矩相差甚远，他们自己也很吃惊。当按照我们的要求，把“蒙版”调出来，严格按照“蒙版”的规范编排之后，排版人员自己也笑了。这样排出来之后，大家都明显感到版式的素质明显地提高了。

因此，既然设置了“蒙版”，我们就应要求电脑排版人员严格按照“蒙版”规定的位置排版，不容许半点马虎。

第二、中西结合的“蒙版”为多人排版的整齐一致而规范。

这种中西结合的“网格编排法”，可以在多人轮流排一本书的情况下，也不至于混乱。大家都知道，工厂的排版人员经常换班，因此，一本书稿往往有两三位电脑操作人员轮流负责。在这种情况下，中西结合的“蒙版”可以使几位操作员排的版面保持规范。

我再举一个生动的例子：一次中央美术学院的一个出版工作室编排一本画册，由于是几个同学轮流使用电脑排版，字距、行距、图片与文字的间空，都搞得十分混乱。于是，我帮助他们设计了一个中式“版式纸”与西式“网格编排法”结合在一起的“蒙版”，并教会了使用“蒙版”的窍门，取得了立竿见影的效果。这种中西结合的“蒙版”为多人轮流排版的整齐一致，提供了一个规范的工具。

四、“网格编排法”的规范与秩序之美

“网格编排法”除了快捷之外，用“网格编排法”设计的版面最大特征

就是“规范与秩序”之美。

版式的美体现在哪里？我们认为，读者在阅读中感受到的版式之美，很重要的就是版式中体现出的“秩序之美”。古希腊思想家亚里士多德就认为：“秩序之美”是美的重要表现形式。他说：“美的主要形式是秩序、均称和明确”(亚里士多德：《形而上学》，商务印书馆 1959 年版，第 265－266 页)，他把“秩序”看做是客观现实世界中寻求到的“美合于美的本质”，是存在于美的事物之中的属性。他还特别指出：如果丧失“良好秩序”，客观事物就“会处于不良的状态之中”。可见“秩序”在美的形式中的意义。

在审美活动中，虽然“自由”“活泼”“变化”“自然”也都是美的重要形式。但是，谁都不能否定“秩序”在美的构成中的重要作用。

书籍的版式设计需要“活泼”和“变化”，但是，也需要“秩序”。从某种角度讲，“活泼”虽然可以带来愉悦，但“秩序”可以保证阅读；“变化”虽然可以带来兴奋，但“秩序”同样可以显示美的本质力量。所以，在版式设计中，“秩序”往往比“活泼与变化”更显得重要。

我们在排版过程中，经常告诉电脑排版人员说：“一定要守纪律!”什么意思呢？就是要求他们一定要严格遵守“蒙版”中设置的“规矩”，不可破坏“蒙版”中设置的“限制”，以保证版式的“秩序之美”。

当下，读图时代的图文书籍越来越多，编辑学习一点“网格编排法”，一定受益匪浅。

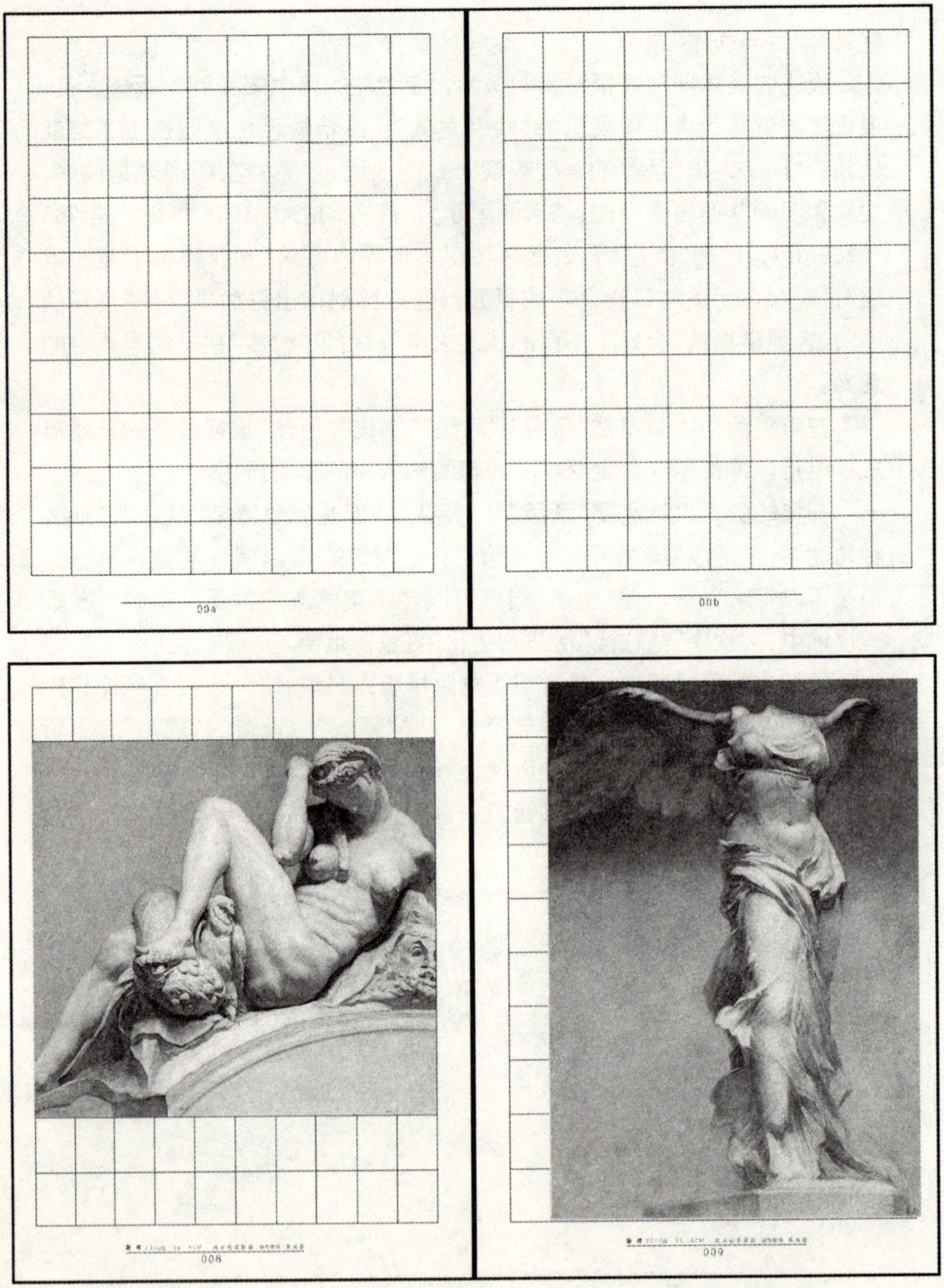

《中央美术学院藏石膏素描作品经典》网格设计　　设计　于黎 张婷

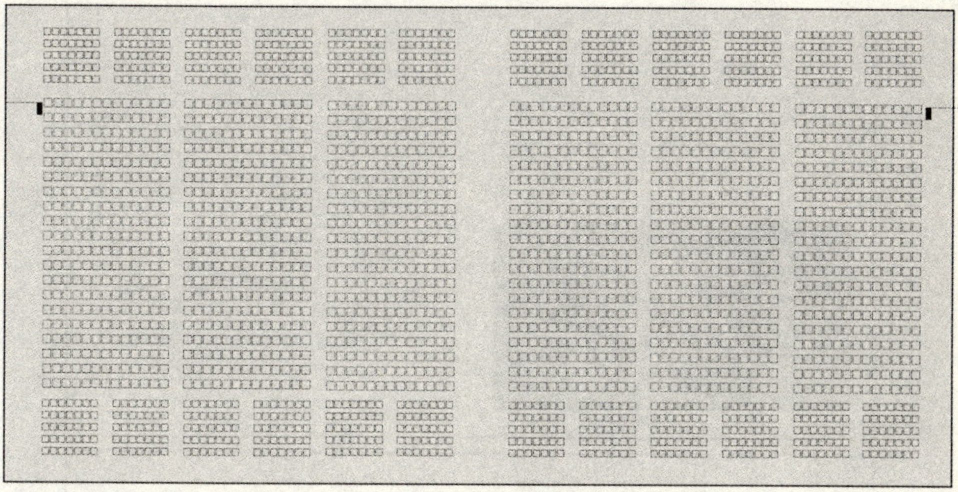

图文混排网格示例

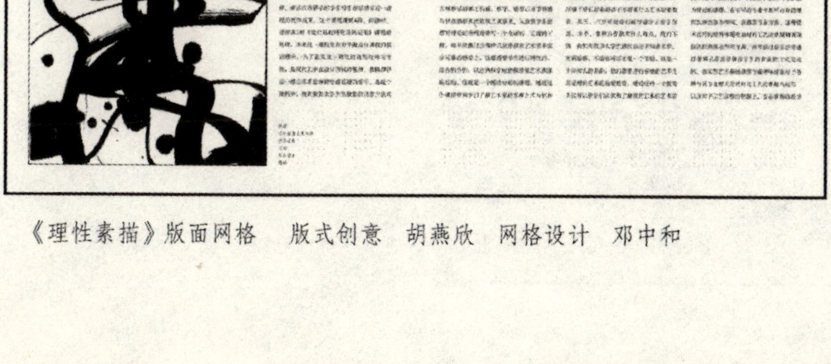

《理性素描》版面网格　版式创意　胡燕欣　网格设计　邓中和

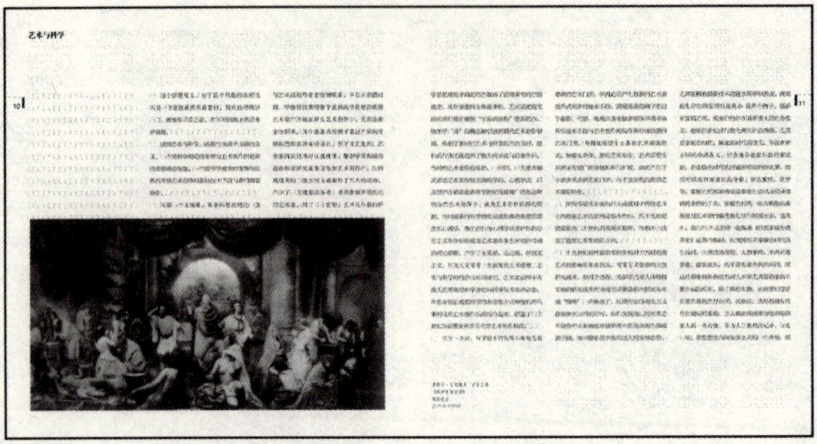

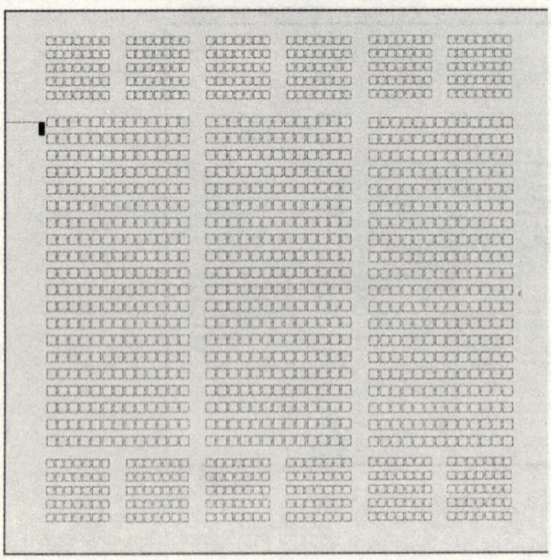

图文混排网格示例

《理性素描》版面网格

版式创意　胡燕欣

网格设计　邓中和

文字网格示例

内文字：
汉仪书宋简：9磅
字宽：110%
行距：16
图　片：对角线缩放
空　隙：同行距

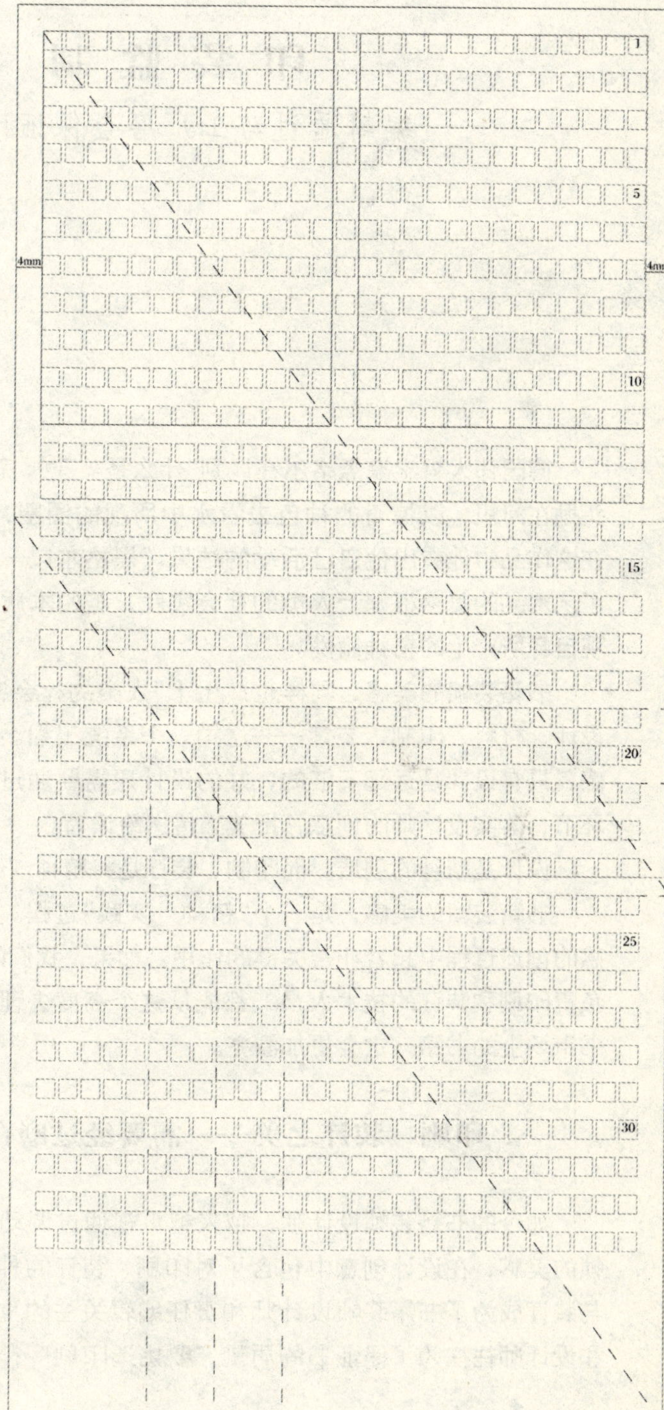

印装监制

——编辑通过与工厂磨合保证印装质量

德国伟大哲学家黑格尔在谈到“什么是美”时，说：“一个小男孩把石头抛在河里，以惊奇的神色去看水中所现的圈圈，觉得这是一个作品，在这作品中他看出他自己活动的结果。”黑格尔以一个生动的例子，说明了艺术品的美感根源于人类的社会实践，美的本质是人在对象世界中直观自身所产生的精神愉悦。

书籍装帧的美感，同样也产生于“人类的社会实践”——书籍装帧的设计、材料、印制、装订——这样一个系统工程。显然，书籍装帧的美感，只有设计是远远不够的，好的设计还需要通过印制、装订等一系列环节，落实设计师的创意，把美感传递给读者。

设计是精神的创造，而印制、装订是将精神创造来物化。

书籍装帧的美感，是一个“精神－实践”过程。印制、装订在装帧美感的创造过程中起着非常关键的作用。如果，我们的编辑、装帧设计师、负责印刷和装订的技术人员，都能从这个高度去理解装帧艺术，我们图书市场上的书籍一定会更加漂亮。

一、印刷、装订之美——需要经过磨合

如今的书籍装帧设计师，越来越重视通过调动印刷技术营造书籍装帧的美感，在设计创意中包含了对印刷、装订的种种要求。因此，印制与装订成为了书籍装帧设计师和责任编辑关注的重要环节。所以，编辑和设计师往往为了保证书的质量，要挑选印刷厂；为了保证实现设计效

果，编辑和设计师常常去工厂与车间技术人员商量；在印刷、装订过程中他们一定要去工厂监印。

2007年，我们做了一本《加德纳世界艺术史》。该原版书在美国具有广泛的影响，到2008年在美国就已经印了12版，全书1200多个页码，彩印精装，是美国各个艺术大学通用的教材。为了把这本大型的书籍做好，我们请中央美术学院20多位专家、教授用了4年时间完成了翻译工作；经过一年时间的编辑加工，发稿后，为了保证这部书籍的印制与装订质量，我们更是投入了大量的心血。

在印制、装订过程中，我们做了大量的与工厂沟通的工作，反复申明这本书籍的重要性；编辑明确提出印刷、装订的质量要求；详细介绍我们即将采用的新材料与新工艺，并向工厂提供工艺的样品。但是，在印制、装订的过程中，依然出现了大量的问题，甚至与工厂产生了许多激烈摩擦。主要体现在以下几方面：

1. 编辑向工厂介绍书籍的重要性，提出质量要求，往往得不到真正的重视。工厂的业务部门“接活”时，口头答应得总是“没问题”，但是，在印制的过程中，我们常常发现车间根本不知道“这是一本重点书籍”。我想，这个问题的关键，在于业务人员“只管揽活”而“把活拿到手再说”的意识在作怪。

2. 工厂业务人员不能向车间转达出版社编辑对于印刷、装订的要求。在印制过程中，我们经常发现，编辑提出的各种要求，车间的工人根本不知道，或者理解的完全不对。这个问题的根源，一是，业务人员缺少向各个部门传达印制要求的责任心；二是，在诸级传达的环节上出了问题，在诸层传达过程中被“丢失”或“忽略”了。

3. 工厂对编辑的印刷、装订质量要求缺乏理解能力。我们在与工厂打交道的过程中发现，许多问题的造成，并不是由于工厂没有“责任心”，而是工厂技术人员“缺乏理解能力”，他们在印制过程中，不理解出版社的意图，做出的活常常让编辑“失望之极”。因此，提高工厂技术人员的“修养”是一个提高质量的关键大事。

4. 对于新的设计、新材料、新工艺，缺乏认识。由于印刷、装订工艺的不断进步，新设计、新材料、新工艺不断涌现，给书籍装帧的美感增添的新的魅力。但是，我们在实际工作中，常常发现工厂的技术人员往往对于新设计、新材料、新工艺缺乏了解，更缺少探索的决心与意志。工厂做《加德纳世界艺术史》函套时，他们对于新流行的PP材料缺乏认识，制作起来十分生疏；对于函套的一些细节，最初的做工也相当拙劣幼稚，经过编辑与他们的反复沟通，甚至几次“闹得不愉快”，才解决了函套的制作问题。

我认为，在印制过程中出现以上四方面的问题，是正常的。编辑的责任就是在与工厂打交道的时候，解决这些问题，克服各种困难。只有编辑的执着，才能完成与工厂的磨合，也只有愿意为提高质量付出代价的工厂，经过与编辑的共同努力，最终才能实现“精美印制”的理想。《加德纳世界艺术史》的印制经历了种种磨难，出版后得到美国原书的作者和出版公司的高度评价，他们说：十分感谢中国青年出版社和印刷厂把书做得这么漂亮，没想到中国人把书做得这么好！

二、印制、装订工艺要迎接时代的挑战

由于中国经济的高速发展，出版事业的繁荣，我国的书籍装帧也越来越精美了。当前，我国书籍的精美不仅体现在设计创意上，如果没有印刷、装订的巨大进步，是不可能达到如此精美的水平。任何事物都是相互促进的，印刷与装订的巨大进步，也为装帧设计创意理念的提升，奠定了坚实的物质基础。

当今人民生活水平的提高，现代化与商业化的生活方式，带来人们生活情趣的多样化，随之而来的是人民大众审美趣味的个性主义和多样性。于是，要求书籍装帧的审美必须以丰富的形式，满足广大读者多元的审美欲望。因此，书籍装帧设计形式的多样性，也就为当今的印制、装订提出了许多新的挑战。

实例一：

我们编辑《中央美术学院附中50年经典》的时候，为了把素描、色彩作品的印刷接近原作，选择了一个专长印艺术画册的公司制版，首次采用了数码无菲林210线/英寸的CTP制版方式，经过与技术人员的密切合作，效果非常的好。正是由于我们与时俱进，根据画册内容需要，抛弃了多年有菲林胶印的传统工艺，才达到了预期的效果。市场销售证明，

工厂监印，是每一位编辑的责任

我们当时采用新工艺的决定是正确的，如果没有精良的印制保证，画册不能很好地还原那些素描、色彩的效果，肯定不能如此受到读者的欢迎。但是，遗憾的是我们把同类画册拿到另外一个“设备先进”的工厂时，同样是CTP工艺，效果却大相径庭，为了该书的印刷质量，制版时亲自帮助调图，费尽口舌，技术员仍然不知其所以然。当然，最后在我们的编辑跑了无数次工厂之后，最终的印制效果还勉强看得过去。

这个故事说明了三个问题：(1)目前全国许多出版社对于印刷、装订品质的要求越来越高；出版社要求运用新工艺、新技术，努力提高出版物的印制水平，是一个大趋势。(2)许多工厂虽然购买了先进的设备，但是技术水平还远远没有跟上；设备更新，不等于印制水平一定提高。工厂必须认识到，在更新设备的同时，提高技术人员的业务水平是提高印制水平的关键。(3)所谓提高技术人员的水平——不仅是技术水平，更重要的是增强技术人员的“文化素养”与“艺术素养”，出版是一个典型的“文化事业”，书籍装帧是高级的“艺术设计”，没有相当的文化艺术修养，是绝对不可能完成一本“文化内涵深邃”、“艺术设计精湛”的印制任务的。因此，培养一批具有较高“文化艺术修养”、又懂“印刷、装订”的业务骨干，是我国出版事业发展的迫切需要。

实例二：

近年来我参加了几次“全国书籍、杂志装帧艺术展览”的评奖工作，看到我国书籍装帧的设计思想非常活跃，不但各种各样的设计创意十分新颖，而且在印制、装订工艺上进行了许多大胆的尝试，运用的非常成功。如《国学小书院》、《曹雪芹风筝》、《孙子兵法》等设计，设计师采用了现代装订工艺与传统线装融合为一体的装订方式，为新出版的文化书籍的装帧设计注入了深邃的中华文化的底蕴，显得别具一格。如《定陵出土文物图典》、《原木坊》、《民间年画》、《中国民艺采风录》等装帧设计，在印制工艺上运用了 UV 油墨、烫印、起凸、闷切等许多新手段。这些在过去书籍装帧设计中并不常用的特殊工艺，近年来已经被广泛地使用，而新工艺的魅力，无疑为书籍装帧增添了无限的风采。

新的印制工艺在书籍装帧设计上的广泛使用，对我们的印刷、装订技术人员提出了新的要求。应该启发他们认识到，书籍装帧的美，绝不仅是设计师营造的平面构成，印制、工艺的精良，也是书籍装帧美感的重要组成部分。

当我们力图将心中的书籍印制、装订之美，升华为一种哲学思考时，不能不叹服黑格尔“艺术是人的自我创造或自我复现”学说的精准透彻。他的那个“小男孩向河水里抛石头”的故事，使我们不由自主地把“水中所现的圈圈”与精美的“印刷、装订”联系在一起，面对精美的印制效果，必然会以同样“惊奇的神色”为工艺高超而赞叹。这种赞叹是对“人的本质力量”的“自我欣赏”，是在“对象化的世界中直观自身所产生的精神愉悦”。因为，精湛的印制工艺，让人们感受到了社会经济的高速发展，看到了社会文明的巨大进步。

后 记

在 2007 年 4 月参加了《书林守望丛书》出版工程启动座谈会之后，我就开始动手撰写书稿，但是，由于文稿需要配有许多插图，担心在编排方式上与丛书其他的书籍不一致，因此，写了一大半之后就停了下来。直到 2009 年 10 月看到《书林守望丛书》的第一批书出版，与项目统筹张巍编辑交流之后，才参照丛书统一的格式，调整了我的写作思路和插图的编排方式，终于在年底完稿。

感谢中国出版工作者协会学术工作委员会与首都师范大学出版社，共同策划了《书林守望丛书》，为出版事业做了一件功德无量的事情。

感谢“书林守望”编委会常务副主任郑一奇先生，在写作过程中给予我的鼓励。中国青年出版社艺术图书编辑室的张婷编辑，协助我整理书稿中的插图，并为书的插页制作版式；责任编辑杨林玉为本书付出了辛勤的劳动。

邓中和

2009 年 12 月 16 日